序

말은 모국어를 사용하는 사람에게나 해당되는 말입니다. 외국인과 대화를 해보면 대화자가 짧은 표현을 할 때도 있지만 긴 표현을 할 때가 많습니다.

짧은 표현 : 「주어 + 동사」 (단문)
긴 표현 : 「주어 + 동사 + 등위접속사 + 주어 + 동사」 (중문)
　　　　　「주어 + 동사 + 종속접속사 + 주어 + 동사」 (복문)

또는 중문과 복문이 혼합된 혼문 등 그 외 여러 형태가 있는데 문법 공부로 이 문제를 해소하는 것은 지극히 당연합니다.

고등학교를 나온 어떤 한국 여성이 외국인과 국제 결혼을 하여 7년 동안 생활을 한 결과 그 외국인을 닮아 가면서 영어를 잘 하게 되었습니다. 그러나 그 부인은 큰 고민에 빠지게 됐습니다. 결혼 전이나 결혼 후나 못 알아듣는 것은 똑같다고 하면서 저자에게 조언을 구한 적이 있습니다. 저자는 이렇게 말했습니다.

"부인은 남편이자 영어 선생님과 매일 생활을 하니까 영어 공부의 좋은 조건을 가지고 있습니다. 그러나 이 같이 저자의 조언을 구하는 것은 단어의 부족과 문법이 충분하지 못하기 때문입니다."

이 말을 듣고 그 부인은,

"매일 되풀이되는 영어는 숙달이 되어 있고 알아듣겠으나 손님이 와서 다른 상황에서 말을 하거나, 이웃에 가서 대화를 할 때는 못 알아듣겠고 표현도 자신이 없어져요."

라고 하면서 학교 시절에 좀 더 열심히 문법 공부를 했더라면 좋았을 걸 하면서 몹시 아쉬워하는 것을 보았습니다. 기왕에

□ 책머리에

영어, 누구든지 잘 할 수 있습니다

외국인과 회화를 할 때에 문제가 되는 것은 크게 두 가지가 있습니다.

첫째는 대화자가 하는 말을 듣고 이해 하느냐이고,

둘째는 하고 싶은 표현을 충분히 하느냐 입니다.

전자는 단어 공부로 해결을 하고 후자는 문법 공부와 가능한 한 많은 표현을 암기하는 노력으로 해소해야 합니다.

대화 시에 자기표현은 반드시 대화자의 말을 이해했을 때 가능한 것이므로 당연히 회화 공부의 순서는 듣는 것이 먼저이고, 그 다음에 표현인 것입니다.

이런 순서를 정하고 일정 기간 동안 표현은 일체 하지 말고 듣고 이해하는 훈련을 끊임없이 그리고 광범위하게 해야 합니다.

많이 알아들은 만큼 많은 표현을 하게 되어 대화가 끊기지 않고 척척 이어지게 됩니다.

대화란 서로 마주하는 이야기로 서로에게 기쁨을 주는 것이어서 마치 탁구를 하거나 정구를 치는 것과 같습니다.

다음으로 표현 공부는 문법을 알고 되풀이해서 큰 소리로 읽어주면 됩니다. 독자는 미국이나 영국 등에서 출생한 것이 아니므로 문법을 알아야 합니다. 독자가 이 나라 등에서 태어났다면 문법은 알 필요가 없겠지요.

혹자는 말합니다. "말을 하는데 무슨 문법이 필요한가?" 이

조언을 해 줄 바엔 제대로 해주어야겠다고 생각하고 문법의 필요성을 강조하기 위해 질문을 했습니다.

저자 : 부인, '무엇을 좋아하십니까?'를 영어로 해보세요.
부인 : What do you like? (의·조·주·본동)
저자 : 우리말 어순하고 어떻게 틀립니까?
부인 : 글쎄요.
저자 : 「의·조·주·본동」입니다. 의는 의문사로 무엇, 조는 조동사로 까, 주는 주어로 당신은, 본동은 본동사로 좋아하다 입니다. 어순이 이렇게 복잡한데 문법이 필요한 것은 당연하지 않습니까?

저자는 이어「조＋주＋본동」「조＋주＋타＋목」「의＋be＋주」「be＋주」「의자주(의문사 자체가 주어)」등 몇 가지를 잘 설명해 주었더니 문법의 틀을 잡을 필요가 있다고 하면서 바로 문법 공부를 시작하기로 결심을 하였습니다.

저자가 하루 일정으로 무역회사의 사장님을 도와준 적이 있습니다. 그 사장님은 무역에 관한 전문 단어를 어느 정도 알고 있었기 때문에 듣고 이해하는 데는 별 문제가 없었으나, 표현력이 부족하여 업무 이외의 다른 상황에서 전혀 대화를 못하고 바이어(buyer)의 말만 듣고 있는 것을 보고 저자가 대신 대화의 분위기를 살렸습니다. 정작 중요한 시간에 밀착대화란 바이어와의 거래 성사에 결정적 요인으로 작용하게 됩니다.

표현하는 것보다 많은 것을 알아듣는 사람이 영어의 실력자란 말이 있습니다. 많은 단어를 알고 있기 때문에 많은 것을 알아듣는 것이며 하고 싶은 말의 서툰 표현은 지금부터라도 많이 해서 숙달시키면 어렵지 않게 해결할 수 있습니다.
 어느 날 강의 중에 저자가 학생에게 그런 경우에는 "잘코사니"란 표현을 쓰면 좋겠다고 했더니 그 학생은 저자에게 "우리말인가요, 영어인가요?"라고 물었습니다. 그래서 저자는 "숙제"라고 하면서 강의실을 나온 적이 있습니다. 학생들에게 단어 실력이 곧 영어 실력이라는 것을 일깨워 주기 위해서였습니다.
 저자가 이 책을 독자에게 드리는 것은 독자들에게 진정한 의미에서의 도움을 줄 수 있다는 확신이 섰기 때문입니다. 그리고 독자들이 공부를 할 때 편리하도록 가능한 한 많은 주제의 대화를 다루었고, 낱말(단어)들도 개별 전체의 뜻을 수록하여 많은 것을 알아듣고 많은 것을 표현하도록 하였습니다. TOEIC 준비나 공부에도 도움이 될 것으로 믿어 의심치 않습니다. 감사합니다.

저 자 **박 형 훈**

- 머리말 7

상황별 회화

Situation 1 / 상황 1	T.G.I.F .... 22 고마워라 금요일이다 23
Situation 2 / 상황 2	I've been grounded .... 24 외출 금지 당했다 25
Situation 3 / 상황 3	Can you take time out? .... 26 시간 낼 수 있습니까? 27
Situation 4 / 상황 4	OK. I'd like that .... 28 좋습니다. 그러면 좋겠군요 29
Situation 5 / 상황 5	I'm going your way, too .... 30 저도 역시 같은 방향입니다 31
Situation 6 / 상황 6	How do you like Korea? .... 32 한국이 어떻습니까? 33
Situation 7 / 상황 7	It's really marvellous! .... 34 정말 믿기 어렵습니다 35
Situation 8 / 상황 8	What a nice bike! .... 36 참 멋진 오토바이군! 37

차 례

| Situation 9 | I can't stand the cold .... 38 |
| 상황 9 | 추위를 못 참아요 .... 39 |

| Situation 10 | What's the major attraction? .... 40 |
| 상황 10 | 가장 볼만한 것이 무엇입니까? .... 41 |

| Situation 11 | We're a bit shorthanded .... 42 |
| 상황 11 | 일손이 좀 모자란다 .... 43 |

| Situation 12 | In the long run .... 44 |
| 상황 12 | 긴 안목으로 보아서는 .... 45 |

| Situation 13 | Just be earnest! .... 46 |
| 상황 13 | 그냥 열심히 하게! .... 47 |

| Situation 14 | I'll tell you what .... 48 |
| 상황 14 | 좋은 수가 있다네 .... 49 |

| Situation 15 | Nice meeting you .... 50 |
| 상황 15 | 만나서 기뻤습니다 .... 51 |

| Situation 16 | Hopefully .... 52 |
| 상황 16 | 잘만 되면 아마 .... 53 |

| Situation 17 | Good to hear your voice .... 54 |
| 상황 17 | 음성 들으니 기분 좋습니다 .... 55 |

| Situation 18 | No problem, Mr. Han .... 56 |
| 상황 18 | 괜찮습니다. 한씨 .... 57 |

| Situation 19 | What is your boss like? .... 58 |
| 상황 19 | 너의 사장님은 어떤 분이시니? .... 59 |

| Situation 20 | Take a step backward .... 60 |
| 상황 20 | 한 걸음 뒤로 물러서세요 .... 61 |

| Situation 21 | About ten shops down .... 62 |
| 상황 21 | 대략 열 상점 지나 .... 63 |

Situation 22	What block is this? 64
상 황 22	여기가 몇 가입니까? 65
Situation 23	What's the amount of work done? 66
상 황 23	작업 양이 얼마나 됩니까? 67
Situation 24	Have you called in an ambulance? 68
상 황 24	구급차를 부르셨습니까? 69
Situation 25	You had a close call 70
상 황 25	구사일생 하셨군요 71
Situation 26	I've already got the day mapped out 72
상 황 26	저는 이미 세밀한 계획을 세워 놓았습니다 73
Situation 27	I know may way about seoul 74
상 황 27	서울의 지리와 내용에 정통합니다 75
Situation 28	What's myung-dong like? 76
상 황 28	명동은 어떤 곳입니까? 77
Situation 29	Really pretty at sunset 78
상 황 29	해질녘엔 정말 멋집니다 79
Situation 30	What line leads in exports? 80
상 황 30	어느 상품이 수출이 많이 됩니까? 81
Situation 31	Signs that we'll beat that 82
상 황 31	그것을 상회할 징조 83
Situation 32	No matter where we go 84
상 황 32	어디를 가도 85
Situation 33	If it had continued raining 86
상 황 33	만일 계속해서 비가 왔더라면 87
Situation 34	So many different kinds of flowers 88
상 황 34	온갖 종류의 꽃들 89

Situation 35	Something nice cold to drink	90
상황 35	뭐 좀 시원하게 마실 것	91
Situation 36	Two bottles of beer is about my limit	92
상황 36	맥주 두 병이 제 주량입니다	93
Situation 37	Cheers!	94
상황 37	위하여! 건배!	95
Situation 38	I'm planning to go to the mountains	96
상황 38	산에 갈 계획을 하고 있습니다	97
Situation 39	I enjoyed having you	98
상황 39	모셔서 즐거웠습니다	99
Situation 40	No, I suppose not	100
상황 40	아니지 그렇진 않을 꺼야	101
Situation 41	You're in the know, I suppose	102
상황 41	잘 알고 계시겠지요	103
Situation 42	I've grown wiser thanks to you	104
상황 42	덕분에 배우는 게 많습니다	105
Situation 43	He's the life of L.A. Dodgers	106
상황 43	그는 L.A. Dodgers의 중심인물입니다	107
Situation 44	In long hours of practice, practice, practice	108
상황 44	오랜 시간 연습에 연습을 거듭해서	109
Situation 45	Incidentally	110
상황 45	말이 난 김에 말하자면	111
Situation 46	Which team is going to win?	112
상황 46	어느 팀이 이길까?	113
Situation 47	An earth satellite	114
상황 47	인공위성	115

Situation 48	I've been unable to meet a suitable spouse 116
상 황 48	적당한 배우자를 만날 수가 없었다 117
Situation 49	After I'm economically stabilized 118
상 황 49	경제적으로 안정이 된 후에 119
Situation 50	That's good to know 120
상 황 50	알아두면 좋겠네요 121
Situation 51	I've stuck down all of them 122
상 황 51	모두 적어 두었습니다 123
Situation 52	When talking to older people or superiors 124
상 황 52	자기보다 연배이거나 윗사람에게 말을 걸 때 125
Situation 53	Just mention their names simply 126
상 황 53	그냥 간단히 그들의 이름만 말하세요 127
Situation 54	When being introduced 128
상 황 54	소개를 받을 때 129
Situation 55	How do they travel from place to place? 130
상 황 55	그들은 어떻게 여기 저기 여행합니까? 131
Situation 56	The fastest way to travel 132
상 황 56	가장 빠른 여행 방법 133
Situation 57	A combination of variety store and lunchroom 134
상 황 57	잡화점과 식당을 합친 것 135
Situation 58	You'd better have it tuned up 136
상 황 58	엔진 손 좀 보게 하시는 게 좋으시겠어요 137
Situation 59	I want to dress up 138
상 황 59	모양 좀 내고 싶습니다 139
Situation 60	Do you do alterations? 140
상 황 60	옷 수선하십니까? 141

Situation 61	What are the services like? 142
상황 61	공공편의는 어떻습니까? 143
Situation 62	I have a million things to do 144
상황 62	할 일이 태산 같아요 145
Situation 63	I'm sick to my stomach 146
상황 63	속이 메슥거립니다 147
Situation 64	Could you fill this prescription, please? 148
상황 64	처방대로 조제해 주세요 149
Situation 65	Honey, it feels cold in the room 150
상황 65	여보, 방이 추워요 151
Situation 66	Was I speeding? 152
상황 66	내가 위반속도를 냈습니까? 153
Situation 67	My car is broken down 154
상황 67	제 차가 고장입니다 155
Situation 68	That's not necessary 156
상황 68	견인할 필요는 없습니다 157
Situation 69	Christmas, the year-end and the new year… 158
상황 69	크리스마스, 연말 그리고 신년이… 159
Situation 70	Today I had someone to meet 160
상황 70	오늘 나는 만날 사람이 있었다 161
Situation 71	I asked him how long he'd been in Korea 162
상황 71	나는 그에게 한국에 나온 지 얼마나 됐냐고 물었다 163
Situation 72	He told me he was glad to meet me 164
상황 72	그는 나를 만나서 기쁘다고 말했습니다 165
Situation 73	He asked me if I had ever been to America 166
상황 73	그는 내가 미국에 가 본적이 있느냐고 물었다 167

차 례 17

| Situation 74 | Did all the pedestrians cross the street? | 168 |
| 상 황 74 | 보행인은 모두 길을 건너 갔나요? | 169 |

| Situation 75 | Crashed into my car | 170 |
| 상 황 75 | 내 차에 무섭게 충돌했다 | 171 |

| Situation 76 | How long? | 172 |
| 상 황 76 | 얼마동안? | 173 |

| Situation 77 | Is Friday afternoon all right? | 174 |
| 상 황 77 | 금요일 오후면 좋으시겠습니까? | 175 |

| Situation 78 | We'll have if filled up | 176 |
| 상 황 78 | 차에 기름 넣읍시다 | 177 |

| Situation 79 | May I be excused? | 178 |
| 상 황 79 | 먼저 실례하겠습니다 | 179 |

| Situation 80 | We'll order in a few minutes | 180 |
| 상 황 80 | 잠시 후에 주문하겠어요 | 181 |

| Situation 81 | How about the smoked salmon | 182 |
| 상 황 81 | 훈제연어 어떠세요 | 183 |

| Situation 82 | Well, what's the speciality of the house? | 184 |
| 상 황 82 | 후유! 이 집 전문이 무엇입니까? | 185 |

| Situation 83 | Contamination in the riverhead is serious | 186 |
| 상 황 83 | 수질오염이 심각하다 | 187 |

| Situation 84 | There're some ways we can use less water | 188 |
| 상 황 84 | 물을 덜 쓸 수 있는 몇 가지 방법이 있다 | 189 |

| Situation 85 | That way we won't lose a lot of water | 190 |
| 상 황 85 | 그렇게 해야 많은 물이 유실되지 않는다 | 191 |

| Situation 86 | I've been out of work going on seven months | 192 |
| 상 황 86 | 실직한지가 7개월이 다 되갑니다 | 193 |

Situation 87	Be sure you get to work on time	194
상황 87	틀림없이 정각에 출근하세요	195
Situation 88	It depends on how you try	196
상황 88	당신이 얼마만큼 노력하느냐에 달려있습니다	197
Situation 89	I never miss watching the news	198
상황 89	나는 뉴스를 꼭 봅니다	199
Situation 90	Take my youngest boy for example	200
상황 90	나의 막내아들 경우를 예로 말씀드리면	201
Situation 91	Reading is mental food	202
상황 91	독서는 마음의 양식입니다	203
Situation 92	I have a cat	204
상황 92	고양이를 기릅니다	205
Situation 93	I should've been all attention	206
상황 93	정신을 바짝 차렸어야 했는데	207
Situation 94	I don't remember your asking me to do it	208
상황 94	저에게 그것을 해달라고 부탁하신 기억이 없습니다	209
Situation 95	Are you better today?	210
상황 95	오늘 차도가 있으십니까?	211
Situation 96	What do you need the flowers for?	212
상황 96	꽃을 어디에 쓰실 건가요?	213
Situation 97	This is a present for you	214
상황 97	선물입니다	215
Situation 98	Get a move on or you'll hear from me	216
상황 98	서둘러라 그렇지 않으면 엄마한테 혼난다	217
Situation 99	Did they seem interested on the phone?	218
상황 99	전화를 받고 흥미를 가지는 것 같던가요?	219

차 례 19

Situation 100	Engine may have stopped suddenly	220
상 황 100	엔진이 별안간 꺼졌을지도 모릅니다	221
Situation 101	I never complain about the job I have you	222
상 황 101	나는 지금 다니는 직장에 대해서는 전혀 불평하지 않습니다	223
Situation 102	Do you usually get a seat?	224
상 황 102	보통 자리를 잡으십니까?	225
Situation 103	You're a decent fellow, aren't you?	226
상 황 103	괜찮은 분이군요	227
Situation 104	There will be much traffic after this time	228
상 황 104	이 시간 이후에는 교통이 복잡합니다	229
Situation 105	Your car was towed for illegal parking	230
상 황 105	당신 차는 주차 위반으로 견인됐다	231
Situation 106	Did it have your name on it?	232
상 황 106	가방에 이름이 쓰여 있습니까?	233
Situation 107	I don't know how to turn my money to good account	234
상 황 107	나는 돈을 요령 있게 쓸 줄 모른다	235
Situation 108	Finally I borrowed money on my property	236
상 황 108	결국 담보물을 잡히고 돈을 빌렸다	237
Situation 109	Borrow from Peter to pay Paul	238
상 황 109	빚을 갚기 위해 또 다른 빚을 지다	239
Situation 110	Coffee can keep you awake when you're driving	240
상 황 110	커피는 당신이 운전할 때 잠이 안 오게 할 수 있다	241
Situation 111	Such food usually has fattening things in it	242
상 황 111	그런 음식은 그 안에 보통 살찌우는 물질이 들어 있다	243
Situation 112	If my heart works harder	244
상 황 112	만일 나의 심장이 지나치게 움직이면	245

| Situation 113 | Do you like computers? 246
| 상 황 113 | 컴퓨터를 좋아하십니까? 247
| Situation 114 | What will happen when computers break down? ... 248
| 상 황 114 | 컴퓨터가 고장나면 무슨 일이 생깁니까? 249
| Situation 115 | What do students need the computers for? 250
| 상 황 115 | 학생들은 컴퓨터가 무슨 목적에 필요합니까? 251
| Situation 116 | Travel is fun and exciting 252
| 상 황 116 | 여행은 즐겁고 신난다 253
| Situation 117 | Relax as many hours as you can 254
| 상 황 117 | 될 수 있는 대로 많은 시간 심신을 편안하게 하라 255
| Situation 118 | You mean that… 256
| 상 황 118 | …하다는 의미로 말씀하시는 겁니까? 257
| Situation 119 | I can imagine. That's quite possible 258
| 상 황 119 | 알만합니다. 그건 있을 수 있는 일입니다 259
| Situation 120 | Are English doctors, dentists and hospitals free? ... 260
| 상 황 120 | 영국의사들, 치과의사들 그리고 병원들은 무료입니까? 261
| Situation 121 | What do the English drink in the morning? 262
| 상 황 121 | 영국 사람들은 아침에 무엇을 마십니까? 263

부 록

- GET 266
- HAVE 294
- MAKE 313

상황별회화

Situation 1
T. G. I. F

A : T.G.I.F.

B : It's already weekend. Time really flies.

A : Are you happy when the weekend comes round?

B : More than happy.
My wife sprinkles love on the food.
How about you?

A : I'm happy too. I can have a piled-up talk with my kids.

B : Well, both of us want to get away from it all after all.

Check Point

T.G.I.F. Tank God It's Friday. 고마워라 금요일이다(주말의 해방감). already [ɔlrédi] [긍정문에서] 이미, 벌써. really [ríːəli] 정말로, 실은, 사실은, 참으로, 착실히, 그래? 어머, 아니? fly [flai] (돈·시간 등이) 날아가듯 없어지다, 파리·해충·비행기로 날다, 총알이 날다. happy [hǽpi] 행복한, 즐거운, 만족한, 행운의, 다행한, 경사스러운, 행복을 낳는. when [hwén] …할 때에, …때, …할 때, 그때, …때는 언제나, 언제. come round 닥쳐오다, 돌아오다, 훌쩍 나타나다, 원기를 회복하다, 소생하다, 기분을 풀다. more than + 형용사 : …한 정도가 아니다. sprinkle [spríŋkl] (액체·분말 등을 …에) 뿌리다, 끼얹다, 붓다, 물을 주다, 살짝 적시다. sprinkle love on 위에 사랑을 뿌리다, 사랑의 손길로 만든다. How about~ = What about~ : …은 어떤가. a piled-up talk : 그 동안 못했던 밀린 이야기. pile [pail] 겹쳐 쌓다,

상황 1
고마워라 금요일이다

A : 고마워라 금요일이다.

B : 벌써 주말이다. 세월 정말 빠르다.

A : 자넨 주말이 돌아오면 즐거운가?

B : 즐거운 정도가 아니지. 부인이 하나하나 사랑의 손길로 모든 음식을 만든다네. 자네는 어떤가?

A : 나도 역시 즐겁다네. 아이들하고 그 동안의 밀린 대화를 할 수 있다네.

B : 그렇다네. 결국 우리 두 사람 다 도시생활의 번잡에서 벗어나고 픈거야.

Check Point

쌓아 올리다, 쌓이다(up), 우르르 몰려오다. have 하다(동사형의 명사를 목적어로 취해서). have a talk 이야기하다. have a long talk 오래 이야기하다. have a friendly talk 친밀하게 이야기하다. kid [kid] 《구어》 아이, 젊으니, 청년, 손아래의, 속이다, 사기하다, 놀리다, 조롱하다. well [안심·체념·양보 등을 나타내어] 그래, 원참, 글세, 아이고, 후유, 에라, 과연. both of ~의 둘다. kid 《속어》 엉터리, 실없는 소리. get away from it all 《구》 번거로운 일상 생활에서 떠나다. after all [문장 끝에 써서] 역시, 결국 ; [문장 머리에 써서] 아무튼, 하지만, 어쨌든, 뭐니뭐니해도. Not really! 설마! Really? 정말인가? Really! 과연! Well really! 원! 저런! pile-up [páil-ʌp] 《구어》 차량 등의 연쇄충돌, 귀찮은 일의 산더미

| 24 |  | Situation **2**
I've been grounded |

A : Do your parents give you a free hand?

B : It depends on by what time I come home. How about your parents?

A : They have laid down the law about what time I should be home and they want it kept.

B : I've been grounded for 10 days.

A : Yeah? What happened?

B : I came home late.

Check Point

give a person a free hand ~에게 행동의 자유를 주다. depend on [dipénd] 나름이다, …에 달려 있다. lay down-laid down-laid down (규칙·원칙 등을) 규정하다, 정하다. lay down the law 야단치다, 꾸짖다, 명령적 [독단적]으로 말하다. want it kept 그것이 지켜지기를 원한다, 《want + 목적어 + 과거분사》 …가 …길 바라다. ground [graund] 《구어》 벌로 외출을 금지시키다. be grounded 외출 중지 당하다 (수동태). yeah [jɛə, jɛ] 《미구어》 =Yes. happen [hǽpən] 일어나다, 생기다, 우연히 …하다. 《구》 우연히

상황 2
외출 금지 당했다

A : 너의 부모님들은 너에게 행동의 자유를 주시니?

B : 내가 몇 시까지 집에 귀가하느냐에 달려있어.
   너의 부모님들은 어떠시니?

A : 귀가시간을 명령하시고 지켜지기를 바라신다.

B : 나는 10일간 외출 중지 당했어.

A : 그래? 정말이야? 무슨 일이 있었니?

B : 늦게 귀가 했었어.

Check Point

있다 (오다·가다). keep-kept-kept 지키다, 보유하다, 남겨두다, (사용·양육을 위해) 두다, 치다, 경영하다, 관리하다, 어떤 상태를 유지하다. come home late 늦게 귀가하다. Depend upon it! 틀림없다, 염려 마라. That depends. = It all depends. 그것은 [모두가] 때와 형편에 달렸다. 《다음에 on circumstances가 생략된 상투구문》 ex) It so happens that I'm free today. as it happens 우연히, 마침, 공교롭게도.. ex) As it happens, I've left the book at home. law and order 법과 질서, 치안

Situation 3
Can you take time out?

A : I want to see you for lunch sometime.
Can you take time out?

B : How about Saturday afternoon?

A : I'm sorry I have a previous engagement.
Friday fits right in with my schedule.

B : Let's make it Friday then.
When and where?

A : At the Hilton Hotel at 12.

B : I'm happy to have lunch on you.
See you then.

Check Point

see + 사람 + for~ 만나서 …하다. **sometime** [sʌ́mtàim] [미래의] 언젠가, 머지않아, 훗날에. **take time out** 시간을 내다. **take time out to** 부정사 [for] …하기 위해 시간을 내다. **previous** [príːviəs] 앞의, 이전의; 《구》 조급하게 서두르다, 성급한, 너무 이른. **engagement** [ingéidʒmənt] (회합 등의) 약속, 계약, 약혼, 일, 용무, 고용, 교전. **fit right in with** …에 꼭 맞다. **schedule** [skédʒul(ːl)] 예정(표), 계획, 시간표, 표, 일람표; (문서 등의) 별표, 명세서 부칙. **make it** 《구》 제대로 해 내다, 성공하다, 시간을 정하다. **then**

상황 3
시간 낼 수 있습니까?

A : 언제 만나 점심이나 했으면 하는데,
시간을 낼 수 있나?

B : 토요일 오후 어떤가?

A : 미안하네. 선약이 있거든.
금요일이 내 스케줄에 꼭 맞겠는데.

B : 그럼 금요일로 정하세.
언제 어디서 하나?

A : 힐튼 호텔 12시네.

B : 자네가 사는 점심을 먹게되어 즐겁네.
그 때 만나.

Check Point

그러면, 그때, 그리고 나서, 그렇다면, 그 다음에. Let's 우리 …합시다 ; Let us 우리가 …하도록 허락해 주세요. I'm happy to~ : …해서 즐겁다. lunch on you 당신이 사주시는 점심. on 《구어》…이 지불하는, ~이 한턱내어, 찬성하여, 기꺼이 참가하여. What then? 그러면(그렇다면) 어떻게 되지? sometime or other 머지않아, 조만간. make it do 변통해 나가다. I'm on! 찬성이다. It's on me. 내가 낸다, 내가 한턱 낸다.

Situation 4
OK. I'd like that

A : Excuse me but if you don't mind, I'd like to talk to you.

B : By all means.

A : Do you have time for a cup of coffee? I'm treating.

B : Yes, I have time.

A : Let's go to a nearby coffee shop, where we can talk over coffee.

B : OK. I'd like to.

Check Point

excuse [ikskjúːz] 용서하다, 면제하다, 구실이 되다, 변명하다. mind [maind] [부정·의문·조건문에서] 꺼림칙하게 생각하다, 거북해 하다, 신경 쓰다, 싫어하다. if 만일 …면으로 쓰일 때는 부사절을 이끄는 접속사; 인지 아닌지의 뜻일 때는 명사절을 이끄는 접속사. I'd like to~ 저는 …하기를 원합니다 (I would like to에서 would는 소망의 뜻). talk to~ : ~에게 말을 걸다, 《구어》 책망하다, 타이르다. By all means [대답을 강조하여] 좋고 말고, 부디, 꼭; 반드시. by any means [부정문에서] 아무리해도. have time for~ : …할 시간. a cup of~ 한잔의. treat [triːt] 대접하다, 친절하게 다루다, 논하다, 취급하다. May I be excused? 화장실에 가도 되겠습니까? 먼저 실례하겠습니다. Let's …합시다, [Let us …로 하면] 우리가 …하도록 허락해 주세요. nearby [níərbài, ː ː] 가까운, 가까이로, 가까이에, 근처에 《영국》

상황 4
좋습니다. 그러면 좋겠군요

A : 실례합니다만 괜찮으시다면 이야기를 나누고 싶습니다.

B : 좋습니다.

A : 커피 한잔하실 시간 있으십니까?
제가 대접하겠습니다.

B : 네, 시간이 있습니다.

A : 가까운 다방에 가시죠. 그리고 거기서 커피나 들면서 이야기 하실까요.

B : 좋습니다. 그러면 좋겠네요.

Check Point

near by. coffee shop (1)《미》커피숍 (호텔 등의 경식당) (2) 커피열매를 파는 가게. **where [hwɛ́ər]** [관계부사로] …하는 곳, …하는 ; 그리고 거기에서. **can [kn, kən, kæ̀n]** 할 수 있다, …하여도 좋다, …이 있을 수 있다, [부정문] …일(할)리가 없다, [의문문] 도대체 ~일까. **over [óuvər]** 들면서, 하면서, …의 위에, 전면에, …을 넘어서, 이상, …을 지배하여, …하는 사이, 끝나서. **O.K., OK [óukèi]** [all correct를 일부러 oll korrect라고 쓴데서?] 《구》좋은, 괜찮은, 지장이 없는, 좋아, 됐어, 오케이(all right). **I'd like** 저는 원합니다. **that** [앞서 언급하였거나 서로 양해되어 있는 사물을 가르쳐] 그일, 그것. **Excuse me.** [종종 skjúːz-miː] (1) 미안합니다, 실례합니다 (2) (상승조의 의문문으로) 뭐라고 하셨습니까?

Situation 5
I'm going your way, too

A : Excuse me but may I ask how far you're traveling?

B : I'm going as far as Chong-ro and second street.

A : I'm going your way, too.
May I talk with you until we get there?

B : Of course. I'm also glad to be your traveling companion.

A : I'm very glad to have a good chance of practicing my English.

B : Would you kindly act as my guide?

Check Point

May I+동사원형 : 내가 ~해도 좋습니까? How far [hau fɑɚr] (1) [거리] 어느 정도의 거리인가 (2) [정도] 어느 정도, 얼마만큼. travel [trǽvəl] vi. (특히 먼 곳 또는 외국에) 여행하다 ; (탈것으로) 가다. as far as… (1) [전치사적으로] …까지《부정문에서는 so far as》(2) [접속사적으로] …한 멀리까지 …하는 한은(에서는). your way 당신이 가시는 방향. talk with …와 이야기하다. until [əntíl] …까지, …이 되기까지, …에 이르기까지, [부정어와 함께] …이 되어 비로서(…하다). get [get] 도착하다. of course [əv, ə, ʌv, óv kɔərs] 물론, 당연히 (《구》'course) ; 지적 당하거나, [생각이 나서] 그렇구나! 아

상황 5
저도 역시 같은 방향입니다

A : 실례지만 어디까지 여행하시나요?

B : 나는 종로 2가까지 갑니다.

A : 저도 방향이 같습니다.
거기에 도착할 때까지 말씀 좀 나눌 수 있을까요?

B : 물론입니다. 나도 당신의 여행 말상대가 되어 역시 기쁩니다.

A : 나의 영어를 연습할 수 있는 기회가 생겨서 대단히 기쁩니다.

B : 저의 가이드 역을 해주시겠습니까?

Check Point

참! also [ɔ́:lsou] ad. (…도) 또한, 역시, 마찬가지로. glad to be …가 되어 기쁜. traveling companion [trǽvəliŋ kəmpǽnjən] 여행 말동무. have a good chance of …할 좋은 기회가 생기다. practice [prǽktis] vt. (《영》 -tise) (반복하여) 연습 [실습] 하다. vi. 연습 [실습] 하다. Would you kindly + 동사원형 : …하여 주시지 않겠습니다 (정중한 의뢰). act as guide 안내역을 하다. guide [gaid] 사람을 안내하다, 인도하다, 지도하다, 깨우쳐 가르치다, 안내자, 길잡이, 안내업자, 향도. may [mei] …일 지도 모른다, …해도 좋다, …할 수 있다, …일까

Situation 6
How do you like Korea?

A : How long have you been in Korea?

B : I've been here only a week.

A : Do you live in Korea?

B : No, I'm a visitor.

A : You're come from America, haven't you?
How do you like Korea?

B : It's beautiful.
I like what I've seen very much indeed.

Check Point

How long have you been~? 나와 있는지가 얼마나 됐습니까? How long …? (길이·시일이) 어느 정도, 몇 년 [달, 며칠, 시간, 분 (등)], 언제부터, 언제까지; been은 존재의 뜻인 be의 과거분사이고, have been은 계속용법. visitor [vízitər] 방문객, 손님, 내방객, 문병객 (사교·상용·관광). guest 초대되어 접대 받는 손님, 또는 호텔의 숙박자 ; caller 단기간의 방문자. How do you like~? (1) …을 좋아하세요, 어떻습니까 (2) …을 어떻게 할까요 (3) [예기치 않은 결과에 놀람을 나타내어]《구》깜짝이야, 저런. if you like 좋

상황 6
한국이 어떻습니까?

A : 한국에 나오신지 얼마나 됐습니까?

B : 일주일 밖에 안됐습니다.

A : 한국에 사시나요?

B : 아니오. 여행중입니다.

A : 미국에서 오셨군요.
한국이 어떻습니까?

B : 아름답습니다.
내가 구경했던 것들이 참으로 마음에 듭니다.
[좋은 걸 많이 봤습니다.]

Check Point

으시다면, 그렇게 말하고 싶다면. What I've seen 내가 계속 구경했던 것, 여기서 what은 선행사 포함 관계대명사로 (…하는) 것 [바]. very much 무척. indeed [indíːd] [very + 형용사·부사· 뒤에서 그것을 다시 강조] 정말, 대단히. Thank you very much indeed. 정말 감사합니다. I'm indeed glad. = I'm glad indeed. 정말 기쁘다. "Are you comfortable?"―"Yes, indeed!" 편안하십니까 ― 네 정말로. You come from~. 당신은 ~출신이다. You have come from~. 당신은 ~에서 왔다.

Situation 7
It's really marvellous!

A : How did Seoul impress you?

B : I was surprised to see how quickly Seoul is developing.

A : What do you think about the industrial progress Korea has made?

B : It's really marvellous!

A : I'd be glad to show you over the town.

B : Is this your first visit to Korea?

Check Point

impress [imprés] …에게 (깊은) 인상을 주다, 감동시키다, 감명을 주다, 도장 등 찍다, 누르다. surprise [sərpáiz] 놀라게 하다, 경악하게 하다, 기습하여 점령하다, 불시에 치다. be surprised to see~ …을 보고 놀라다. quickly [kwíkli] 빨리, 속히, 급히 서둘러서, 신속히. develop [divéləp] 발달시키다, 발전 [발육] 시키다, 계발하다, 자원 토지를 개발하다. What do you think about~? …에 관하여 어떻게 생각합니까? industrial [indʌ́striəl] 산업(상)의, 공업(상)의, 산업 [공업]이 고도로 발달한, 공업용의. progress [prógrəs] 진행, 전진, 진척, 진보, 향상. Korea has made 한국은 이룩했다. make prog-

상황 7

정말 믿기 어렵습니다

A : 서울의 인상이 어떻습니까?

B : 서울이 아주 빨리 발전하는 것을 보고 놀랐습니다.

A : 한국이 이룩한 공업발전을 어떻게 생각하십니까?

B : 정말 훌륭합니다. [정말 놀랍습니다. 정말 믿기 어렵습니다. 정말 신기합니다]

A : 기꺼이 시내 번화가 상가를 안내해 드리겠습니다.

B : 이번이 한국의 첫 방문이십니까?

Check Point

ress 진행하다, 전진하다, 진보하다, 향상하다. vt. 전진 [진척] 시키다. really [ri:əli] 정말로, 실은, 사실은, 참으로, 착실히, 그래? 어머. marvellous [má:rvələs] 《구》 훌륭한, 놀라운, 신기한, 믿기 어려운. ~ly. ad. I'd be glad to +동사원형 : 기꺼이 …해 드리겠습니다. show~ over the town 시내를 안내하다. this 이번이. first visit to~ …에 첫 방문. progress in knowledge 지식이 높다. report progress 그 동안의 일을 보고하다, 경과를 보고하다. progress 경과, 과정, 추이, 진행, 전진, 진척, 진보, 향상, 발달, 발전. the marvellous [명사적 단수취급] 괴이, 거짓말 같은 사건

Situation 8

What a nice bike!

A : Come and look at my new bike.

B : What a nice bike!
How much did you pay for it?

A : I paid two thousand dollars for it.

B : Good Heavens! This is really too much.

A : I don't think they charged me too much.
They never charge you too much.
they say this one a bit, you know, came expensive.

B : Let's do some bike riding.

Check Point

come and~ …하러 오너라. bike [baik] [bicycle의 단축형]《구》자전거, 오토바이. Pay for~ 지불을 하다, 대금을 치르다, 빚 등을 갚다, 청산(변상)하다. paid pay-paid-paid (돈을) 지불하다, 치르다, 이익이 되다, (주의·경의를) 표하다. Good Heavens! 저런! 야! 어머나! 야단났네! too much 너무 많이. charge + 사람 + too much 바가지 씌우다. never [névər] 결코 …않다,

상황 8
참 멋진 오토바이군!

A : 새로 산 오토바이 보러 오게.

B : 참 멋진 오토바이군!
얼마에 샀나?

A : 그것 2천 달러 지불했네.

B : 야 아, 이건 너무했다.

A : 그들이 바가지 씌웠다고는 생각지 않네.
그들은 절대로 바가지 씌우는 일이 없네.
그들이 그러는데 이게 조금, 그러니까, 비싸게 먹혔다는군.

B : 오토바이 좀 타 보자.

Check Point

일찍이 …없다, 한번도 …않다. this one 이것. that one 저것. a bit 조금. charge [tʃɑərdʒ] 금전상의 부담을 지우다, 의무책임 등을 지우다. you know 《구》(1) [단지 간격을 두기 위해] (2) [다짐하기 위해] 보시다 시피. come expensive 비싸게 먹히다, 비용이 많이 들다. bike riding 오토바이 타기. you never know 《구》 어쩌면, 아마도. too hot 너무 뜨거운

Situation 9
I can't stand the cold

A : Do you have a chilly constitution?

B : I'm afraid I do. I can't stand the cold.
How about you?

A : I never get a cold. I think I have an iron constitution.

B : To my shame, I'm susceptible to colds.
What's the right way to build up resistance against colds?

A : Why don't you try getting into a habit of eating as much food as possible.

B : Just for your information,
Honey helps the cough.

Check Point

constitution [kὰnstətjúːʃən] 구성, 구조, 조직, 골자, 본질, 체질, 체격, 소질, 성질, 헌법, 정체, 국체. I'm afraid 유감으로 생각하다, (유감스럽지만) …이라고 생각한다, 아무래도. I'm afraid와 I hope~ …이라고 생각하다에서 바람직한 것에는 I hope를, 그렇지 않은 경우 I'm afraid. stand [stænd] 참다, 서있다, …에 있다, 일어서다, 일으키다, 어떤 상태에 있다, 높이가 …이다. cold [kould] 추위, 냉기, 빙점 이하의 추위. 추운, 찬, 차가운, 식힌, 식은, 냉정한, 냉담한. never get 한번도 안 걸린다. a cold 감기, 고뿔. chilly [tʃíli] 으스스한, 냉랭한, 한기가 나는, 추위를 타는, 냉담한, 오싹한. iron constitution 튼튼한 체질(체격). To my shame 부끄러운 말이지만. feel [be] chilly 오한이 나다. shame [ʃeim] 수치, 치욕, 부끄러움. get into a habit of ~ …하는 습관을 붙이다. susceptible [səséptəbl] 받기 쉬운, 영향을 받기 쉬

상황 9
추위를 못 참아요

A : 추위를 몹시 타는 체질이신가요?

B : 아무래도 전 그런가봐요. 추위를 못 참아요.
당신은 어떻습니까?

A : 저는 전혀 감기 걸리지 않습니다. 강철같은 체질인가
봐요. [병을 모르는 체질인가 봐요]

B : 부끄러운 말이지만, 저는 툭하면 감기에 걸립니다.
감기에 대한 저항력을 기르는 가장 효과적인 방법은
무엇입니까?

A : 시험삼아 될 수 있는 대로 음식을 많이 드시는 습관
을 만들어 보세요.

B : 그냥 참고가 되시도록 일러드리는데,
꿀은 기침에 좋습니다.

Check Point

운, 감염되기 쉬운 (to). **be susceptible to colds** 툭하면 감기에 걸리다. **the right way** 가장 효과적인 방법. **for your information** 참고가 되시도록. **build up** 증진시키다, 건물로 둘러싸다. (재물・명성・인기 등) 쌓아 올리다, 몸을 단련하다. **resistance [rìzístəns]** 저항력, 저항, 반항, 적대, 저항감, 반감. R-레지스탕스. **against colds** 감기에 대한. **help [help]** …에 도움이 되다, 거들다, 나누어주다. **against** …에 반대하여, …에 부딪쳐서, …에 기대어서, …을 배경으로, …에 대비하여. **Why don't you~?** 《구》[제안・권유 등에 쓰여] …하면 어때요, 하지 않겠어요(손윗사람에게는 못 씀). **try + 동사ing** 시험삼아 …해다. **try to 부정사** : …하려고 노력하다, 애쓰다. **as~ as possible** 될 수 있는 대로 ex) **as early as possible**

Situation 10
What's the major attraction?

A : What's the major attraction in Seoul?

B : I'll take you up to the Seoul Tower.
You can get the best view of Seoul from there. There's a look-out up there.

A : I can't wait to see it.

B : You'll be able to see most of the sprawling city. That's the Seoul Tower up there.

A : What a fantastic view!

B : Seoul has a large population.
It's going on eleven million.

Check Point

major attraction 가장 사람의 마음을 끄는 것, 최고 인기거리, 가장 볼만한 곳. major [méidʒər] 주요한, 일류의, (효과·범위 등이) 큰 두드러진. attraction [ətrǽkʃən] 사람의 마음을 끄는 것, 인기거리, 끌어당김, 빨아 당김, 흡인, 유인, 끌어당기는 힘, 매력. take 사람 up to 장소 …에 최고의 조망을 보다. view [vjuː] 조망, 경치, 시계, 견해. a lookout [lúkàut] 망대, 망류, 망꾼, 감시선, 망보기, 조심, 경계, 가망, 전도. can't wait to (사태·일 등이) 내버려둘 수 없다, 급하다, 미룰 수 없다, 빨리 …하고 싶다. will be able to~ …할 수 있을 것이다(can의 미래형). most of~ 대부분의. sprawling [sprɔ́ːliŋ] (도시·가로등이) 불규칙하게 넓어지는 [뻗은, 널려 퍼진] tower

상황 10
가장 볼만한 것이 무엇입니까?

A : 서울에서 가장 볼만한 것이 무엇입니까?

B : 서울 타워까지 모시고 가겠습니다.
거기에서 서울의 가장 좋은 전망을 볼 수 있습니다.
그 곳에 전망대가 있습니다.

A : 빨리 보고 싶군요.

B : 대부분의 널려 퍼진 서울 시가지를 보실 수 있습니다.
저위가 서울 타워입니다.

A : 전망이 멋집니다.

B : 서울엔 인구가 많습니다.
거의 11,000,000입니다.

Check Point

[táuər] 탑, 누대, 고층빌딩, 요새, 방어물, 옹호자, 철도 신호소, vi. 솟다, 곧추 올라가다. a signal tower 신호탑. fantastic [fæntǽstik] 《구》멋진, 근거 없는, 공상적인, 환상적인, 변덕스러운, 별난, 괴상한. population [pɑ̀pjuléiʃən] 인구, 주민수, 《the ~; 집합적》주민. be going on 《구》(시각·연령이) 거의 …이다. million [míljən] 백만, 백만의. [pl.] 수백만, 다수, 무수, 100만개, 100만명. eleven million 천백만. one's lookout 《구》임무, 일. my lookout 나의 임무, 나의 일. That's my lookout. 그것은 내가 알아서 하겠다(네 알바 아니다).

Situation 11
We're a bit shorthanded

A : What time can I see you?

B : Any time after five.

A : Come and help me.
We're a bit shorthanded.

B : I'll be happy to be of (any) service to you.
Has the boss given you too much work?

A : Absolutely.
Because I'm the only one fit for the job.
I'm not my own boss, you know.

B : I'll come to your office either at 5 or earlier if I can.
Your boss does boss you around.

Check Point

a bit 《구》 조금, 다소, 약간, 잠깐, 잠시. ex) I'm a bit tired. Wait a bit. shorthanded [ʃɔ̀ːrthǽndid] 일손이 모자라는, 인원 부족의. be of service to …에게 도움이 되다. Has the boss given 사장이 주었나. absolutely [ǽbsəlùːt-li] 절대적으로, 무조건으로, 전제(독재)적으로, 《구》 전혀 …않다, 단연, 전적으로, 《구》 속어, 정말 그래, 그렇고 말고. the only one 유일한 사람. fit for …을 감당해 낼 수 있는, 적임의. be one's own man 남의 지배를 받지 않다. I'm not my own boss. 사장의 지배를 받는다. be one's own boss. 사

상황 11
일손이 좀 모자란다

A : 몇 시에 만날 수 있겠나?

B : 다섯시 이후는 아무때나.

A : 와서 도와주게.
일손이 좀 모자라서 그러네.

B : 자네한테 도움이 될 수 있다면 기쁘지.
사장이 일거리를 너무 많이 주든가?

A : 정말 그러네. (그렇고 말고)
그 일에 유일한 적임자가 나이기 때문이지.
하라는 대로 해야지 별 수 없지 않은가.

B : 다섯시나 가능하면 그 이전에라도 자네 사무실로 가겠네.
자네 사장 정말 자네를 부려먹는구먼.

Check Point

장의 지배를 받지 않다. either~ or …거나 …거나. boss a person around [about] 《구》…을 부려먹다. job [dʒɑb] 일터, 품팔이, 일, 삯일, 도급일, 청부일, 건축 등 현장. 《구》 직업, 직장. boss [bɔs] 《구》 [호칭으로도 쓰여] 두목, 보스, 두령, 사장, 소장, 주임, 영수, 거물, 실력자. either 어느 한 쪽(의), [부정문에서] 어느 쪽도(…아니다) [부정문에서] …도 또한(…않다), 양쪽의. boss vt. …의 보스·두목·두령이 되다, 지배하다, 휘두르다, 감독하다. boss it 보스가 되다, 뽐내다, 으스대다. vi. 두목이 되다, 으스대다.

Situation 12
In the long run

A : Come and help me with some of the things, will you?
There's so much to get done.

B : OK. I'll go all the way with you.
You can go all the way with me someday. OK?

A : Sure, any time. (at any time)
I've been working all night and I've been unable to get home before midnight.

B : By the way, what would you suggest to cope with the I.M.F?

A : We have to hold on to our money. In the long run we must build up ourselves to compete with other countries.

B : You have a point there.

Check Point

get done with …을 마치다, 끝내다, 해치우다. go all the way with 전직으로 찬동하다. get down 《구》 침울해지다, 낙심하다, …을 낙심시키다, 피곤하게 하다, 말·기차·나무에서 내리다, 몸을 구부리다, 웅크리다, 적어두다. go all the way with 《구》 진적으로 찬동하다. go all the way 《구》 전부(몽땅) 걸다. sure [ʃuər] [의뢰·질문의 대답에 써서] 좋고 말고, 물론. at any time 언제라도. I've been + 동사 ing~ 나는 계속 …해 오고 있다. work all night 밤새도록 일하다. unable [ʌnéibl] 할 수 없는, 무력한, 약한, 무능한, 자격·권한이 없는. get home 집에 도착하다. in the works 《구》 계획 중에,

상황 12
긴 안목으로 보아서는

A : 와서 일 몇 가지 좀 도와주게.
끝내야 할 일이 많네.

B : 좋아, 자네가 하자는 대로 해주겠네.
어떤가, 다음 언젠가 내가 하자는 대로 해 주게. 좋아?

A : 물론이지. 언제든지.
계속 밤을 새며 일을 해서 자정 전에 집에 들어가지 못하고 있네.

B : 그건 그렇다치고 I.M.F를 극복하려면 어떻게 해야되나?

A : 돈을 꼭 잡고 있어야겠지. 긴 안목으로 보아서는 다른 나라와 경쟁할 수 있도록 우리 자신들이 달라져야 하네. (자체·내부 보강 작업이 있어야겠지)

B : 틀림없는 말이네.

Check Point

진행 중에. midnight [mídnait] 한밤중, 자정, 철야, 한밤중의, 자정의, 캄캄한, 칠흑 같은. cope with [koup wiθ] 대처하다, 극복하다, 겨루다, 맞서대, 대항하다. hold on to~ …을 꼭 잡고 있다, 손을 놓지 않다, …에 의지하다, 매달리다. in the long run 긴 안목으로 보면, 결국은(in the end). build up ~ self 확립하다, 개조하다, 자체 보강하다. compete with~ [kəmpíːt] 경쟁하다, 겨루다, 경합하다, 맞서다. a point (말·경구 등의) 급소, 묘미, 진의. the point 요점, 주안점

Situation 13
Just be earnest!

A : What would you suggest we do to get over all difficulties?

B : Just be earnest! Life is earnest, you know.

A : Good thing, all possible efforts are being made here and there to overcome all difficulties but I'm worried.
At this rate, I.M.F could take many years.

B : I don't think it'll take that many.
I'm optimistic about I.M.F situation.

A : The more I think, the more puzzled I am.

B : Nothing great is easy, you know.

Check Point

suggest [səgdʒést] 암시하다, 시사하다, 넌지시 비치다(imply) 《-+that 절》 …을 제의(제창, 제안)하다, 건의하다, 말을 꺼내다. get over (장애・혼란 등을) 극복하다, (병・충격 등에서) 회복하다, (담 등을) 넘다, (강・다리 등) 건너다. difficulties [보통 pl.] 곤경, 《특히》 재정곤란. earnest [ə́ːrnist] 진지한, 열심인, 열렬한, 진지하게 고려해야 할, 중대한 n. 진지함, 진심. life [laif] 일생, 인생, 생활, 전기, 원기, 생애, 생기. the life 중심 [인기 있는] 인물, 활기・생기를 주는 것. you know 《구》 [단지 간격을 두기 위해, 다짐하기 위해] 보시다시피, 아시다시피, 응(그렇지)? possible [pásəbl] 가능한, 실행할 수 있는, 있음직한, 《구》 그럴싸한, 상당한, 그런대로 괜찮은, [최상급, all, every 등과 함께] 가능한 한의. the greatest~ speed 전속력. with the least~ delay 되도록 일찍이. efforts [éfərt] 노력, 분투, 수고; (모금 등의) 운동, 노력의 성과, 역작, 노작, 작용력. be being made (노력)이 행하여지고 있다. [be being + 과거분사] 현재진행수동태; …고 있다. here and there 여기저기에서. Here I am. 다녀왔습니다, 자 왔다. overcome [òuvərkʌ́m] (적・곤란 등을) 이기다, 지우다(defeat), 압도하다, 정복하다, …을 손들게 하

상황 13
그냥 열심히 하게!

A : 온갖 어려움을 극복하기 위해서 어떻게 해야 되나?

B : 그냥 열심히 하는 거지 뭐. 살아간다는 건 중대한 일 아닌가.

A : 다행히도 어려움을 극복하기 위해 가능한의 노력이 여기저기서 행해지고 있긴 하지만 걱정스러워서. 이대로라면 I.M.F.가 여러 해 지속되는거 아닌가?

B : 그렇게 여러 해가 지속 된다곤 생각지 않네. 나는 I.M.F. 사태를 낙관하고 있네.

A : 생각하면 할수록 더 모르겠네.

B : 위대한 일 치고 수월할 것은 없다네.

Check Point

다. in earnest 진지하게, 진심으로, 본격적으로. worried [wə́ːrid] a. 걱정스러운, 괴로움 받는, 당황(걱정, 안달)하는. be worried about, be worried over. at this [that] rate 《속》 이런(그런) 상태(형편)로는, 이래(그래) 가지고는. could take 시간이 걸릴 수 있다; could는 can의 과거로 가능을 나타내고 take는 시간·노력 등 요하다, 걸리다, 들다, 필요로 하다. that many 그만큼 많은, 그렇게 많은; that은 지시부사 《구》 그만큼, 그렇게 many, much와 같이 쓰임. optimistic [ɔ̀ptəmístik] 낙관(낙천)적인(about), 낙천주의의. the + 비교급~, the + 비교급 : 여기서 비교급은 형용사·부사의. The more, the merrier. The sooner, the better. nothing~ is~ : …치고 …한 것은 없다; nothing은 아무 것(일)도 …없다(않다), 전연 …않다. great [greit] 많은, 중대한, 두드러진, 탁월한, 숭고한, 훌륭한, 대단한. just [dʒʌst] 틀림없이, 꼭, 바로, 마침, 그냥. There it is. 《구》 유감스럽지만 사실이 그러하다, 그러한 상황이다. Here it is! 자, 여기 있다, 이걸 줄게. There it goes! 저 봐 떨어진다. [깨진다, 사라진 다 등] get over 《구》 (연극·배우 등이) 대성공을 거두다, …에 놀라다, (생각 등을) 이해시키다, …에 놀라다, 어떤 거리, 길을 가다.

Situation 14
I'll tell you what

A : You're really tired of doing the same thing every day, aren't you?

B : I can't put it into words.

A : I'll tell you what.
Why not form a partnership with me?

B : Why not! How much will I bring in per month?

A : If you invest in that business, at least 20 percent of interest will be guaranteed.

B : Don't let me lose my sleep over it.

Check Point

be tired of + 동사ing : …하는데 싫증나다, …물리다, 지겹다. sick and tired of …에 아주 넌더리가 나서. put it into words 말로 나타내다, 말로 표현하다. word [wəːrd] 낱말, 단어. [pl.] 말, 이야기, 담화, 말다툼, 논쟁. [무관사로] 기별, 소식, 전언. (the~ 약속, one's~ 약속) I'll tell you what 저말이야, 실은 말이지, 이야기할 게 있는데. form a partnership 동업하다. form [fɔːm] (동맹·관계를) 맺다. partnership [páːrtnərʃip] 공동, 협력, 조합, 영업, 조합계약, 합명회사, 상사. why not : …하면 어떤가(어떤 일을 제안하여), 좋아, 그러지(상대방의 제의에 동의하여). invest [invést] 투자하다 ; (돈을) 쓰다, (시간·정력 등을) 들이다, 쓰다, 바치다, 착용시키다. if [if] 만일 …면(부사절 이끄는 접속사) ; 인지 아닌지(명사절을 이끄는 접속사). at(the) least [ət líːst] [보통 수사 앞에 써서] 적어도, 하다 못해, [at least] 아무튼, 어쨌든. 20 percent of …의 20퍼센트. guarantee [gæ̀rəntíː] 보증, 보증서, 담보(물), 보증을 받는 사람. vt. 보증하다. under guarantee of = on a guaran-

상황 14
좋은 수가 있다네

A : 매일 똑같은 일 하는게 정말 신물나지.
그렇지?

B : 말로는 나타낼 수 없지.

A : 좋은 수가 있다네.
나와 동업해 보는게 어떤가?

B : 좋아, 하지. 한 달에 얼마나 생기나.

A : 만일 그 사업에 투자하면 적어도 20퍼센트의 이익금이 보장된다네.

B : 자네 나 밤잠 설치게 하지 말게.

Check Point

tee of …의 보증아래, …을 보증하여. be guaranteed 보장되다. be(go, stand) guarantee for …의 보증인이 되다. lose~ sleep over [about] : …에 대해 잠이 안 올 정도로 걱정하다. Don't let me. 내가 …하게 하지 말라. over …에 의해서, …의 위에, …을 넘어서, …을 넘어서(범위·수량), …을 지배하여, …하는 사이, …하면서, 끝나서, 완전히, …에 대하여, 관하여, …에 의해서. I know what. 좋은 생각이 있다. (이어 제안 등을 하려고 할 때) I'll tell you what. 실은 이렇다네, 그럼 이렇게 하지, 좋은 수가 있네. bring in (…의 이익을) 생기게 하다, 들여오다, (풍습을) 수입하다, 경찰에 연행되다, 평결하다, 답신하다. per month 달에. per [pər] prep. …마다, …에 의하면, …으로, …에 대하여. as per …에 따라서. per man 한 사람에(얼마). per week 주말에(얼마). Please let me by. 미안 하지만 지나갑시다, 좀 봐주세요. let~ by …을 지나가게 하다, (잘못 등을) 눈감아주다, 그냥 봐주다.

Situation 15
Nice meeting you

A : Let's do our best to be successful.

B : We have so much in common that we'll get along like a house on fire.

A : How can I get in touch with you?

B : Please call me at 796-2265.

A : Let me stick down your name and phone number.
To my shame, I have a bad memory for American names and phone numbers.

B : I'm very glad to have met you.
[or Nice meeting you. Nice talking to you.]

Check Point

do one's best 최선을 다하다. to be …하기 위해서. successful [səksésfəl] 성공한, 좋은 결과의, 잘된, (시험에) 합격한, (흥행 등이) 대성공의, (모임 등이) 성대한, 운 좋은, 입신 출세한. have~ in common …한 점이 같다, …와 공동으로 …을 가지고 있다. such~ that(so~ that) + 주어 + 동사 : 너무 …해서 …하다. so와 that 사이는 형용사·부사의 원급이 온다. common [kámən] 공공의, 공동의, 공통의, 보통의, 평범한, 야비한. in common 공동으로, 공통으로, in~ with …와 같게. get along 지내다, 살아가다, 번영하다, 《속어》물러가라! 꺼져라! like [laik] …와 같은, …와 같이, …처럼, 닮은, …다운, 비슷한, 좋아하다, 마음에 들다, 바라다, …하고 싶다. a house on fire 불난 집. set on fire = set fire to …에 불을 지르다, 흥분시키다, 격분시키다. on fire 불타고, 화재가 나서, 흥분하여. on the fire …는 《구》준비

상황 15
만나서 기뻤습니다

A : 잘해 봅시다. [잘 되도록 최선을 다 합시다]

B : 우리들은 너무 공통점이 많아서 빨리 친해질 것입니다.

A : 연락처가 있습니까?

B : 796-2265로 전화하세요.

A : 성함과 전화번호를 적겠습니다.
부끄러운 말이지만 미국사람 이름과 전화번호를 금방 잊어버립니다.

B : 만나서 기뻤습니다.
[또는 만나서 흐뭇했습니다. 이야기 재미있었습니다.]

Check Point

중인, 집필중인. get in touch with …와 연락하다, 접촉하다. let me 내가 …하도록 허락하세요, 내가 …하게 해 주다. Let me hear you sing. 당신 노래를 들려주시오. stick down 《구》 (이름 등을) 적다, 내려놓다, 붙이다. stick fast 달라붙다, 막다르게 되다. stick in 들어박히다. shame [ʃeim] 부끄러움, 부끄러운 생각, 수치심, 치욕, 수치, 창피, 체면 손상. vt. 부끄럽게 하다, …에게 창피를 주다. To my shame 부끄러운 말이지만. Shame on you! 무슨 꼴이야! 부끄럽지 않느냐! 아이 망측해라! have a bad memory for …에 기억력이 나쁘다. memory [méməri] 기억, 기억력, 회상, 추억, 유품, 기념품, 기념, 사후의 명성, 기억장치, 기억용량. to have met 당신을 만났어서. to + 동사원형 : (to 부정사로 감정을 나타내는 to 부정사의 부사적 용법) …하니, …해서. be successful in …에 성공하다.

Situation 16
Hopefully

A : I want you to make a quick decision on it and give me a plain "Yes" or "No" by Friday.

B : Give me some time to talk to my wife. I must sound her about her willingness to help me.

A : Hopefully you'll be able to save some money out of your income.

B : Sounds good. Under the circumstances, my salary doesn't meet the expenses.

A : Out of curiosity, what's your salary?

B : I'm underpaid.

Check Point

I want you to + 동사원형 : 나는 네가 …해 주기를 원한다. make a quick decision 신속한 결정을 하다. plain "Yes" or "No" 솔직한 가부. by …까지는 [기한을 나타내어] by the evening 저녁때까지는. [때의 경과를 나타내어] …동안에, by daylight 환할 때에, by day 낮에, by night 밤에. sound~ about [out, on, as to] (남의 생각 등을) 타진하다, 속을 떠보다. willingness [wílɪŋnes] 쾌히 [자진하여]하기, 기꺼이 하는 마음(~to do). hopefully [hóupfəli] 잘만되면, 아마, (문장 전체를 수식하여) / 희망을 가지고, 유망하게. will be able to~ : can의 미래형 can-could-will be able to. save [seiv] 구조하다, 저축하다, 절약하다. out of : [원인·동기를 나타내어] …에서, 때문에. out of curiosity 호기심에서. out of necessity 필요에 의해서. out of kindness 친절에서. income [ínkʌm] (정기적) 수입, 소득 ; income 대신 means를 쓰는 것이 일반적임. live within one's income 수입에 맞는 생활

상황 16
잘만 되면 아마

A: 빠른 결정을 해서 금요일까지 솔직한 가부 답변을 해 주게.

B: 부인과 상의할 시간을 좀 주게.
나를 도와줄 의향이 있는지 타진해 봐야 하겠네.

A: 잘만 되면 자네 수입에서 돈을 저축할 수 있게 되네.

B: 좋게 들리네. 지금의 사정으로는,
월급 가지고는 수지를 맞출 수 없네.

A: 호기심에서 묻는 건데 월급이 얼마인가?

B: 쥐꼬리만큼 받네.

Check Point

을 하다. live beyond one's income 수입에 맞지 않는 생활을 하다. earned income 근로소득. unearned income 불로소득. sound …게 들리다, 느껴지다, 생각되다. underpay [ʌndərpéi] …에게 급료(임금)를 충분히 주지 않다. be(in) underpaid. 부족하게 받다, 쥐꼬리만큼 받는다. (수동태의 표현) under the circumstances 이러한 사정에서, 이러한 사정이므로. salary [sǽləri] 봉급, vt. 급료를 주다, 급료를 지불하다. draw one's salary 봉급을 타다. meet the expenses = meet one's expense 수지를 맞추다. meet 충족시키다, 만나다, 면회하다, 회합하다, 합치다, 교차하다, 직면하다, 대항하다, 마주나가다. curiosity [kjûəriósəti] 호기심, 진기함, 신기함, 진기한 것. 골동품. out of curiosity = from curiosity 호기심에서. expenses [ikspéns] [pl.] 소요경비, …비, 수당, 지출, 비용, 출비. decision [disíʒən] 결정, 해결, 판결, 결의문, 판결문, 결심, 결단. by one's own decision 독단으로

Situation 17
Good to hear your voice

A : This is Dae-woo Head office Mr. Han speaking. May I speak to Mr. Brown, please?

C : Hold on, please.

B : Mr. Brown speaking.
I recognize your voice, Mr. Han.

A : Good to hear your voice, Mr. Brown.
What I'm calling about is this:
I'd like to work out the details about the terms you're considering directly.

B : Come to my office by four o'clock.
I'll be expecting you.

A : Thank you, Mr. Brown.
I'll be there by four o'clock.

Check Point

This is~ [전화에서] 나는 …입니다. Is this…? 당신은 …입니까? Yes, this is he[she]. 네, 그렇습니다. head office 본점, 본사, 본부. branch office 지부, 지국, 출장소. May I speak to~ [전화에서] …와 통화해도 좋습니까? [괜찮습니까]. may [추측·가능을 나타냄] …일지도 모르다, …해도 좋다, …할 수 있다. [의문문에서] …일까. hold on [보통 명령형으로] (전화 등을) 끊지 않고 기다리다, 서라(stop!), 계속하다, 지속하다. please [pli:z] [부사적으로 정중한 요구·간청을 나타내는 명령법] 부디, 제발, 십시오. recognize [rékəgnàiz] 본 기억이 있다, 인정하다, 알아보다, 증인하다, 인가하다, 공인하다, 남의 수고 등을 알아주다. voice [vɔis] 목소리, 음성, 목소리의 특색, 음색, 소리, 가수, 발언[권], 투표권, 희망, 의견, 선택. Good to + 동사원형 :…하니 좋습니다, 유익한, 알맞은. good to drink 음료수로 적당한. What

상황 17

음성 들으니 기분 좋습니다

A : 대우 본사에 한입니다.
브라운 씨 좀 바꿔주십시오.

C : 기다리십시오.

B : 브라운 전화 바꿨습니다.
한씨, 음성 알아보겠습니다.

A : 브라운 씨 음성 들으니 좋습니다.
전화한 용건은 다름이 아니라,
귀측이 생각하고 있는 조건에 대한 자세한 내용을 직접 만나 교섭하고 싶습니다.

B : 4시까지 회사로 오세요.
기다리겠습니다.

A : 감사합니다. 브라운 씨.
4시까지 가겠습니다.

Check Point

I'm calling about : [의문사 + be + 주어의 형태로 바꿔 쓰면 의문문이 되어 주어가 될 수 없음] 내가 전화한 것은. I'd like to~ : I would like to로 would는 조동사로 소망의 뜻이 있어서 나는 …하기를 원합니다. work out (문제를) 풀다, (문제가) 풀리다, (합계가) 나오다, 애써서 성취하다, 교섭하다, (계획 등이) 잘 되어가다. details [pl.] 상세한 설명 [기술], 상세. in detail 상세히, 세부에 걸쳐. terms [tərm] [pl.] [지불·요금 등의] 조건, 요구액, 가격, 요금, 임금, 협약, 동의, 타협. consider [kənsídər] 숙고하다, 고찰하다, …할 것을 생각하다, …을 …이라고 생각하다. directly [diréktli] 곧장, 똑바로, 일직선으로, 직접, 즉시로, 곧이어, 이내. by [기한을 나타내어] 까지는. in good time 때마침, 알맞게, 때를 맞추어. expect [ikspékt] 기대하다, 예기 [예상] 하다. 《구》(…라고) 생각하다(think, suppose)

Situation 18
No problem, Mr. Han

A : I hope I'm not calling at a bad time, Mr. Brown.

B : No problem. Mr. Han.

A : I'm calling to ask if I may visit you at your house tomorrow evening.

B : What do you want to see me about?

A : I'd like to discuss a little business with you, Mr. Brown.

B : OK. Mr. Han.
I'll talk to my wife and arrange a time to have you over.

A : I'd appreciate it if you would.

Check Point

I hope I'm not~ 나는 내가 지금 …하고 있는게 아니길 바란다. call at a bad time 바쁜 시간에 전화하다, 곤란한 때에 전화하다. No problem. 괜찮습니다, 문제없어 = OK. I'm calling to ask if I may~ 내가 …해도 괜찮은지 물어 보려고 전화했다. arrange [əréindʒ] 예정을 세우다, 정하다, 타협하다, 합의로 정하다, 가지런히 하다, 배열하다. arrange a time to~ : …할 시간을 정하다, …할 시간을 합의로 정하다. have~ over 《수동형 불가》 […을] (집에) 손님으로 맞이하다, […을] 전복(전도) 시키다. appreciate [əpríʃieit] 진가 [좋은 점을] 인정하다, 고맙게 생각하다, 식별하다, [문학등] 감상하다.

상황 18
괜찮습니다. 한씨

A : 브라운씨, 바쁜 시간에 전화 드렸는지요.

B : 괜찮습니다. 미스터 한.

A : 내일 저녁에 댁으로 찾아뵈도 괜찮을지 여쭈어 보려 전화 드렸습니다.

B : 무슨 일로 만나시려구요?

A : 사업상 이야기를 나누고 싶습니다. 브라운씨.

B : 좋습니다. 미스터한. 부인과 상의해서 모실 시간을 정하도록 하겠습니다.

A : 그렇게 해주시면 고맙겠습니다.

Check Point

if you would 그렇게 해주시면. What does he have over me? 그는 어떤 점에서 나보다 나은가? have + 목적어 + over (…보다) [어떤 점에서] 우위에 있다. business [bízinis] 일, 직무, 직업, 장사, 볼일, 사항, 사업, 용무, 실업. visit [vízit] 방문하다, …의 손님으로 묵다, (직무상) 보러가다, 시찰하다, 조사하러 가다, (순시·임검·왕진하다). problem [próbləm] 문제, 의문, 난문제, 문제아, 다루기 어려운 사람, 골칫거리. talk business with …와 상담하다. have a business talk …와 상담하다. strike a bargain = close a deal 상담을 매듭짓다. go ahead with a business talk 상담을 추진하다.

Situation 19

What is your boss like?

A : What are your parents like?

B : My father has a placid temper.
My mother is very careful and she always puts great care into her work.

A : What's your big brother like?

B : We're quite dissimilar in character.

A : What are your parents like?
My father is rather free and easy.
My mother has a sharp temper.

B : What is your boss like?

Check Point

What is [are]~ like? 어떠한 사람[것, 일]일까, 어떠한 기분일까. placid-temper 차분한 성격, 조용한 성질. careful [kɛ́ərfəl] 조심성 있는, 조심스러운, 주의 깊은, 신중한. put great care into~ work 빈틈없이 일하다. character [kǽrəktər] (개인·국민의) 성격, 성질, 기질, 품성, 인격, 정직, 덕성, (물건의) 특성, 특질, 특색. diametrically [dàiəmétrikəli] 정반대로, 바로, 전혀, 직경 방향으로. oppose [əpóuz] vt. 반대하다, 대항하다. vi. 반대하다. diametrically opposed 전연 반대인(구어). diametrically opposite 정반대의 (구어). be opposed to ~에 반대이다, 반대편에 서다. as opposed to …에 대립하는 것으로(서). be quite dissimilar in …이 아주 딴 판인. dissimilar [dissímələr] …와 비슷하지 않은 《to, from》 dissimilar in character 성격이

상황 19
너의 사장님은 어떤 분이시니?

A : 너의 부모님들은 성격이 어떠시니?

B : 아버님은 누긋한 성격이셔.
어머니는 대단히 꼼꼼하셔서 늘 빈틈없이 일하셔.

A : 너의 큰오빠는 어떠시니?

B : 우리는 성격이 아주 딴판이야.

A : 너의 부모님들은 어떠시니?
아버지께서는 털털하시고,
어머니께서는 깔끔한 성격이셔.

B : 너의 사장님은 어떤 분이시니?

Check Point

비슷하지 않은. sharp temper [ʃɑ́ːrp témpər] 빈틈없는 성격, 활발한 성격. boss [bɔːs] 두목, 두령, 사장, 소장, 주임, (정계 등의) 영수, 거물. boss the show 《구》 휘두르다, 좌지우지하다. boss a person about[around] 《구》 부려먹다. placid [plǽsid] 평온한, 조용한(calm), 차분한 ~.ly ad. 차분하게, 조용하게, 평온하게. What does your boss look like? 당신 사장은 어떻게 생겼습니까? (풍채) temper [témpər] 기질, 성질, 기분, 심정, 경도, 탄성, 단련도, (칼·검 등의) 담금질[불림의] 정도. What~ like? 어떠한 사람[것, 일]일까, 어떠한 기분일까. What's the new teacher like? 새로운 선생님은 어떠한 사람이냐? What's it like being out of work? 실직 중인 것은 어떠한 기분이냐?

Situation 20
Take a step backward

A : Excuse me. Can I take a bus to Seoul Station here.

B : Yes, are you a tourist?

A : Yes, I am. How often are the buses run?

B : Buses are coming one after another.
They are run at an interval of three minutes on the course.

A : Thank you for being so kind.

B : Here comes your bus.
Please take a step backward.
Let me tell the driver to let you get off at Seoul Station. OK?

A : I'd like that.

Check Point

take [teik] [차를] 타다, 타고 가다, [탈 것이] 사람을 나르다, 잡다, 얻다, 받다, 선택하다, 가지고 가다, 데리고 가다. tourist [túərist] 관광객, 만유객, 여행자, 원정중의 운동선수, 관광여행을 하다. a tourist party 관광단. How often~ 얼마나 자주. are run 운행되다. run [rʌn] (정기적으로) 운행하다, 다니다, (차·열차·배 등이) 달리다, 진행하다, (차·열차·배 등의) 편이 있다. one after another (부정수의 것이) 잇따라서, 차례로. one after the other 교대로, 차례로, 순차적으로. at [도수·비례] …(의 비례)로. at 40 miles an hour = at the [a] rate of 40 miles an hour 시속 40마일로. minutes [mínit] 분, 《구》 순간(moment). a minute 잠간 [동안]. Wait a min-

상황 20
한 걸음 뒤로 물러서세요

A : 실례합니다. 여기서 서울역 가는 버스가 있습니까?

B : 네. 관광객이 신가요?

A : 네, 그렇습니다. 얼마나 자주 운행됩니까?

B : 잇따라 옵니다.
3분 간격으로 운행됩니다.

A : 친절히 해주셔서 감사합니다.

B : 여기 타실 버스가 오네요.
한 걸음 뒤로 물러서시지요.
제가 운전사에게 서울역에서 내려드리도록 일러드리겠습니다. 좋습니까?

A : 그러시면 좋겠습니다.

Check Point

ute. 좀 기다리세요. interval [íntərvəl] (장소·시간의) 간격, (정도·질·양 등의) 차, 거리, 틈. take a step backward 한 걸음 뒤로 물러서다. take a step forward 한 걸음 앞으로 나오다. backward [bǽkkwərd] 뒤쪽(으로)의, 되돌아가는, …하기를 꺼리는, 수줍은, 진보[발달]가 늦은, 뒤떨어진, 머리가 둔한, 때늦은, 철 잃은. let you get off 당신을 내려주다. let [let] …에게 시키다, …하게 해 주다, 가게[오게, 통과하게] 하다, 세놓다. get off 내리다, 하차하다, 출발하다, (편지 등이) 발송되다, 형벌(불행)을 모면하다, 일에서 해방되다. that [앞에서 언급하였거나 서로 양해되어 있는 사물을 가리켜] 그일, 그것, 여기서는 내려주도록 말하겠다는 것.

Situation 21
About ten shops down

A : I wonder when I am.
Excuse me. What part of the city is this?
I'm looking for Mr. Han's. This is the sketch map showing the way to his house.

B : This is where you are now.
Go straight along this street untill you come to the first crossing, you know. Then make a right turn.
The Mr. Han's(house) you're looking for is about 10 shops down from there.

A : Oh, that should be easy to find. Thanks a lot. I'll follow your directions.

B : But you'd better inquire your way again.

Check Point

wonder [wʌ́ndər] …이 아닐까 생각하다, 이상하게 여기다, 의심하다, 의아하게 여기다, 경이, 경탄. What part of the city 도시의 어느 부분. sketch map showing the way to~ …까지 안내되는 약도. this is where = this is the place where 이곳이 …한 곳. go straight along …을 따라서 곧 바로 가다. untill …까지, …에 이르기까지(줄곧). come to~ …에 이르다. the first crossing 첫 번째 네거리. make a right turn 우측으로 돌다. about 10 shops down 약 열 점포 지나. should …해야 하다, …일 것이다, 반드시 …

상황 21
대략 열 상점 지나

A : 여기가 어디쯤 될까?
실례합니다. 여기가 시내 어디쯤입니까?
한씨댁을 찾고 있는데, 그 분 댁까지의 약도입니다.

B : 지금 계신 곳이 여기입니다.
첫 번째 네거리가 나올 때까지 이 길을 따라 곧바로 가셔서 우회전하시면 찾고 계신 한씨댁은 거기서 대략 열 상점 지나서 있습니다.

A : 아, 쉽게 찾을 수 있겠네요. 대단히 감사합니다.
일러 주신대로 찾아가겠습니다.

B : 그러나 또 한 번 물어 가시는게 좋겠죠.

Check Point

일 것이다. easy to find 찾기 쉬운 ; to find 부정사가 앞의 형용사 easy를 수식하는 부정사의 부사적 용법. a lot [ə lɑt] 많이. a lot of = lot of = lots and lots of = a good lot of 《구》많은. follow~ directions 일러준 방향대로 찾아가다. That will do. 그러면 될 것이다, 이제 그만. do 충분하다, 쓸모가 있다, 끝내다, 베풀다, 주다, 처리하다, 행동하다, 살아가다, 지내다. you'd better = You had better …하는 것이 낫다 [좋다]. inquire~ way 길을 묻다.

Situation 22

What block is this?

A: Excuse me. I'm looking for this place.

B: This is taking you in the opposite direction. You've come too far. Walk back a few minute and you'll see a big crossing. That's the place where the building stands. You can't miss it.

A: Thank you very much.

B: You're welcome.

A: What block [street] is this?
This map is confusing.

B: It's Chong-ro and second street.

Check Point

look for 찾다, 기다리다, 귀찮은 일이 생길 것 같다. this place 이 곳, 이 장소. take 데리고 가다, 잡다, 움켜잡다, 쥐다, 껴안다(embrace) [덫·미끼 등으로] 잡다. This is taking you~ 이 길로 가면 당신은 …로 가게 된다. opposite [ápəzit] a. 마주보고 있는, 반대편의, 맞은편의, 등을 맞대고 있는. n. 정반대의 일, [사람·말], -ad. 맞은편에. direction [dirékʃən] 방향, 지시, 지도 [pl.] 명령, 지령, 지휘, 지시, 사용법. come too far 지나쳐 오다 [가다]. walk back 오든 길로 도로 걸어가다. a few minutes 2~3분. see 보이다, 보다, 만나다, 만나러 가다, 알다, 상상하다, 확인하다, 배웅하다, 주의하다. a big crossing 큰 십자로, 횡단, 교차, (도로의) 교차점, (철도의) 건널목. a crossing gate 건널목 차단기. the place where~ …한 곳. where는

상황 22
여기가 몇 가입니까?

A : 실례합니다. 이곳을 찾고 있습니다.

B : 이 길로 가시면 반대 방향이 됩니다. 너무 지나쳐 오셨군요. 오던 길로 2~3분 돌아가십시오. 그러면 큰 네거리가 나오는데 그곳에 그 건물이 있습니다. 쉽게 찾을 수 있습니다.

A : 대단히 감사합니다.

B : 천만에요.

A : 여기가 몇 가입니까? 이 지도는 뭐가 뭔지 모르겠어요.

B : 종로 2가 입니다.

Check Point

관계부사로써 선행사가 장소일 때 쓰여 선행사를 수식하는 형용사절을 이끔. stand …에 있다, 서 있다, 일어서다, 일으키다, (어떤 상태에) 있다, (높이가) …이다, 참다. miss [mis] 놓치다, 빗맞히다, 못맞히다, 빠뜨리다, 빼놓다, 모면하다, 없어서 섭섭하게 [아쉽게] 생각하다. very much 무척. be on the streets 집이 없다, 매춘부 생활을 하다. What block = What street 몇 가. ~and second street …2가. (You're) welcome. (사례에 답하여) 천만에요, 참 잘 오셨습니다. welcome [wélkəm] vt. (사람·도착·뉴스·사건 등을) 환영하다. a. 환영받는, 제 마음대로 해도 좋은, n. 환영, 환대. confusing [kənfjúːziŋ] 혼란시키는 (듯한), 당황케 하는, -.ly ad. this 이(지시형용사로 다음에 있는 명사 수식)

Situation 23
What's the amount of work done?

A : What's the amount of work done?

B : Same as usual. About the same.

A : Would you explain something about today's work in detail?

B : We need one 8 inch pipe in length of 100 feet laid from the pump to the tank.

A : Anything else?

B : We need 10 two inch pipes spiraled. Please remove 4 inch pipes from the pump to the tank. That's all.

Check Point

the amount of work done. 작업량. as usual 여느 때나 다름없이, 평소와 같이, 여느 때처럼. explain [ikspléin] (사실·입장 등을) 설명하다, 명백하게 하다. in detail [in ditéil] 상세히, 세부에 걸쳐. need + 목적어 + 목적보어 : (과거분사) (…이) (…될) 필요가 있다, (…을) (…되도록 할) 필요가 있다. lay-laid-laid 눕히다, …의 위에 놓다, 설비하다, (알을) 낳다. anything else 그 밖 또 어떤 것, 그 밖의 것. else [els] 그밖에 또. something [sʌ́mθiŋ] 무엇인가, 어떤 것, 어떤 일, 마실 것, 먹을 것. anything 의문문·부정문에서

상황 23
작업 양이 얼마나 됩니까?

A : 작업 양이 얼마나 됩니까?

B : 여느 때와 같아요. 늘 그렇지요. 뭐.

A : 오늘 작업 내용을 자세히 설명해 주시겠어요.

B : 100피트 길이의 8인치 파이프 하나를 펌프에서 탱크까지 놓아야 합니다.

A : 그밖에 또 있습니까?

B : 2인치 파이프 열 개를 나사를 내야하고, 펌프에서 탱크까지 파이프를 (4인치) 제거해 주세요. 이상입니다.

Check Point

는 something을 쓰지 않고, anything을 씀. 그러나 긍정의 기분이 강할 때는 something를 씀. spiraled : spiral의 과거 · 과거분사. spiral [spáiərəl] 나선형의, 소용돌이 꼴의, 소용돌이선, 나선 vi. 나선형을 그리다, 소용돌이 꼴로 나아가다, 연기 · 증기가 나선형으로 오르다. remove [rimúːv] 옮기다, 이동하다, 이전하다, 치우다, 가져가다, 훔치다. [수동형으로] 식사 다음에 …이 나오다. ex) Fish was removed by roast beef. 생선 다음에 구운 소고기(불고기)가 나왔다. remove furniture 이삿짐 운반업을 하다.

Situation 24
Have you called in an ambulance?

A : What started the fire?

B : Overheating is supposed to have started the fire. The fire was due to the carelessness of my wife in the handling of fire.

A : Is anybody still inside the house?

B : No. Everybody has got out of the house.

A : You got hurt in the leg?
Have you called in an ambulance?

B : Yes, I got a bad fall.

Check Point

start the fire 불을 내다 = cause a fire = a fire breaks out 불이 나다. start [사건·전쟁 등이] 시작되다, 일어나다, …을 시작하게 하다. overheating 과열. overheat [ouvərhíːt] vt. 과열하다, (남을) 지나치게 흥분시키다(선도하다). (be) due to …에 기인하는, 때문인, …에게 치러야 [주어야, 다해야] 할, 당연한, …할 예정인, …에 들러야. carelessness [kɛ́ərlisnis] 부주의, 경솔, 무사태평, 무심함. due [djuː] 정당한, 하기로 되어 있는, 지불 기일이 된. handling [hǽndliŋ] 손을 댐, 취급, 운용, 조종, 솜씨, (상품의) 출하. anybody [énibodi] [긍정문에서] 누구든지, 아무라도, 아무나. [부정문에서] 아무도. [의문문·조건절에서] 누군가. still [sti] 여전히, 지금까지도, 조용한, 고용한, 정지한, 움직이지 않는. inside [insáid] n. the~. 내부. a. 내부에 있는, 내부의. ad. 내부에, 내면에, 안쪽에. everybody [évribàdi] 각자, 모두.

상 황 24
구급차를 부르셨습니까?

A : 화재의 원인은 무엇입니까?

B : 과열이 화재의 원인으로 보고 있습니다.
불을 다루는데 있어서 부인의 부주의로 불이
났습니다.

A : 누군가 아직 집안에 있습니까?

B : 아니오, 다들 집밖으로 빠져 나왔습니다.

A : 다리를 다치셨나요.
구급차는 부르셨습니까?

B : 네, 몹시 넘어졌습니다.

Check Point

[부정문에서] 누구나 다 …한 것은 아니다. get out of [장소에서] 나오다, [옷을] 벗다, [차에서] 내리다, …의 범위 밖으로 가다, [약속·일등에서] 벗어나다. get hurt 다치다, 부상하다(= hurt oneself). feel hurt 불쾌하게 생각하다. call in 도움을 청하다, 불러들이다, [의사 등을] 부르다, [통화·빚돈 등을] 회수하다. ambulance [ǽmbjuləns] 구급차, 병원선, 부상병(환자) 수송기, (이동식) 야전 병원. get a bad fall 몹시 넘어지다. bad fall 심한 낙하, 심한 추락, 몹시 넘어짐. call in [into] question [doubt] 의심을 품다, 이의를 제기하다. call in sick 전화로 병결을 알리다. call into play 활동시키다. call it quits 《구》끝내다. call a person names 욕하다, 비난하다. call off 물러가게 하다, (주의를) 딴 데로 돌리다, (명부·숫자 등을) 읽다, 약속등 취소하다, 손을 떼다, (스트라이크의 중지를) 선언하다.

Situation 25
You had a close call

A: It was close to midnight.
I was so excited (that) I nearly jumped out of the window.

B: Did you try to put out the fire with fire extinguishers?

A: Yes, I tried to, but I failed because I was enveloped in flames and the flames were intense. It burst into flames, you know.

B: You had a close call.
Is the water pressure this area high or low?

A: Very low in the winter.
To make matters worse, there's a strong wind blowing today.

B: Is your house covered by fire insurance?

Check Point

so + 형용사 that 주어 + 동사 : so~ that, such~ that은 결과를 나타내는 종위 접속사로 너무 ~해서 …하다. **so excited** 너무 흥분해서. **get excited** 흥분하다. **be excited** 흥분해 있다(at, by, about) …에. **nearly [níərli]** 하마터면, 거의, 대략, 긴밀하게, 밀접하게, 간신히, 가까스로. **jump out of** …에서 뛰어 나오다. **embarrassed [imbǽrəst]** 어리둥절한, 당혹한, 창피한, 난처한. **try to~** : …하려고 애쓰다, 노력하다. **confused [kənfjúːzd]** 당황한, 혼란스러운, 지리멸렬한, 어리둥절한. **close call [klóus kɔ́ːl]** 위기일발, 구사일생. **put out** 끄다, 내밀다, (새싹이) 트다, 내쫓다, 물리치다, 해고하다, (관절) 삐다, 하청 주다, 밖으로 내다, 산출하다, 출판하다. **fire extinguisher** 소화기. **extinguish [ikstíŋgwiʃ]** 끄다, 진화하다, 사람을 압도하다. **fail [feil]** 실패하다, 안되다. **-er** : …하는 것, …하는 사람. **be surrounded by[with]** …에 둘러

상황 25
구사일생 하셨군요

A : 거의 자정 경이었습니다. 너무 당황해서 창문으로 뛰어내릴 뻔했습니다.

B : 소화기로 불을 끄려 해봤습니까?

A : 네, 해봤습니다. 그러나 실패했습니다. 왜냐하면 불길에 싸인데다 불길이 워낙 세였습니다.
벼란 간 확 타오르더군요.

B : 구사일생 하셨습니다.
이 지역 수압이 높은가요 낮은가요?

A : 아주 낮아요, 설상가상으로 오늘 따라 바람이 몹시 불고 있군요.

B : 집은 화재 보험에 들어 있습니까?

Check Point

싸이다. be enveloped in …에 휩싸이다. envelop [invéləp] 《문어》 싸다, (wrap); 봉하다, 덮어 싸다, 감추다(hide). intense [inténs] 강한, 격렬한, 열정적인, (성격이) 감정적인. fire insurance 화재 보험. flame [fleim] [종종 pl.] 불꽃, 화염, 번쩍임, 광채, 정열. be covered by …에 들어있다. burst into flames 갑자기 확 타오르다. burst [bəːrst] 파열하다, 폭발하다, 부풀어 터지다, (물집·밤알 등이) 터지다, 아람 벌다, (꽃봉오리가) 피어나다, 벌어지다, 별안간 …하다. close call [klouskɔːl] 《구》 위기일발, 구사일생(close shave, narrow escape). water pressure 수압. surround [sərávnd] 둘러싸다, 에워싸다, 포위하다, 둘러막다, 두르다. To make matters worse 엎친 데 덮친 격으로, 설상가상으로. blow [blou] 불다, 바람에 날리다, 입김을 내뿜다, (선풍기 등이) 바람을 내다.

Situation 26
I've already got the day mapped out

A : Excuse me, sir, are you Mr. Brown?

B : Yes, I take it you're the guide I asked to come? I hope you can prepare an interesting itinerary.

A : Yes, sir.
I have already got the day mapped out.

B : How many days do you think it would take to do the sights of Seoul?

A : I'm sure three days are enough, sir.
May I ask if you're making this trip alone or with some friends?

B : Alone. I'd like to see as many interesting places as I can.

Check Point

guide I asked to come 내가 와달라고 부탁했던 가이드. ask [æsk] 부탁하다, 묻다, 초대하다. prepare [pripɛ́ər] 준비하다, 마련하다, 채비를 갖추다, 준비시키다, …의 채비를 하게 하다(for). itinerary [aitínəreri] 여행안내서, 여행스케줄, 여행기, 여행일기, 여정의. get + 목적어 + 과거분사 보어 : 시키다, 하게 하다, 당하다, 해치우다, …을 …되게 하다. map out : …의 계획을 세밀히 세우다. 토지·통로 등을 지도에 정밀하게 표하다. take it(that) …라고 생각하다, 가정하다. interesting [íntristiŋ] 흥미있는, 재미있는. itinerary [aitínəreri] 여행스케줄, 여정, 도정, 여행기, 여행일기, 여행안내서. sir [sər] 님, 씨, 귀하, 선생, 각하(의장에 대한 경칭), 여봐! 야! 이놈 《꾸짖거나·빈정

저는 이미 세밀한 계획을 세워 놓았습니다

A : 실례합니다, 선생님, 브라운 씨 신가요?

B : 네. 내가 와달라고 부탁했던 가이드신가?
재미있게 여행스케줄을 짜 보세요.

A : 네, 선생님.
저는 이미 세밀한 계획을 세워 놓았습니다.

B : 서울 관광하는데 몇 일이 걸릴꺼라고 생각하십니까?

A : 3일이면 충분하다고 확신합니다.
이번 여행을 혼자 하실건지 친구 몇 분과 하실건지
여쭈어 봐도 괜찮겠습니까?

B : 혼자할 겁니다. 가능한 한 많은 흥미로운 곳들을 구경
하고 싶습니다.

Check Point

댈 때》already [ɔlrédi] [긍정문에서] 이미, 벌써.《의문문 부정문에서는 yet
를 씀》[부정문에서] 설마. I have already got + 목적어 + 과거분사 : 나는
이미 …을 …되게 했다. it would take 시간이 걸릴(필요) 할 것이다 ; it는
시간을 나타내는 비인칭주어, take는 필요로 하다. do the sights of Seoul
서울 관광을 하다. be kind [good] enough to 친절하게도 …하다. I'm sure
나는 확신한다. May I ask if 주어 + 동사 : 내가 …이 …인지 (아닌지) 물어
봐도 괜찮습니까? make this trip alone 이 여행을 혼자 하다. make a trip
여행하다. Well, to be sure! = Well, I'm sure! 이런 원! interesting places
[intristiŋ pléisiz] 흥미(재미) 있는 곳, 명소.

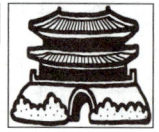

Situation 27
I know my way about seoul

A : All right, sir. Here's the program.

B : Are you sure we can get through this program in three days?

A : Yes, sir. You can count on me.
I know my way about Seoul.

B : Then you're acquainted with every inch of the city, aren't you?

A : I should say I am. I was born and brought up in seoul. [I should say so]

B : Well now! So much the better!

Check Point

All right. 더할 나위 없는, 아주 좋은. program [próugrəm] 프로, 진행순서, 차례, 계획, 예정, 계획표, 예정표 = programme. Are you sure~ 당신은 …가 …할 것으로 확신합니까? get through with …을 끝마치다, 마무리짓다, …을 해치우다, 패배시키다. Well now! 이런이런! (이거) 놀라겠는걸, 설마 = Well, to be sure! know [learn] one's way about [round] (어느 곳의) 지리에 밝다, 사정이나 내용에 정통하고 있다. [one's 자리에] 인칭대명사의 소유격을 씀. count on = rely on 기대하다, 의하다, 믿다. then 그렇다면, 그 때에, 그 다음에, 그리고 나서, 그 후에. be acquainted with …을 잘 알고 있다. acquaint [əkwéint] 익히 알게 (정통해서) 하다. every inch 철두철미, 전혀 빈틈없는. I should say not. 나는 그렇지 않다고 생각한다. I should

상황 27
서울의 지리와 내용에 정통합니다

A : 좋습니다, 선생님. 여기 프로그램이 있습니다.

B : 3일 동안에 이 프로그램을 마무리 질 수 있다고 확신합니까?

A : 네, 선생님. 저를 믿으세요.
저는 서울의 지리와 내용에 정통합니다.

B : 그렇다면 도시의 끝에서 끝까지 훤히 아시겠군요?

A : 저로서는 그렇다고 말씀드리고 싶습니다. 서울에서 태어나 자랐거든요. [아마 그렇겠지요.]

B : 저런 이거 놀라겠는걸. 그러시다면 더욱 좋습니다.

Check Point

say [말하는 이의 의견·감정을 완곡하게 표현하여] (나로서는) ~하고 싶은데, 나라면 …할 텐데, 그것 참 …이군요, 아마 그렇겠지요, …이 겠지요. should [종속절에서] …일 것이다, 하여야 한다(했다), [I ~ 로] (나로서는) …싶은데, 만일 …이라면(이라도). be born 태어나다. bear-bore-born [엄마가 아기를 낳다] 현재-과거-과거분사. be brought up 자랐다. bring up [기르다, 훈육하다]의 수동태. be born and brought up 태어나서 자랐다, 출생해서 컸다. Well now! 이런이런! (이거) 놀라겠는걸, 설마. So much the better! 그러시면 더욱 좋다. I should say I am = I should say so. 아마 그렇겠지요. well [wél] [놀람·의심 등을 나타내어] 이런! 저런! 어마! 뭐라고! 글세! [안심·체념·양보 등을 나타내어] 아이고, 휴우, 에라, 과연, 그래.

Situation 28
What's myung-dong like?

A : Suppose we take a breather here, You must be tired.

B : That's not the bad idea, although I can't say I'm tired. What's the house over there?

A : It's the Botanical Garden, Sir. Now let's go down this hill and see Myung-dong.

B : What's Myungdong like?

A : It's the best shopping street in Seoul and it may well be called the Broadway of Korea. Here we are already at Myungdong.

B : Is it crowded like this all day?

Check Point

must [mʌst] [추정] …임에 틀림없다, …해야 하다. …하지 않으면 안되다, [금지(부정문)] …해서는 안되다. breather [bríːðər] 잠깐의 휴식, 산책, 호흡하는 자, 생물, 격한 운동(일). suppose [səpóuz] [명령형으로] …하면 어떨까 =let's. suppose we go for a walk. 산책하러 가면 어떻겠어. take [have] a breather 잠깐 쉬다.=take a break ; a break도 잠깐의 휴식. Broadway [brɔ́ːdwèi] 미국 뉴욕의 극장·오락가 ; 미국 연극산업, 연극계. tired [taiərd] 피곤한, 지친 《from, with》 싫증난, 물린, 지겨운 《of》 tired of life 세상이 싫어져서. idea [aidíə] 착상, 느낌, 어림, 의견, 사상. although [ɔlðóu] 비록 …일지라도, 이기는 하지만. over there 저쪽에, 저기에, 저 너머에. Botanical

상황 28
명동은 어떤 곳입니까?

A : 잠깐 쉬시는게 어떠실까요.
피곤하시겠죠.

B : 피곤하다곤 할 수 없지만 그것도 좋겠군요.
저기 저 집은 무엇입니까?

A : 식물원입니다.
자, 이 언덕을 내려가서 명동을 구경하시지요.

B : 명동은 어떤 곳입니까?

A : 서울 최고의 상점가라서 한국의 **Broadway**라고도 불리어 집니다.
벌써 명동에 왔군요.

B : 하루 종일 이렇게 붐비나요?

Check Point

Garden [bɑtǽnikəl gɑ́ɑrdn] 식물원. go down 내려가다. [막 등이] 내리다, [사람·건물이] 쏠어지다·추락하다, 떨어지다, [길이] 내리받이가 되다. hill [hil] 언덕, 낮은(작은) 산, 흙더미, 고개, 고갯길. all day(long) = all the day 진종일. see [siː] 보다, 보이다, 구경하다. 만나다. 만나러 가다, 알다, 상상하다, 확인해야, 배웅하다. What's~ like? 어떠한 람(것·일)일까, 어떠한 기분일까? best shopping district 최고의 상점가. may well …라도 해도 무방하다, …하는 것은 당연하다. be called 불리어지다. we're already at~. 우리는 이미…에 왔다. crowded [kráudid] 붐비는, 혼잡한, 만원의, 파란 만장의 다사다난한.

Situation 29

Really pretty at sunset

A : Now I'll take you to Bi-won, Mr. Brown.

B : What exactly are the Secret Gardens, sounds quite oriental and mysterious?

A : They're a series of secluded gardens used as a retreat area by some of our past monarchs. Now they're open to the public. Here we're at Bi-won.

B : This is nice.

A : Look at those pavilions over there.
Really pretty at sunset. Bi-won has a lot of charming pavilions and it's a master piece of the landscape.

Check Point

take 사람 to 장소 : …을 …에 데리고 가다, 모시다. Oriental [ɔriéntl] 동양식의, 동양 문명의, 동방의, 동쪽의, 동양에서 온, 동양의 품질이 좋은, 고급의 (보석 등). sunset [sʌ́nsèt] 해넘이, 일몰, 해질녘, 해지는 쪽, 말년, 말로, 끝, 마지막. pretty [príti] 멋진, 훌륭한, 빼어난, 예쁘장한, 예쁜, 귀여운, 참한, 조촐한. What exactly 정확히 무엇. exactly [igzǽktli] 정확하게 엄밀하게, 꼭, 바로, 틀림없이, [Yes의 대용으로] 그렇소, 바로 그렇습니다. not exactly 반드시 그렇지 않다, 조금 틀리다. sounds [saund] …하게 들리다, 느껴지다, 생각되다. 《구》 sound off 선전하다, 큰 소리로 말하다. quite [kwait] 아주, 상당히, 다소간, 꽤. mysterious [mìstíəriəs] 신비한, 불가사의한, 이해할 수 없는, 수수께끼 같은, 알송달송한, 비밀의, 완전히. master-

상황 29
해질녘엔 정말 멋집니다

A : 자, 그럼 비원으로 모시겠습니다.

B : 아주 동양적이고, 신비롭게 여겨지는데 비원이란 정확히 어떤 것입니까?

A : 옛날 왕들 중 일부가 은퇴 처로써 사용됐던 일련의 차단된 정원입니다.
지금은 일반에게 공개되었습니다.
비원에 도착했습니다.

B : 여기는 멋진 곳이군요.

A : 저쪽에 정자들 좀 보세요. 해질녘에는 정말 빼어납니다. 비원엔 많은 훌륭한 정자가 있습니다. 그리고 그것들은 한 폭의 걸작품이지요.

Check Point

piece [méstərpi:s] 걸작, 명작, 대표작. series [síəri:z] 일련, 연속, 연속물, 총서. a series of victories (연전) 연승. a series of~ 일련의. seclude [siklú:d] (사람을) …에서 떼어놓다, 차단하다, 격리하다. ~oneself로 은둔하다. secluded area 외딴곳, 은둔처(지역), 차단된 지역. charming [tʃáərmiŋ] 사물이 매우 좋은, 매력 있는. used as …으로 사용했던. pavilion [pəvíljən] 정자, 대형천막, (정원·공원) 휴게소. retreat area 은거처. landscape [lǽndskeip] 경치, 풍경, 전망, 조망. by some of our past monarchs 우리의 옛 왕들 중 일부에 의해서. monarch [mánərk] 군주, 주권자, 왕. open to the public 일반에게 공개되어 있는. Here we're at~. 여기 …에 왔다.

Situation 30
What line leads in exports?

A : In the light and medium weights I think the pleats are deep enough.

B : The point is that after being worn a few times, the pleats in the heavy weights, at least, look more like a gather.

A : Well, thick material doesn't hold the pleat shape so well. But we'll watch that when we put your work in hand.
In made-up goods, what line leads in exports?

B : Suits and overcoats, I should say.
That's for Korea's textile industry as a whole.

Check Point

light [lait] 가벼운. [작업등] 쉬운, 수월한, 소화가 잘 되는, 양이 적은, [벌 등] 심하지 않은, 관대한. medium [míːdiəm] 중위, 중간, 중용, 중간물. 《구》 미디엄 싸이즈의 의복, 매개물. weights [weit] 무거운 물건, 중량단위. in [범위를 나타내어] …에 있어서, 안에, …쪽에(으로), …의 사이에, 동안에, …을 입고, 입으니. pleats [pliːt] n. vt. 주름(을 잡다), 플리트를 붙이다. deep enough 충분히 깊은. The point is that~ …것이 문제점이다. point 문제(점), 논점, 강조가 되는 점, 특징이 되는 점, 특징. after being worn 입고 나면 ; after가 전치사로 쓰여 being이 동명사로 이어짐. worn wear-wore-worn [wɛər] 입고 있다, [신고, 쓰고, 끼고] 있다, 띠고 [휴대하고] 있다. 수염 등을 기르고 있다. wear [wɛər] 입고 · 신고 · 쓰고 · 띠고 · 휴대하고 있다, 달아지게~, 헤지게 하다. lead in [into] 이끌어 넣다, 끌어들이다. as a whole 총괄적으로, 전체로서. shoot the works 《구》 성패를 걸고 모험을

상황 30
어느 상품이 수출이 많이 됩니까?

A : 복지가 가볍거나 중간 정도의 제품으로선 주름이 그만하면 깊이 충분히 잡혀 있다고 생각합니다.

B : 묵직한 복지로 된 제품은 두서너 번만 입고 나면 주름이 게더(잔주름)처럼 된다는 것이 문제점이지요.

A : 옷감이 두꺼우면 주름이 잘 잡히지 않으니까요.
하지만 댁의 제품을 취급할 때는 그 점을 유의하도록 하겠습니다.
기성품 수출에 있어서 어떤 상품이 제일 많이 나갑니까?

B : 양복과 오버코트라 할 수 있지요.
한국의 직물 공업 전체로 봐서 그렇습니다.
[한국의 섬유 산업   〃   〃   ]

Check Point

해 보다, 크게 분발하다. on the whole 대개, 대체로. set~ to work = put ~ to work …을 일에 착수시키다. line [lain] 《상업》 상품의 종류, 재고품. I should say. [말하는 이의 의견·감정을 완곡하게 표현하여] 나로서는 …하고 싶은데, 아마 …겠지요, …라 할 수 있겠지요. hold the pleat shape 주름이 잡히다; hold는 상태가 계속되다. put your work in hand. 당신의 제품을 취급하다; in hand 착수하여, 준비하여. work는 제품. shape 꼴, 모양. made-up goods 기성품. mad-up 완성된, 마음이 정해진, 화장한, 만들어낸, 날조한(fabricated). suit [suːt] 신사복 한 벌, 여성복 한 벌, 마구 한 벌, 갑옷 한 벌, 소송(lawsuit), 짝패, 한 벌. overcoat [óuvərkout] 오버, 외투, (페인트 등) 보호용 코팅, -vt. …에 보호용 코팅을 하다. textile [tékstail] 직물, 피륙, 직물원료, a. 직물의, 방직의, 짤 수 있는. at least 아무튼, 어쨌든. gather [gǽðər] n. [pl.] 주름, 게더. look like = look more like …인 것 같다.

Situation 31
Signs that We'll beat that

A : Our best selling lines are suitings, rather than made-up suits.

B : But the general of our trade is turning more towards ready-made.

A : We had an eleven percent increase last year, and there are signs that we'll beat that this year.

Check Point

best selling lines 가장 많이 팔리는 상품. lines [lain] 상품의 종류, 재고품. 《구》단수로 정보, 내막의 소식 《on》, 장사, 직업, 줄, 열, 행, 계통, 가계. trend [trend] 기울기, 방향, 향함, 경향, 동향, 추세, …의 방향으로 가다, 흐르다, 기울다, 향하다. signs [sain] 기미, 기세, 조짐, 징후, 징조, (병의) 확인징후, 기호, 신호, 손짓, 못짓, 간판, 서명하다. suiting [súːtiŋ] (남성) 양복지. rather than …보다는 오히려. made-up [meidʌ́p] 만들어낸, 날조한 (fabricated), 인공적인(artificial), 완성된, 미리 매놓은, 화장한, 마음이 정해진, 결심한. made-up suits 기성복, 완성된 양복. general [ʤénərəl] 일반적인, 대체적인, 개괄적인. general 일반의, 총체적인, 전반(전체·보편)적인. people in general 일반대중. pattern [pǽtərn] 모범, 귀감, 원형, 모형, 도안, 무늬, 한 벌 분의 옷감, 모범적인, 본보기가 되는. trade [treid] 무역, 교역, 통

상 황 31
그것을 상회할 징조

A : 우리가 가장 많이 팔고 있는 상품은 기성복보다는 원단입니다.

B : 그러나 무역의 전반이 기성복으로 기울어지고 있습니다.

A : 작년에는 11%의 증가가 있었는데 금년에는 그보다 상회할 것으로 봅니다. (상회할 것이라는 징조가 보입니다)

Check Point

상, 장사, 상업, 직업, 생업, 수공(기술)작업, 손일. turning more towards … 쪽으로 더많이 기울다. towards ready-made 기성복 쪽으로. towards [twɔːrd] …쪽으로, …쪽에, …편에, …가까이, …에 대하여《관련》. ready-made [rédiméid] [옷등이] 만들어져 있는, 기성품(복)의, 제것이 아닌, 평범한, 개성이 없는. increase [inkríːs] 늘다, 불어나다, 증가(증대, 증진)하다, 증가, 증대, 증진, 증식, 확대, 상승. that we'll beat that 그것을 손들게 할, 여기서 that은 singn을 선행사로 하는 관계대명사. beat [biːt] [상태·적을] 지우다, 이기다, 손들게 하다, 쩔쩔 매게 하다, 속이다, 사취하다, 때려 부수다, 빨다, 후려치다. that 먼저 that은 관계대명사로 뒤의 형용사절을 이끌어 선행사 sign을 수식해 주는 접속사의 구실. that 뒤의 that은 앞서 말한 작년의 11% 증가를 대신해서 쓴 대명사.

Situation 32
No matter where we go

A : Well, it all goes to show that when large buildings are grouped together like this, there really isn't much difference no matter where we are.

B : I thought you would say that.
We'll be coming shortly to the place which is typically Korean.

A : Er where are you taking me?

B : To the place which we call "Changdukkung". It's where the king of Yi dynasty lived.

A : Oh, the palace? Can you go inside the palace?

B : Of course. Most parts of the palace grounds have been opened to the public.

Check Point

it all goes to show that~ …임을 증명하다 ; that 다음 when은 …을 생각하면, …해 있으니. be grouped together 나란히 서 있다, 무리져 있다. like this 이와 같이 ; 여기서 like는 전치사로 …처럼, …와 같이, this는 이. There really isn't~ 정말 …이 없다. difference [dífərəns] 차이점, 차이, 다름, 상위. a~ : 착액. [종종 pl.] 의견차이, 불화, 다툼, (국제간의) 분쟁. no matter where [what, which, who, when, why, how] 어디에 [무엇이, 어느 것이, 누가, 언제, 왜, 어떻게] …할지라도(…일지라도). thought [θɔːt] think의 과거, 과거분사. say that 그리 말하다 ; 여기서 that은 대화자가 방금 전에 한 말, 그 일, 그것, 그 말씀. shortly [ʃɔ́ːrtli] 이내, 곧, 얼마 안 있어. bury the differences 의견 차이를 없애다. typically Korean 전형적인 한국인인.

상황 32
어디를 가도

A : 그런데 이렇게 높은 빌딩들이 나란히 서 있으니 어디를 가나 별 다른 것이 없겠는데.

B : 그 말씀하실 줄 알았습니다.
전형적으로 한국적인 곳에 곧 갑니다.

A : 저, 어디로 데리고 가시는 겁니까.

B : 창덕궁이라고 하는 곳입니다.
이왕조가 살았던 곳입니다.

A : 아, 고궁 말입니까? 안으로 들어갈 수 있습니까?

B : 물론이지요. 구내 대부분을 일반에게 공개하고 있습니다.

Check Point

be typical of …을 대표하다, …을 상징하다. typically [típikəli] 전형적인, 대표적인, 상징적인. -er [ər] [동사와 명사의 동작자 명사를 만듦] (어느 장소의) 사람, …거주자, …에 종사하는 사람, 제작자, …상, …연구자 등. take [teik] 사람을 데리고 가다, 잡다, 얻다, 받다, 선택하다, 가지고 가다, 사용하다, 이용하다, 필요로 하다. the place which we call~ 우리가 …라고 부르는 곳. Yidynasty [idainəsti] 이왕조. be opened to the public 일반에 공개되어 있다. palace [pǽlis] 궁전, 관저, 전당, [종종 P-] (오락장, 영화관, 요정 등의) 호화로운 건물. most part of = (a) great part of …의 대부분, …의 태반. palace grounds 궁, 구내. Er [ɑ, ʌ] [주저하거나 말이 막힐 때 내는 소리] 에에, 어어

Situation 33
If it had continued raining

A : Mr. Han speaking.

B : Mr. Han, this is Mr. Brown. Did you get my letter?

A : Yes, I got your nice letter the day before yesterday and the lovely postal cards along with the small booklet. You don't know just how happy they have made me.

B : I'm glad to hear that.

A : I'm also feeling very good that you have remembered my birthday. The weather here lately is very hot. We had a great rain about a week ago and about 300 people have either died or lost their homes and families.

There was a great damage almost everywhere. It if had continued raining for a few more days, we would have had a very great damage.

Check Point

get-got-got 손에 넣다, 잡다, 피해를 받다(주다), …을 알다, …을 하게 하다, 시키다, …을 되게 하다, 상태에 이르게 하다, …하지 않으면 안 되다, 장소에 이르다, …로 되다, …당하다. **the day before yesterday** 그저께. **lovely postal card** 멋진 우편엽서. 《영국》에서는 **postcard**. **along with** …와 함께, …와 같이. **just like that** 《구》 쉽사리, 손쉽게. **booklet [búklit]** (보통 종이 표지의) 작은 책자(pamphlet). **just [dʒʌst]** 틀림없이, 꼭, 바로, 마침, 《구》 아주, 정말, 확실히; 잠깐만, 좀. **how happy they have made me** 그것들 때문에 얼마나 기뻤는지. **to hear that** 그 말씀을 들으니; [여기서 **that**은 앞서 언급하였거나 서로 양해되어 있는 사물을 가리켜] 그일, 그것, 그 말. **feel**

상황 33
만일 계속해서 비가 왔더라면

A : 미스터 한 입니다.

B : 미스터 한, 나 브라운입니다. 제 편지 받으셨습니까?

A : 네, 그저께 선생님의 훌륭한 편지 받았습니다.
그리고 작은 책자와 함께 멋진 엽서도 받았습니다.
선생님은 제가 그것 때문에 얼마나 기뻤었는지 모르실 겁니다.

B : 그 말씀 들으니 반갑습니다.

A : 그리고 역시 저의 생일날을 기억해 주셔서 기분이 좋습니다. 요즘 여기 날씨는 무척 덥습니다. 큰비가 왔습니다. 약 일주일 전입니다. 대략 300명의 사람들이 죽었거나 또는 집과 식구들을 잃었습니다.
거의 모든 곳이 피해를 입었습니다.
만일 비가 삼사일간만 계속 더 왔더라면 엄청난 피해를 입었을 것입니다.

Check Point

very good 기분이 대단히 좋다. remember [rimémbər] 생각해 내다, 상기하다, 기억하고 있다, 잊지 않고 …하다. lately [léitli] 요즘, 최근에, 근래. for a few more days 3·4일 간 더. we had …가 왔다(비·눈 등). either~ or …든가 …든가. die-died-died 죽다, (고통·괴로움으로) 죽을 것 같다. lose-lost-lost [luːz] 잃다, 시계가 늦다, 지다, 놓치다, 낭비하다, 애타다(for). great damage 엄청난 피해, 큰 피해. almost everywhere 거의 도처에, 거의 어디에나, 거의 모든 곳. If 주어 had + p.p, 주어 would have + p.p. 만일 …했었더라면, …했었을 것이다 [가정법 과거완료]

Situation 34
So many different kinds of flowers

A : Before I come inside, I wish you would let me see your beautiful garden.

B : Sure.

A : Wow! There're so many different kinds of flowers in bloom.

B : It's only recently that we had the garden fixed up so we could show it to people.

A : These cannas are lovely.

B : Later, we'll take some pictures in the garden.

Check Point

before [bifɔ́ər] 전에, (…의) 앞에, (…보다) 먼저. **inside [insáid]** [보통 the~] 안쪽, 내부, 보도의 건물 쪽, 내막, 속마음, 본성, 《구》 배. **I wish you would** 나는 당신이 …해 주시기 바랍니다. **let me see** 내가 구경하도록 허락해 주다. **let [let]** …하게 해주다. …에게 …시키다, 가게(오게, 통과하게) 하다, 세놓다. **garden [gáərdn]** 뜰, 정원, 화원, 과수원, 채소밭, 땅이 기름진 농경지대, [종종 pl.] 유원지, 공원. **lovely [lʌ́vli]** 즐거운, 멋진. **wow [wau]** int. …와, …야, 《경탄·기쁨·고통 등을》 나타냄, [의성어] 대성공, 대성황 (hit). **different [dífərənt]** 딴, (…와) 다른, 별개의, 같지 않은, [복수명사와 함께] 갖가지의, 색다른. **kinds** 종류. **different kinds of~** 갖가지 종류의. **in bloom** 꽃이 피어. **out of bloom** 꽃이 져, 한창 때를 지나. **in bloom** 한창 (때)이고. **bloom [blu:m]** 꽃, 개화(기), 활짝 필 때, [the~] 한창, 한창때. **It's only recently that~** : …한 것이 바로 최근이다. **It is~ that** [강조구문

상황 34
온갖 종류의 꽃들

A : 안으로 들어가기 전에 아름다운 정원을 보도록 해주세요.

B : 보시고 말고요.

A : 와! 꽃이란 꽃은 다 피어 있군요.

B : 정원을 개조한 것이 바로 최근입니다.
그래서 사람들에게 보일 수 있었습니다.

A : 이 칸나들은 멋집니다.

B : 나중에 정원에서 사진 몇 장 찍읍시다.

Check Point

으로] …한 것은, (이) 바로 …이다. only [óunli] 바로, 유일한, 단지 …뿐, 최적의, 다만. recently [ríːsntli] 최근, 요즈음, 요사이, 근래 ; He has recently been to London. have 목적어 + 과거분사 : (사람·사물을) …하게 하다, (…을) 시키다. had the garden fixed up 사람을 시켜 손질하게 했다. could show it 그것을 보여줄 수 있었다. canna [kǽnə] 칸나. later [léitər] 나중에, 뒤에 later on 나중에, a. 더 늦은, 더 뒤의, 더 최근의. fix up [fiks ʌ́p] 《구》수리하다, 손질하다, 개조하다, [남의 병을] 고쳐주다, […을] 짓다, 고정시키다, [화합·약속·날짜 등을] 정하다, 결정하다, [방 등을] 정리하다, 청소하다, (…을) 설비하다 《with》, 남에게 …을 마련해주다, [남을] 숙박시키다, 조직[편성]하다, 《구》[분쟁 등을] 해결하다, [식사를] 마련하다, 《구》몸 차림을 하다, 채비를 갖추다.

Situation 35
Something nice cold to drink

A : That would be nice.

B : Now, come inside and make yourself comfortable. Would you like something nice cold to drink?

A : Yes, I'd like a glass of orange juice.
Mr. Han, do you take care of the garden?

B : No, my wife is in complete charge.

A : Oh, She is.
Say, that's a lovely landscape painting you have over there.

B : It was painted by my elder brother. It won a prize at an exhibition. We begged him to let us have it.

Check Point

now [nau] [말머리를 바꾼다던가, 요구를 할 때 감탄사적으로 쓰여 자, 헌데, 그런데, 그렇다면, 어서, 이런, 허. make yourself comfortable = make yourself at home. 편안히 앉다. something nice cold to drink 무엇인가 시원하게 마실 것 ; nice cold 차서 좋은, something to drink 마실 것. Say! =I say 잠깐만, 여보세요, 저말이에요, 어머! I'd like 나는 …하기 원합니다. [I want to~ 나는 …하고 싶다]의 정중한 표현. take care of …을 돌보다. …을 소중히 하다, 여기선 care는 돌봄, 보살핌, 보호. take는 행동을 취하다. of는 목적어 받기 위한 전치사. be in complete charge 전적으로 맡고 있다, 전적으로 담당하고 있다. in charge (of) …을 맡고 있는, 담당의. complete [kəmplíːt] 전적인, 전부의, 완벽한, 완비한, 완전한. vt. 완성하다, 완료하다, 끝마치다. charge [tʃɑːrdʒ] 의무, 책임(을 지우다), (책임·죄를) 씌우다, 비난(하다). lovely [lʌ́vli] 《구》 즐거운, 멋진, 애교 있는, 순결한, 정신적으로 뛰어난, 예쁜, 사랑스러운, 귀여운, 감미로운. landscape [lǽndskèip]

상 황 35
뭐 좀 시원하게 마실 것

A : 그러면 좋겠어요.

B : 자 안으로 들어오셔서 편안히 앉으시죠.
뭐 좀 시원하게 마실 것 좀 드릴까요?

A : 오랜지 쥬스 한 잔 했으면 합니다.
한씨, 정원을 가꾸십니까?

B : 아닙니다. 완전히 부인 담당입니다.

A : 아, 그러시군요.
잠깐만요, 저쪽에 멋진 풍경화를 가지고 계시군요.

B : 나의 형님이 그리 신 것입니다. 전시회에서 입상했었습니다. 형님께 달라고 부탁했었지요.

Check Point

경치, 풍경, 조망, 전망, 풍경화, 조경술, 조경술로 미화(녹화) 하다. **painting [péintiŋ]** (그림 물감으로) 그림 그리기, 화법. (화장의) 그림, 회화, 유화, 그림물감, 재료, 도료. **over there** 저쪽에, 저기에, 저 너머에.《미국》유럽에서는. **be painted by** : by이하의 사람이 그렸다. **paint [peint]** (그림 물감으로) 그리다, (유화·수채화를) 그리다, 페인트칠하다. **elder brother**《영국》(형제 등의 혈연관계에서) 나이가 위인[연장의]형. [미국에서는] **older brother**를 쓰는 일이 많음. **won a prize** 입상했었다. **win-won-won** [상품·승리·1위 등을] 획득하다, 이겨서 얻다, **prize**는 상. **exhibition [èksəbíʃən]** 전람회, 전시회, 박람회, 출품물, 진열품, 전람, 공개. **begged [beg**의 과거·과거분사] 간청하다, 부탁하다, 구걸하다, 빌다. **let us have** 우리가 갖도록 허락하다 ; 「**Let us have~** : 우리가 갖도록 허락해 주세요」줄여서 [**Let's have~** 로 하면] 우리 …를 가집시다.

Situation 36
Two bottles of beer is about my limit

A : Shall we have a drink for a change after work?

B : That sounds like a good idea.

A : I've become a pretty good drinker since the I.M.F. Do you drink much?

B : No. I'm a small drinker.
Two bottles of beer is about my limit.
How about you?

A : I don't drink much. I'm only a thirsty soul.
Sometimes I drink down my cares after work.

B : What shall we drink to?

Check Point

have a drink = take a drink 한잔하다 ; be on the drink 노상 술을 마시고 있다. Shall we~ 우리 …하실까요(상대방의 의향을 물을 때). Shall I~? 내가 …할까요? for a change 기분전환으로, 변화를 위하여, (옷 등을) 갈아입으려. change 기분전환, 전지, 갈아타기, 변화. a change of heart 변심. change of pace 기분전환. after work 퇴근 후에, 근무 후에. take to drink 술꾼이 되다. sounds like …처럼 여겨지다, …처럼 생각되다, …처럼 들리다. become [bikÁm] …이(가) 되다, …에 어울리다. the limit 참을 수 있는 한도. That's the limit. 이건 참을 수 없다. a pretty good drinker 제법 잘 마시는 술꾼. drinker 상습적인 술꾼. since [sins] …한 이래, …한 때부터, …이므로. a small drinker 술에 약한 사람. limit [límit] 한계(선), 극한, 한도, 제한,《상업》지정가격. go the limit 《구》철저하게 하다, [남녀가] 최후의 선을 넘다, 갈데까지 가다. How about~? 어떻게 생각하십니까? …은 어

상황 36
맥주 두 병이 제 주량입니다

A : 퇴근 후에 기분 전환으로 술 한 잔 하실까요?

B : 좋은 생각이십니다.

A : I.M.F 이후 저는 술이 꽤 늘었습니다.
술을 많이 하십니까?

B : 아니오. 저는 술이 약합니다.
맥주 두 병이 저의 주량입니다.
당신은 어떠 신가요?

A : 많이 마시지 않습니다. 나는 술을 좋아할 뿐입니다.
때때로 퇴근 후에 술로 시름을 달래곤 합니다.

B : 무엇을 위해 건배할까요?

Check Point

떻습니까, …에 대해. go to any limit 어떤 일이라도 한다. I'm only~ 나는 단지 …일 뿐이다. How about that? 《구》그건 정말 훌륭해, 좋았어, 놀랐어. a thirsty soul 술꾼, 술을 좋아하는 사람. sometimes [sʌ́mtimz] 때때로, 때로는, 이따금, 간혹. drink down~ cares …의 시름을 술로 달래다, 술로 잊다, 술로 스트레스를 풀다. drink down [슬픔·걱정 등을] 술로 잊다, [술 마시기를 겨루어] 상대편을 곯아 떨어지게 하다. cares 걱정거리. care killed the [a] cat. 《속담》걱정은 몸에 해롭다. thirsty [θə́ːrsti] 《구》술을 좋아하는, 목마른, 갈망(열망)하는. soul [soul] 영혼, 혼, 죽은 자의 영혼, 넋, 망령, 정신, 마음, 정기, 생기, 기쁜, 열정, 중심 인물, 속뇌 인물. drink in 빨아들이다, [깊은 인상을] 받다, 정신없이 듣다(바라보다). drink it 《속》실컷 마시다. drink off (단숨에 죽) 들이키다. care [kɛər] 걱정, 근심; [종종 pl.] 걱정거리. in the care of …의 보호 하에, …의 보살핌을 받고

Situation 37
Cheers!

A : I'll drink to your health.

B : I'll drink to your success.

A : Cheers! Bottoms up.
I remember having my friends chip in for drinking party in my college days. By the way, What do you think of the Koreans you've met?

B : It's difficult to generalize.
Everybody's different.

A : We make great drinking pals, you know.

B : I'll drink to that.

Check Point

I'll drink to~ : …을 위해 건배하겠다. give three cheers (for~) (…을 위해) 만세 삼창하다. health [helθ] 건강, 건전, 건강(보건)법, 위생, (건강을 축복하는) 축배, 건배(toast). success [səksés] 성공, 출세, [흔히 보어로서] 성공자. drink success to …의 성공을 축하해서 축배를 들다. cheers [pl.] [감탄사적으로]《영구》건배, 건강을 위하여, 고맙소, 그럼 안녕. Bottoms up 《구》건배! 쭉 드리켜요! bottom up 거꾸로. make cheer 흥겨워 떠들다. remember + 동사ing : 과거에 …했던 것이 기억난다. Hip, hip, hurrah! 힙, 힙, 후라《만세》 remember to부정사 : 앞으로 …할 것을 기억하고 있다. have 사람 chip in 추렴하다. to the bottom 밑바닥까지, 철저하게. have [hæv] …하게 하다, …을 당하다. chip in [사업 등에] 기부하다, [의견 등을] 제각기 제시하다, 논쟁 등에 말참견하다, 끼어 들다(with). college days 대학교 시절. go to the bottom : 가라앉다, 탐구하다, 규명하다. by the way

상황 37
위하여! 건배!

A : 당신의 건강을 위해서 건배하겠습니다.

B : 저는 당신의 성공을 위해서 건배하겠습니다.

A : 자, 건배! 잔을 끝가지 죽.
저는 대학시절에 친구들과 술 마셨던 것이 생각납니다. 그런데 말입니다. 지금까지 만나셨던 한국사람들을 어떻게 생각하십니까?

B : 막연히 말하기는 어렵습니다.
모두가 틀려서 차이가 있으니까요.

A : 우리는 호흡이 잘 맞는 술친구입니다.

B : 그런 의미에서 한 잔 하겠습니다.

Check Point

그런데 말입니다, 그건 그렇다 치고, 말이 난 김에, 도중에. It's difficult to ~ : …하기는 어렵다(힘들다, 곤란하다). generalize [ʤénərəlaiz] 개괄[종합]하다, 일반적으로 말하다, 막연히 말하다, 일반화하다, 보급시키다. everybody [évribadi] 각자 모두, [부정문에서] 누구나 다 …한 것은 아니다. different [dífərənt] 딴, (…와) 다른, 별개의, 같지 않은 [복수명사와 함께] 갖가지의, 색다른, 독특한.《영구어》에서는 different to.《미구어》에서는 different than. make a great + 명사 호흡이 잘 맞는 …이다(team이다, 학급이다 등). drinking party 술 파티, 술 모임. drinking pal 술친구. want one's own way 생각한 대로하고 싶어하다. you know [단지 간격을 두기 위해·다짐하기 위해] 보시다시피. to that 그런 의미에서 different people with the same name 동명이인. It's a different matter. 그것은 별개의 문제다.

Situation 38

I'm planning to go to the mountains

A : Do you want to stop here and get something to eat?

B : I'd like that.

A : Are you going anywhere special this year?

B : I'm planning to go to the mountains.

A : Oh, you are. You'll take a lot of picture, I suppose.

B : Of course I do. I like to take and develop my own pictures.

Check Point

Do you want to + 동사원형 : 너는 …하기 원하니, 존대표현은 Would you like to + 동사원형. get [get] 《구》 [식사등을] 하다, 먹다, 사상 등에 열중하다, 물들다, 낭패케 하다, 궁지에 빠뜨리다, 이해하다, 알아듣다. something to eat 먹을 것. something to drink 마실 것. anywhere special 어딘가 특별한 곳. anywhere [énihwɛər] 《구》 대체로, 대충. [긍정문에서] 어디(로)든지. [부정문에서] 아무데도. I'm planning to + 동사원형 : 나는 …할 계획이다. Oh, you are. 아, 그러시군요. You'll~ 너는 …할 것이다. take a lot of pictures 많은 사진을 찍다. take 찍다, 조사하다, 잡다, 얻다, 받다, 선택하다, 가지고 가다, 데리고 가다, 사용하다, 이용하다, …이라고 여겨지다. a lot

상황 38
산에 갈 계획을 하고 있습니다

A: 여기 차를 세우고 식사라도 하실까요?

B: 그러고 싶군요.

A: 금년에 어디 특별히 가십니까?

B: 산에 갈 계획을 하고 있습니다.

A: 아 그러시군요. 사진을 많이 찍게 되시겠지요.

B: 물론입니다. 그래야지요. 제 자신이 사진을 찍고 현상하기를 좋아합니다.

Check Point

of 많은, 수나 양에 쓰임. lot [lɑt] [a lot·lots] 《구》많음, 다수, 다량. 제비, 제비뽑기, 추첨, 몫, 운, 운명. picture [píktʃər] 사진, 그림, 초상화, 회화. [pl.] 영화산업. 《구》그림같이 아름다운 것. I like to 동사원형 : 나는 …하는 것을 좋아한다. develop [divéləp] 발달시키다, 발전(발육)시키다, [자원·토지를] 개발하다, 취미·습관 등을 붙이다. my own picture 나의 자신의 사진. own [oun] [소유의 뜻을 강조하여] 자기 자신의. [독자성을 강조하여] 고유한, 개인적인, 독특한. [자력성을 강조하여] 스스로 하는, 남의 힘을 빌지 않는. [혈족관계를 나타내어] 직접의, 친…, 본처소생의

Situation 39
I enjoyed having you

A: That sounds pretty complicated.

B: It takes a little practice, but it's not so difficult.

A: Hope you have a good time.

B: Thank you I'm sure I will. By the way, your English sounds fine to me.

A: Thank you but I should practice speaking more. I have a long way to go.
Oh, It's going on two o'clock.
We don't have much time left.
I enjoyed having you, Mr. Brown.

B: I enjoyed being with you, Mr. Han.

Check Point

sounds pretty~ 꽤 …하게 느껴진다(들리다, 생각되다). complicated [kómpləkeitid] 복잡한, 뒤얽힌, 풀기[이해하기] 어려운. take a little practice 연습이 좀 필요하다. not so difficult 그다지 어렵지 않은. so [sóu] 그만큼, 대단히, 그렇게, 그런 식으로, 그래서, 그러므로, 정말로, 실제로, …도 역시(또한). difficult [dífikʌlt] 곤란한, 어려운, 알기[풀기]힘든, [사람이] 까다로운, [형편 등이] 대처하기 어려운. have a good time (of it) 유쾌하게 지내다, 재미보다, [good 대신 bad를 쓰면] 혼나다. I'm sure 나는 …을 확신한다. by the way 말이 난 김에, 그런데, 그건 그렇다 치고, 도중에. sounds fine 훌륭하다고 생각된다. fine 순수한, 정교한, 가느다란, 훌륭한, 멋진. sound [saund] …하게 들리다, 느껴지다, 생각되다, 소리가 나다, 울리다, …한 소리가 나다, …으로 발음되다. should [종속절에서] …일 것이다, …하여야 하다(했다).

상 황 39
모셔서 즐거웠습니다

A : 꽤 복잡하겠습니다.

B : 연습이 좀 필요합니다만 그다지 어렵지 않습니다.

A : 즐거운 시간 보내시기 바랍니다.

B : 감사합니다. 잘 보내게 되겠지요. 그런데 말입니다,
당신의 영어는 괜찮군요.

A : 감사합니다만 구어 표현연습을 더해야 합니다,
멀었습니다.
아, 두 시가 다 되어 가는군요.
시간이 얼마 남지 않았습니다.
선생님을 모셔 즐거웠습니다.

B : 함께 있어서 즐거웠습니다.

Check Point

[I~로] (나로서는) …같은데, 만일 …이라면. [1인칭에서] …일텐데, …이었을 텐데. practice, -itise [præktis] n. 습관, 상습, 실행, 실천, 경험, 연습, 실습, 숙련, 연습(실습)하다. vt. (반복하여) 연습[실습]하다 《practice + 목적어. practice + 동사ing》. have a long way to go 멀었다. don't have much time left 시간이 얼마 남지 않았다. leave-left-left (빼고 난 뒤에) [수를] 남기다, 떠나다, 두고 가다, 방치하다, 위탁하다. enjoy + 동사ing [동명사 목적어] …해서 즐겁다, …던 것, …기를 즐기다. have you 당신을 모시다. being : be 의 동명사, be동사는 존재동사로서 being 동명사는 …것, …로 옮기어 있는 것(있기의). being with you 당신과 있는 것, 당신과 있기. [앞에 enjoy가 있어 결국] 함께 있어서 즐거웠다. be with you 당신과 있다. [여기서 be는 주어의 인칭에 따라] am, are, is

Situation 40
No, I suppose not

A : Grandpa, did liars ever go to heaven?

B : No, I suppose not.

A : Grandpa, have you ever told a lie?

B : Sometimes in our lives, We've told what wasn't exactly true.

(after a deep thought,)

A : I should think it would be awfully lonesome in heaven with nobody there but God and George Washington.

Check Point

grandpa [grǽndpɑ̀ː], grandpapa [grǽndpɑ̀ːpə] 《구》소아들이 할아버지. liar [láiər] 거짓말쟁이. someway(s) [sʌ́mwei(z)] 《구》무슨 수로든, 어떻게든해서(in some way). ever [évər] 지금까지(에), 전혀 …않다, 언젠가, 이제까지, 도대체, 앞으로, 언제나, 항상, 줄곧, 시종. heaven [hévən] 천국, 천당, 극락, 하늘(sky), 창공. [보통 Heaven] 신, 하느님(God). suppose [səpóuz] 가정하다, 상상하다, 추측하다, 생각하다, 헤아리다, 만약 …이면. Have you ever + 과거분사 : …해 본 적이 있습니까. have + 과거분사 : 현재완료경험용법. ever 그전에, 이전에. tell a lie-told a lie 거짓말하다. tell-told-told 말하다, 이야기하다. sometimes [sʌ́mtaimz] 때때로, 때로는, 이따금, 간혹. lives [laivz] life의 복수형. in life = in our lives 이 세상에서, 살고 있는 동안, 살아가다 보면. life [laif] 생명, 생물, 일생, 인생, 생활, 전기, 생애, 목숨의 힘인 원기. in our lives 살아가다 보면, 살고 있는 동안.《단수형은》in life. We've told 우리는 말해왔다, 이야기해 왔다. have + 과거분사 : [현재완료계속용법] 그 전부터 …해 오고 있다. What wasn't exactly true 사실 그대로가 아닌 것; 여기서 what은 것. a deep thought 한참 생각해 봄. deep [diːp]

상황 40
아니지 그렇진 않을 꺼야

A: 할아버지, 거짓말쟁이들도 천국에 갈 수 있습니까?

B: 아니지, 그렇진 않을 꺼야.

A: 할아버지도 거짓말 해보신 적이 있으세요?

B: 우리 사람이란 살아가다 보면 때로는 사실 그대로 가 아닌 것을 말할 때가 있단다.

(한참 생각해 보더니)

A: 내 생각엔 천국에선 아무도 없어서 쓸쓸할 것 같아요. 하느님하고 죠-지 워싱톤 밖에 없을 테니까요.

Check Point

깊은, 심원한, 알기 어려운, 뿌리깊은. deep-think 《속》 탁상공론, 고려, 배려, 염려, 걱정. drink deep 흠씬 마시다. thought [θɔːt] 생각, 사고, 사색, 숙고, 사상, 사조. [pl.] 의견, 견해. I should think 나는 …라 여겨진다, 아마 그렇겠지요. 나로서는 …하고 싶은데, 나라면 …할텐데. it [it] 여기서 it는 비인칭 주어. it가 그것으로 옮길 때는 3인칭단수이고, 상황 등을 가리켜 쓰일 때는 비인칭주어. would be~ will be의 과거형 앞의 should가 shall의 과거형임으로 시제를 일치시키기 위해서. awfully [ɔ́ːfəli, ɔ́ːfli] 《구》 대단히, 지독하게, 엄청나게(very). 《문어》 무섭게, 위엄에 눌려. lonesome [lóunsəm] 쓸쓸한, 외로운, 적절한, 인적이 드문. 《구》 혼자. Nobody hurt. 《속》 [사건이] 별것이 아니다. with nobody there 거기에는 아무도 없기 때문에. deep drinker 술고래. with [wið] 《원인을 나타내어》 …의 탓으로, 때문에, 《양태를 나타내어》 …을 나타내어, …하여. nobody [nóubədi] pron. 아무도 …않다(no one). nobody home 《속》 마음이 들떠있다, 제정신이 아니다. God [gɑd] 신, 남신, 하느님, 창조의 신, 신앙. deep down 《구》 내심은. deep into the night 밤늦게까지. a happy [striking] thought 묘안. nobody there bit~ : …밖에 없다.

Situation 41
You're in the know, I suppose

A : I hear you've been to England.

B : Yes, I've been to London.

A : In fact, I've been to America many times and I know something about the American character but I don't know much about the English character. You're in the know, I suppose.

B : Well, some say the English are a practical people; others say they're slow but steady.

Check Point

I hear(that) 주어 + 동사 : …이다더라, …다구요, …다면서요, …했다더군요. **you're been to~** : [경험의 뜻] …에 가 본적이 있다. [완료의 뜻으로] …에 다녀왔다. **have been to** : [경험용법] …에 가 본적이 있다. [완료용법] …에 다녀왔다. **have been in** : [경험의 뜻] …에 있은 적이 있다, 산적이 있다, …에 계속 있었다. **the other day** 일전 날. **in fact** 실은, 사실상, 실제로 = as a matter of fact = in(point of) fact. **I've been to~** 나는 …에 가 본적이 있다, 나는 …에 다녀왔다. **many times** 여러 번. **something** [sʌ́mθiŋ] 무엇인가, 어떤 것, 어떤 일, 마실 것, 먹을 것. 《구》중요한 것 [사람]. **character** [kǽrəktər] 특성, 특질, 특색, 품성, 인격, 고결, 정직, 덕성(도덕 윤리 면에서 개인 성질). **I know something about~** 나는 …에 관하여 어느 정도 알고 있다. **I don't know much about~** …에 대해 별로 아는 게 없다. **You are in the know.** 당신은(기밀·내부사정 등을) 잘 알고 있다. **I suppose.** …겠지요. **be in the know** 《구》 [기밀·내부사정 등을] 잘 알고 있다. **Well** [안

상황 41
잘 알고 계시겠지요

A : 영국에 다녀 오셨다구요.

B : 네, 런던에 다녀왔습니다.

A : 실은 미국에는 여러 번 갔었기 때문에 미국 사람의 특성은 어느 정도 알고 있습니다만 영국사람의 특징은 별로 아는 게 없습니다.
당신께선 잘 알고 계시겠지요.

B : 글쎄요. 어떤 이들은 영국사람들은 실질적인 국민이라고도 하고 또 어떤 이들은 느리지만 꾸준하고 착실하고 진지하다고 합니다.

Check Point

심·체념·양보 등을 나타내어] 글쎄요, 아이고, 휴우, 에라, 과연, 그래. [놀람·의심 등을 나타내어] 이런, 저런, 어마, 뭐라고. some say 어떤 이들은 …라 말한다. some say~ and others say~ 어떤 사람들은 … 또 다른 사람들은 …. some [sʌm] 어떤 사람들, 어떤 것 [종종 뒤에 대조적으로 others 또는 some을 씀]. practical [præktikəl] 실제적인, 실제의, 실천적인, 실용적인, 실제로 도움이 되는. others say 다른 사람들은 …라 말한다. [여기서 others는] 지정되지 않은 다른 사람들. slow but steady 느리지만 꾸준한 [착실한, 변함없는]. slow [slou] [시간·속도] …가 느린, 늦은, 느릿느릿한. [성질·상태가] 둔한, 우둔한, 대범한, 잘 화내지 않는, 활력이 없는, 화력이 약한, 경기가 나쁜. steady [stédi] 꾸준하게 나아가는, 착실한, 진지한, 견실한, 한결같은, 불변의, 끊임없는, 확고한, 안정된, 흔들리지 않는, 떨지 않는, 비틀거리지 않은. steady on! 조심해! 침착하게 해! 진로를 그대로! something 얼마간[쯤], 어느 정도, 다소, 조금, 《구》 상당한…, 꽤 되는…

Situation 42
I've grown wiser thanks to you

A : But what's their, you know, most outstanding character?

B : It's their modesty, I should think.

A : I've grown wiser thanks to you.
What else do you have to say?

B : They don't like a man who talks much.
Don't break silence.
You'd better keep silence while you're in England. They don't make friends easily.

A : They're unfriendly, aren't they?

B : No. not unfriendly but very shy.

Check Point

you know 《구》 [단지 간격을 두기 위해] · [다짐하기 위해] 보시다시피. outstanding character [autstǽendiŋ] 눈에 띄는(현저한) 특징(특성). modesty [mάdisti] 겸손, 수줍음, 정숙, 얌전함, 수수함, 소박함, 적당함. I should think 여겨집니다, 아마 그렇겠지요. should [만일 내가 당신이라면, 만일 듣게 되면, 만일 권고를 받는다면] 등의 조건을 언외에 품고 있는 표현으로 would도 쓰임. I've grown wiser. 더 박식해졌다, 더 슬기로워 졌다, 또 한 가지 알았군요, 배우는 게 많다. thanks to you 당신덕분에, 당신덕택으로, 당신 때문에, (나쁜 일에도 씀). what else 그밖에 무엇을. have to …해야 만하다. in all modesty 자랑(하는 것은)은 아니지만, 삼가서 [줄잡아] 말하면 [말해도]. a man who~ …한 사람; who는 관계대명사로 형용사절을 이끌어 선행사 a man을 수식함. break silence 침묵을 깨뜨리다. buy a person's silence 돈으로 …의 입을 막다. break [breik] 깨뜨리다, 꺾다, 억지

상황 42
덕분에 배우는 게 많습니다

A : 그러나 그들의, 그러니까, 가장 두드러진 특징은 무엇입니까?

B : 그것은 겸손이라고 여겨집니다만.

A : 덕분에 배우는 게 많습니다.
그밖에 또 있습니까?

B : 말 많은 사람을 싫어합니다.
침묵을 깨지 마세요.
영국에 계시는 동안 침묵하시는 게 좋으실 겁니다.
사귀기가 쉽지 않습니다. (쉽게 친하여지지 않는다)

A : 그들은 불친절하군요.

B : 아닙니다. 불친절한 게 아니라 대단히 수줍어 합니다.

Check Point

로 열다, 어기다, 헝클다, 중단시키다, 파괴, 파손. silence [ailəns] 침묵, 무언, 정숙, 침묵의 시간, 묵도, 무소식, 소식두절. You'd better …하는 편이 (하는 것이) 낫다(좋다). 구어에서는 이 had를 생략하는 경우가 많음. keep silence 침묵(정숙)을 지키다. while [hwail] …하는 동안에, 그런데 한편, …하지만. all the while 그 동안 내내. make friends(with) 친하여 지다. keep friends 친히 사귀고 있다. be friends …와 친하다. easily [íːzəli] 용이하게, 쉽게, 원활하게, 술술, 편안하게, 마음 편히, [can, may와 함께] 아마. unfriendly [ʌnfréndli] 우정이 없는, 비우호적인, 박정한, 불친절. aren't they? …군요, 그렇지요; [부가의문문] …군요의 뜻일 때는 하강조, 확인할 때는 올림조. not A but B : [앞의 부정어·구·문과 관련하여] …이 아니고 …다(A가 아니고 B다). outstanding [autstǽndiŋ] 쑥 내민, 현저한, 눈에 띠는, 악의(적의)가 없는, 형편이 좋지 않은, 불리한, 불순한(날씨등). ad.

Situation 43

He's the life of L.A. Dodgers

A : Do you watch TV?

B : Yes, I watch TV whenever there's L.A. Dodgers' Park Chan-ho is on.

A : You like Chan-ho Park, don't you?

B : Yes, I like the way he pitches the ball. He's the life of L.A. Dodgers, you know.

A : Of course. He has won 13 games this time. I suppose he's born great.

B : Being a winner is just great, don't you think?

Check Point

watch [wɑtʃ] 보다, 지켜보다, 주시하다, 기다리다, 기대하다 《for》, 망을 보다, 경계하다, 감시하다. whenever [hwenévər] …할 때는 언제나, …할 때는 반드시 [양보절에서] 언제 …하든지 간에. is on [진행·예정] 행하여져서, 출연하여, 상연하여, 예정하여, [작동의 진행] (수도·가스 등) 나와서 통하여. on [TV·라디오 등이] 켜져서, [부착] 떨어지지 않고, 꽉. cling [hang] on 달라붙다. Hold on! 꼭 잡아라! [구] 찬성하여, 기꺼이 참가하여. I'm on! 찬성이다. don't you …군요, 그렇지요; 부가의문 주어 다음 like가 일반동사일 때 부가의문은 조동사 do, does, did을 씀. the way 특정한 방법, 수단, 식, 습관, 버릇, 풍습, …풍, …식. pitch [pitʃ] 던지다, 내던지다, (땅에) 처박다, [말뚝을] 두드려 박다, [천막을] 치다, [캠프를] 설치하다. the life of L.A. Dodgers : L.A. Dodgers 팀의 중심인물. the life [활기(생기)를 주는 사람(것), 중심(인기 있는) 인물 《of》. has won 승리했다; win(이기다)-won-won. have [has] + 과거분사 : 현재완료. win-won-won 이기다, [상

상황 43
그는 L.A. Dodgers의 중심인물입니다

A : 텔레비전을 보십니까?

B : 네, L.A. Dodger's의 박찬호가 나올 때마다 봅니다.

A : 박찬호씨를 좋아 하시는군요.

B : 네, 그가 공 던지는 방법이 마음에 듭니다.
그는 L.A. Dodger's의 중심인물이지요.

A : 물론입니다. 이번에 13승을 했습니다.
저는 그가 선천적으로 뛰어난 것 같습니다.

B : 승자가 된다는 것은 정말 멋집니다. 안 그렇습니까?

Check Point

품·승리 1위등] 획득하다, 이겨서 얻다, 떨치다. **this time** 이번에. **suppose** [səpóuz] 가정하다, 추측하다, 생각하다, 헤아리다, [분사형 또는 명령형으로] 만약 …이면, …하면 어떨가, s~ we go for a walk. 산책하러 가면 어떨가. **be born great** 선천적으로 뛰어난. **in all one's born days** [의문문·부정문에서] 《구》 나서부터 지금까지. **bear-bore-born** 낳다. **great** [greit] 많은, 중대한, 두드러진, 탁월한, 숭고한, 훌륭한, 대단한. **Being a winner** 승자가 된다는 것; 동명사 주어. **Being**은 된다는 것. **just great** 정말 멋진. **just** [dʒʌst] 《구》 아주(quite), 정말, 확실히. **just like that** 《구》 쉽사리, 손쉽게. **don't you think** 그렇게 생각하지 않습니까? 안 그렇습니까? **You're the life of the party.** 네가 없으면 파티가 재미가 없다. **born** [보통 복합어를 이루어] …으로 태어난, 태생의. **born-again** [bɔ́ərnəgen] 거듭난, 새로 태어난, (강한 종교적 경험에 의해) 신앙을 새롭게 한 전향(개종·변절)한. **by nature** 선천적으로

Situation 44
In long hours of practice, practice, practice

A : That's just what I was going to say.

B : Great athletes like Chan-ho Park are made not born. They're made in long hours of practice, practice, practice, you know.

A : I feel the same way.
I heard Chan-ho Park had made blood-and-tears efforts in Korea and in the United States. We Koreans are very proud of Chan-ho Park.

B : The will to win makes you a different person.

Check Point

That's just what 주어 + 동사 : 그 말을 …가 막 하려던 것. **be going to~** …할 예정이다. **great athlete [greit ǽθliːt]** 위대한 운동선수, 위대한 육상경기 선수. **like** …와 같은. **are made not born** 타고 나는 것이 아니다. **in long hours of~** 오랜 시간의. **practice [prǽktis]** 늘 행하다, 실행하다 《영》-tise (반복하여) 연습[실습] 하다. [의술·법률 등을] 업으로 하다. **you know** 《구》[단지 간격을 두기 위해, 다짐하기 위해] 보시다시피. **feel the same way** 동감이다. **hear-heard-heard** 듣다, 들리다. **make blood-and-tears endeavor** 피눈물 나는 노력을 하다. **be proud of** …를 자랑으로 생각하다. **the will to win** 이기려는 의지. **the will [wil]** 의지. **win [win]** 이기다, [상품·승리·1위 등을] 획득하다, 이겨서 얻다, 벌어들이다, 곤란 등 물리치고

상황 44 오랜 시간 연습에 연습을 거듭해서

A : 그 말씀 제가 이제 막 하려던 참이었습니다.

B : 위대한 운동선수란 타고나는 것이 아니라 만들어지는 것입니다. 선수들은 오랜 시간 연습에 연습을 거듭한 결과로 만들어집니다.

A : 동감입니다.
박찬호는 국내에서나 미국에서나 피눈물 나는 노력을 했다고 들었습니다.
우리 한국사람들은 박찬호를 매우 자랑스럽게 생각합니다.

B : 이기려는 의지는 사람을 바꿔 놓지요.

Check Point

달성하다, 도달하다. make you 당신을 …으로 만들다. make [meik] 만들다, [make + 동작명사] …을 하다, …을 …으로 만들다, [보이게 하다, 어림하게 하다], …이 되다. different [dífərənt] 딴, 다른, 별개의, 갖가지의, 색다른, 독특한. person [pə́ːrsn] 사람, 신체, 인, 인칭, (연극의) 등장인물. blood-and-tears [blʌ́dəntíərz] 피눈물나는. endeavor [indévər] 노력, 노력하다, 시도하다. effort [éfərt] 노력, 분투. make every effort [to do] 온갖 노력을 다 하다, 몹시 애쓰다. blood-and-thunder [blʌ́dənd θʌ́ndər] 살벌한, 폭력과 유혈의, 저속한 [책·영화 등]. One's eyes swim with tears. 눈에 눈물이 글썽거린다. squeeze out a tear 억지 눈물을 짜내다.

Situation 45
Incidentally

A : I heard that Chan-ho Park was going to play against the team for the 14th victory, you know.

B : So I hear.

A : Incidentally baseball is a team sport. You can't depend on one man for a team's victory. But his team is quite different.
It's not too much to say that the final consequence is entirely influenced by Chan-ho Park. [entirely depend on Chan-ho Park]

B : You have a point there.

Check Point

heard [hərd] hear(듣다)의 과거·과거분사. hearer [hiərər] 청취자, 방청자. play against …을 상대로 경기하다. for 위하여(목적을 나타냄). the 14the victory 14승. incidentally [insidéntəli] [문장수식어로] 말이 난김에 말하자면, 덧붙여 말하자면, 부수적으로, 우연히. team sport 단체운동. team spirit 단체(협동) 정신. depend on …의 나름이다, …에 달려 있다. team's victory 팀의 승리. quite different [kwait difərənt] 아주 다른, 완전히 색다른, 완전히 딴판인. It's not too much to say that~ : …라고 해도 과언이 아니다. final consequence [fáinl kɑnsikwens] 최종결과, 최종결론. be entirely influenced by 전적으로 …의 영향을 받는다(좌우된다). have a point 말의 참 뜻·급소·묘미. final [fáinl] 마지막(최후)의, 결국의, 결정적인, 궁극적인, 마

상황 45
말이 난 김에 말하자면

A : 박찬호는 팀을 상대로 14승을 위해서 경기할 예정이라고 들었습니다.

B : 그렇다더군요.

A : 말이 나온 김에 말씀드리면 야구란 단체 운동 아닙니까? 팀의 승리가 어느 한 사람에게만 달려 있는게 아닙니다. 그러나 그의 팀은 아주 다릅니다.
최종결과(승패)가 전적으로 박찬호 선수에 의해 좌우되고 있다고 [전적으로 박찬호 선수에 달려 있다고] 해도 과언이 아닙니다.

B : 옳으신 말씀입니다. [틀림없는 말입니다]

Check Point

지막의 것. pl. 결승시합, 최종기말시험. consequence [kánsikwens] 결과, 결론, 중대성, 중요성, 잘난 체 함, 자존. entirely [intáiərli] 완전히, 아주, 전적으로, 오로지, 한결같이. not entirely [부분부정] 아주 …인 것은 아니다. influence [ínfluːəns] 영향, 감화(력), 작용, 세력, 권세, 명망, 위력, 설득력. vt. 영향을 끼치다. point [pɔint] 끝, 점, 점수, 요점. vt. 뾰족하게 하다, 예리하게 하다, 자극하다, 지적하다. against [əgenst] …에 반대하여, …에 부딪쳐서, …에 기대어서, …을 배경으로, …에 대비하여. victory [víktəri] 승리, 전승. [반대·곤란 등의] 정복, 극복. the point 요점, 주안점. point [말·경구 등의] 급소, 묘미, 진의, 암시, 시사. make a point of + 동사ing 반드시 …하다, …을 주장(강조, 중시)하다.

Situation 46
Which team is going to win?

A : Which team is going to win?

B : We'll have to wait and see how it'll come out, but I think his team stands a good chance of winning.

A : I feel the same way.
We all Koreans really want Chan-ho Park to play to the best of his ability.

B : The Koreans do hope much from Chan-ho Park, don't they?

A : Of course.

Check Point

What do you think 어떻게 생각합니까. chances [tʃæns] [pl.] (가능성이 큰) 가망, 형세. will have to~ …해야 할 것이다. wait and see 일이 돌아가는 것을 두고 보다, 경과를 관망하다. come out 결과가 …이 되다, 얼룩이 빠지다, 나오다, 발간(출판)되다, 본성·비밀 등이 드러나다, 새 유형이 나타나다. stand a good chance(of) (…의) 가망이 (충분히) 있다. stand no chance against …에 대하여 승산이 없다. of winning 승리할, 성공할, 당선될, 이길. winning [winiŋ] 이긴, 승리를 얻은, 당선된, 승리를 얻게 하는, 결승의, 승리, 획득, 점령. feel the same way 동감이다. really [ríːəli] 정말로, 참으로, 확실히, [감탄사적으로] 그래? 어머, 아니? to the best of one's ability [power] 힘 자라는 데까지. do best 전력을 다하다. ability [əbíliti] 능력, 할 수 있음 《to》. do hope much from …에 정말 많은 기대를 걸다 ; 이때 do

상황 46
어느 팀이 이길까?

A : 어느 팀이 이길까?

B : 결과가 어떻게 나올지 기다려 봐야 되겠지만 제 생각에는 그의 팀이 이길 승산이 있습니다.

A : 저도 동감입니다.
우리 한국 사람 모두는 정말 박찬호 선수가 능력의 최선을 다해주길 바랍니다. [힘 자라는 데까지]

B : 한국사람들은 박찬호 선수에게 정말 많은 기대를 거는군요.

A : 물론입니다.

Check Point

는 강조로 쓰여 정말의 뜻. **don't they?** 그렇지요, 그렇지 않습니까, …군요; 여기서 **they**는 **Koreans**의 대명사. **of course** 물론이지요. **course [kɔərs]** 흐르는 방향, 진로, 연속되는 것의 과정. **by course of** …의 관례에 따라, 법률의 절차를 밟아. **Not really!** 설마! **Really?** 정말인가? **Really!** 과연! **Well really!** 원! 저런 저런! **put up a good fight** 선전하다. **Money will come and go** 돈이란 돌고 도는 것. **come and get it.** 《미구》식사 준비가 되었어요. **come and go** 오락가락하다, 보일락 말락하다, 변천하다. **come and(to) see me.** 찾아오게. 《구》에서는 **come, go, run, send, try** 등의 동사 뒤에서는 **come see me**의 형태가 보통으로 쓰임. **come out** 수학의 답이 나오다, 풀리다, 파업하다, 공매에 붙이다. **is going to~** [가망] …일 것인가, …일 것이다.

Situation 47
An earth satellite

A: North Korea telecast they had shot up an earth satellite the other day.

B: At first many countries were divergent in opinion(as to) whether it was a missile or an earth satellite. Later, a dominant opinion was that it was an earth satellite.

A: So I hear.
It's an undeniable fact that North Korean missiles, at this point, are fast becoming a serious menace to many Asian countries and even to the United States.

B: Japan still insists (that) it was not a satellite but a Daepodong missile. They say North Korea is still below the line in terms of technology.

Check Point

telecast station TV 방송국. had shot up 쏘아 올렸다 ; 쏘아 올린 것이 방송했던 것보다 선과거 ; 선과거는 had + 과거분사. shoot-shot-shot [ʃuːt-ʃɑt] 쏘다, 쏘아 맞히다, 발사하다, 촬영하다, 표적을 잡다, 초목이 싹트다. earth satellite [ə́ːrθ sǽtəlait] 인공위성. at first 처음에는, 최초에는. as to [문장 머리에 써서] = as for …에 관한 한은, …은 어떠냐하면. be divergent in opinion 의견이 다르다. divergent [divə́ːrdʒənt] 의견 등이 다른. as to [문장 안에 써서] …에 관하여, …에 대하여 《의문구[절] 앞에 as to는 생략되는 일이 많음》 whether~ or [간접의문문의 명사절을 이끌어] …인지 어떤지. [양보의 부사절을 이끌어] …이든지 아니든지. later [léitər] 나중에. dominant [dɑ́mənənt] 지배적인, 권력을 장악한, 우세한, 가장 유력한. dominant opinion [dɑ́mənənt əpínjən] 우세한 의견, 지배적인 의견. the dominant party 제일 (다수)당. a dominant opinion was that 주어 + 동사 : …라는 의견이 지배적

상황 47
인공위성

A : 북한은 일전에 인공위성을 쏘아 올렸다고 텔레비전 방송을 했습니다.

B : 처음에는 많은 나라들 사이에서 그것이 미사일인지 또는 인공위성인지를 놓고 의견이 분분했습니다. 나중에는 그것이 인공위성이었다는 의견이 지배적이었습니다.

A : 그렇다더군요.
현시점에서 북한의 미사일은 아세아의 많은 여러 나라들과 그리고 미국에까지도 심각한 위협이 빠르게 되어가고 있다는 것은 부정할 수 없는 사실입니다.

B : 일본은 여전히 그것이 인공위성이 아니고 대포동 미사일이라고 주장합니다. 그들은 북한이 기술면에서 아직 일정한 표준에 미달하고 있다고 합니다.

Check Point

이다. undeniable fact [ʌndináiəbl fækt] 부정(부인)하기 어려운 사실, 시비의 여지가 없는 사실, 영락없는 사실. missile [mísəl] 미사일. in terms of …의 점에서 보면, …으로 환산하여, …에 관하여. at this point 이 시점에서. undeniable 흠잡을 때 없는, 더할 나위 없는, 명백한, 훌륭한. become a serious menace 심각한 위협이 되다. Asian [éiʒən, -ʃən] 아시아 사람, 아시아의. technology [teknálədʒ] 과학시술, 생산(공업)기술, 공항, 응용과학. even [íːrən] …조차(도), 더욱(더), (그러기는커녕) 오히려. still [stil] 여전히, 지금까지, 조용한, 정지한. line 끈, 노끈, 밧줄, 낚시 줄, 전선, 통신선, 전화선, 전화 선, 줄, 열, 글자의 줄·행, 질로, 방향, 방면, 직업. insist [insíst] 주장하다, 우기다, 역설하다, 고집하다. below [bilóu] 위치가 보다 아래에(로), 연령·지위 등이 아래에, 보다 떨어져. below the line 일정한 표준에 미달하는(미치지 못하는). menace [ménəs] 협박, 위협. vt. 위협하다, 협박하다.

Situation 48
I've been unable to meet a suitable spouse

A : May I ask you a few personal questions?

B : Sure.

A : Are you married?

B : No, I'm still single.
I've been unable to meet a suitable spouse.
I'll marry as soon as I find one.

A : Do you think you're a little choosy about your spouse?

B : Yes, I seem to be rather choosy about my spouse. The bride I marry must be both brainy and obedient.

Check Point

may [mèi, méi] …일지도 모르다, …해도 좋다, …할 수 있다; [의문문에서] …일까. may not = mayn't 과거는 might, might not = mightn't. May I~ 내가 …해도 좋습니까. ask [æsk] 묻다, 부탁하다, 초대하다, [대가로서] 청구(요구)하다. [사물이 …을] 요구하다, 필요로 하다. a few [əfjuː] 적지만 …(있다). [a를 붙이지 않고] …은 거의 없다, 조금[소수] 밖에 없는. personal questions 사적인 질문들. sure [ʃuər] 확신하는, 확실한, 틀림없는, 꼭 …하는, 틀림없이 …하는. 《구》확실히. [의뢰·질문의 답변으로] 좋고 말고, 물론, …고 말고. be married 결혼했다; be동사가 수동을 이루면 상태를 나타내어 현재 결혼한 신분이다. get married 결혼한다; get이 수동을 이루어 동작을 나타내어 (앞으로) 결혼한다. still [stil] 아직(도), 상금, 지금가지도, 여전히, 조용한, 소리 없는, 묵묵한, 그럼에도 불구하고. single [síŋgl] 독신의, 혼자

상 황 48
적당한 배우자를 만날 수가 없었다

A : 사적인 질문을 몇 가지 해도 괜찮습니까?

B : 하시고 말고요.

A : 결혼 하셨습니까?

B : 아니오, 아직 혼자입니다.
적당한 배우자를 만날 수 없었습니다.
한 사람 찾는 데로 결혼해야지요.

A : 당신은 당신의 배우자 선택에 좀 까다로우신가요?

B : 네, 저는 배우자 선택에 다소 가리는 편입니다.
제가 결혼할 신부 감은 머리도 좋고 순진해야만 합니다.

Check Point

의, 고독한, 단 하나의, 단 한 개의, vt. 골라내다, 선발하다, 발탁하다. I've been unable to~ 나는 지금까지 …할 수 없었다. obedient [oubíːdiənt] 순종하는, 고분고분한, 유순한 충실한, 효성스러운, 순진한. brainy [bréini] 《구》머리가 좋은, 총명한. The child is obedient to his parents. 그 아이는 부모의 말을 잘 듣는다. suitable spouse [súːtəbl spaus] 적당한 배우자, 어울리는 배우자, 적절한 배우자. marry [mǽri] vt. …와 결혼하다, 결혼시키다, 시집 보내다, 장가들이다. both [bouθ] 양자, 양쪽, 쌍방, 양자의, 양쪽의, 쌍방의. as soon as I find one. 한 사람 찾는 대로. choosy [tʃúːzi] about 《구》…에 까다로운, …에 괴팍스러운, …을 가리는. seem to be rather + 형 : 조금 …한 편이다. bride [braid] 신부, 새색시. obedient [oubíːdiənt] …의 말을 잘 듣는(to), 순종하는, 고분고분한, 순진한, 충실한

Situation 49
After I'm economically stabilized

A : As a matter of fact,
I have a girl I have been going steady with.
It's going on five months.

B : Oh, you do. Like you just said is she both brainy and obedient?

A : I should say so. I'll marry after I'm economically stabilized.

B : Which do you prefer lovemaking marriage or matchmaking marriage?

A : It depends on how you take it.
As far as I'm concerned, I prefer lovemaking marriage.

Check Point

as a matter of fact 실제에 있어서, 사실상. a girl(whom) I 내가 …할 여자, 내가 …해 오고 있는 여자. have been + 동사ing 계속해서 해 오고 있다; 현재완료진행형(과거에 시작한 동작이 지금까지도 계속). go steady with 《구》 정해진 이상과 교제하다, 서로 사랑하는 사이가 되다. going on 《구》 거의. mixed marriage 잡혼 (다른 인종·종교간의 결혼). Oh, you do 아, 그러시군요 ; (I have a girl의 일반동사 have 대신 do가 쓰여) 그렇군요. like you just said 당신이 방금 말씀하신 것처럼. I should say so. (나로서는) 그렇게 말씀드리고 싶다. I should ~로 말하는 이의·의견·감정을 완곡하게 표현하여 (나로서는) …하고 싶은데, (나라면) …할텐데, 만일 내가 당신이라면, 만일 듣게 되면, 만일 권고를 받는다면(조건). as far as I'm concerned 나에 관한 한 ; so [as] far as 주어 + be concerned. economic-

상황 49

경제적으로 안정이 된 후에

A: 사실은,
그 전부터 사귀어 오는 여성이 있습니다.
거의 다섯달 됐습니다.

B: 아, 그러시군요. 당신이 방금 말씀하신 것처럼 머리도 좋고, 고분고분합니까?

A: 그렇다고 말하고 싶습니다. 아마 그렇겠지요. 저는 경제적으로 안정이 되어진 후에 결혼하겠습니다.

B: 연애결혼과 중매결혼 어느 쪽을 더 좋아하십니까?

A: 당신이 어떤 뜻으로 받아 들이냐에 달려 있습니다.
저로 말하면, 연애결혼을 더 좋아합니다.

Check Point

ally [ekənámikəli] 경제적으로, 경제상. be stabilized 안정되었다. stabilize [stéibilaiz] vt. 안정시키다, 고정시키다 ; [선박·항공기 등에] 안정장치를 하다. -vi. 안정되다, 고정되다. prefer [prifə́ːr] 오히려 …더 좋아하다, 차라리 …를 취하다. as far as~ : (1) [전치사적으로] …까지(부정문에서는 so far as). (2) [접속사적으로] …하는 한 멀리까지, …하는 한은, …하는 한에서는. lovemaking [lʌ́vmeikiŋ] 구애, 구혼, 애무, 포옹, 성교. marriage [mǽridʒ] 결혼. matchmaking marriage 중매결혼. concern [kənsə́ːrn] vt. (1) …에 관계하다, …의 이해에 관계가 있다. (2) (concern oneself로) 관계하다, 관여하다, 관심을 갖다, 염려하다. depend on …나름이다, …에 달려있다. taken with 《구》매혹되어, 마음이 사로 잡혀. how you take it 당신이 어떤 의미로 받아드리느냐 ; on의 목적어인 명사절.

Situation 50
That's good to know

A : Do you use the word Mr., Miss, and Mrs. with the personal names?

B : No, We don't. We use those words only with the last names, never with the personal names. We say, for example, "Hello, Mr. Ross." We never say Hello, Mr. Robert Ross.

A : Here in Korea we use the word "ssi" both with the last names and the personal names. In this respect "ssi" is different from Mr., Miss and Mrs. in America.

B : I didn't know that. That's good to know.

Check Point

use [ju:z] vt. 쓰다, 사용하다, 이용하다, 재능·폭력 등 행사하다, 동원하다, 소비하다, 대우하다, 취급하다, 다루다. word [wə:rd] 낱말, 단어, 기별, 소식. pl. 말, 이야기, 담화, 말다툼, 논쟁, 약속, 언질. personal names = given names (성에 대해) 이름. only with~, never with~ 단 …과, 그러나 …과는 전혀 …않는다. for example 예컨대, 예를 들면. example [igzǽmpl] 보기, 예, 실례, 예증, 모범, 본보기, 견본, 표본. with both 양쪽에 다. both [bouθ] 양자, 양쪽, 쌍방, 양자의, 양쪽의, 쌍방의. respect [rispékt] 점, 존경, 경의, 주의, 관심, 고려, 존경하다, 중요시하다. in this respect 이점에 있어서 ; in that respect 그 점에 있어서. different [dífərənt] 딴, …와 다른, 별개의, 같지 않은, 갖가지의 (various). A be different from B : A는 B와 다르

상황 50
알아두면 좋겠네요

A : 당신들은 Mr., Miss 그리고 Mrs.란 말을 이름과 같이 쓰십니까?

B : 아니오, 그렇지 않습니다. 우리는 성과 같이 쓰지 이름과는 전혀 같이 쓰지 않습니다.
예를 들면 "Ross씨 안녕"이라고 하지 "Robert Ross 씨 안녕"이라고는 절대로 하지 않습니다.

A : 이곳 한국에서는 우리는 "씨"라는 낱말을 양쪽에서 다 씁니다. 이점에서 "씨"와 Mr. Miss 그리고 Mrs.와는 다릅니다.

B : 그것을 몰랐습니다. 알아두면 좋겠군요.

Check Point

다. Mr. mister 씨, 님, 귀하, 관직명 앞에 붙여 호칭으로 사용. Mr. President 대통령각하, 사장님, 총장님. Mr. Korea 대표적인 남성. Miss [mis] Lady나 Dame외의 미혼여자에 씀 ; [mis] [독립적으로]《경멸》처녀, 미혼여성, 아가씨. Mrs. mistress [místris] 주부, 여주인, 여류, 대가, 명사.《비유》여왕. Ms. MS [miz] [Miss와 Mrs.의 혼성] 여성이 미혼인지 기혼인지 모를 때 성·성명 등에 붙이는 경칭. Dr. Dr doctor [dáktər] 의사, 박사, 의학박사.《구》로는 doc라고도 함. use [ju:s] 사용, 이용(법), 사용허가, 사용 목적, 용도, 습관, 관습, 관행. mister [místər] 미스터라는 칭호 ; Don't call me mister ; It's very distant. 「씨」를 붙여 부르지 말게, 사이가 먼 것 같네. vt. 씨·님을 붙이다. Don't mister me. 「씨」자를 붙여 부르지 말게.

Situation 51

I've stuck down all of them

A : Do American personal names have short forms?

B : Yes, they do. Albert, Al ; Robert, Bob ; William, Bill ; Benjamine, Ben ; Charles, Chuck ; Christopher, Cris ; Richard, Dick ; Edward, Ed ; Joseph, Joe ; Lawrence, Larry ; Peter, Pete ; Russel, Russ ; Samuel, Same ; Stephen, Steve ; Thomas, Tom ; Anthoy, Tony, and many others.

A : Oh, you've let me know alphabetically. I've stuck down all of them. Thanks.

B : There are not so many common nicknames for women. Elizabeth, Betty, Liz, or Lizzy ; Margaret, Bess ; Dorothy, Dot ; Elinore, Elly ; Judith, Judy ; Lilly, Lit ; Mary, May ; Patricia, Pat.
That's about it.

Check Point

personal names = given name (성에 대한) 이름. short from 약칭. and many others …등등. other [ʌ́ðər] 다른, 다른 사람, 다른 것. others 그 밖의 것, 그 밖의 사람들, 타인들, 다른 것, 이것 외의 것. the other 두 개 중 다른 하나. you've let me know. 당신은 나에게 알려주었다. 그 결과 지식이 늘었다. you've let (현재완료)의 결과 용법. let [let] …에게 시키다, …하게 해주다, 가게(오게, 통과하게) 하다, 세놓다. That's about it. 대충 그러다. There are not(so) many~ …가 그리 많지 않다, 별로 많지 않다. common [kάmən] 흔한, 공공의, 공동의, 공통의, 보통의, 평범한, 야비한. nickname

상황 51
모두 적어 두었습니다

A : 미국 사람들의 이름에는 생략형이 있습니까?

B : 네, 그렇습니다.

A : 아, 알파벳 순서로 가르쳐 주셨군요.
모두 적었습니다. 감사합니다. (고마워)

B : 여성들의 약칭은 별로 흔하지 않습니다.

Check Point

[níkneim] 별명, 애칭, 약칭, vt. 별명을 붙이다, 애칭(약칭)으로 부르다. pet name [pét néim] 사람, 동물의 애칭(Bob, Bill, Tom, Kate 등). alphabetically [æ̀lfəbétikəli] ABC 순으로. stick down-stuck down 《구》이름 등을 적다, 내려놓다, 붙이다. all of them 그들 죄다, 그들 모두. stick it to 《구》…을 가혹(부당)하게 다루다. stick fast 달라붙다 ; 막다르게 되다. stick on …을 붙이다, 떨어지지 않다. stick in 들어박히다. stick it(out) 《구》참다, 끝까지 버티다.

Situation 52
When talking to older people or superiors

A : Do you use any title when talking to friends or people of your own age?

B : No, we usually use the first name without any title.

A : What title do you use when talking to older people or superiors?

B : We use the proper title like Dr., Professor, Mrs., Miss.

A : Is the word "teacher" used as a title of respect?

B : No, it is never used except by small children in grade school.

Check Point

use title 경호를 사용하다. when talking to = when you're talking to 당신이 …에게 말을 걸 때. people of your own age 같은 나이 또래의 사람들. use the proper title 적당한 경호를 쓰다. usually [júːʒəli] 보통, 늘, 일반적으로, 대개, 평소에(는), 통상적으로. without any title 경호를 붙이지 않고. what title 무슨 경호. older people 연배의 사람들. superior [supíəriər] 선배, 상사, 윗사람, 우수한 사람, 우월한 사람, 훌륭한, 우수한. like …와 같은.

상황 52
자기보다 연배이거나 윗사람에게 말을 걸 때

A : 친구나 같은 나이 또래에게 말을 걸 때 어떤 경호를 쓰나요?

B : 아니오. 우리는 보통 어떤 경호 없이 이름만 부릅니다.

A : 연배의 사람이나 윗사람·상사·선배·상관에게는 무슨 경호를 씁니까?

B : Dr., Professor, Mrs., Miss 같은 적당한 경호를 사용합니다.

A : 선생님(teacher)이란 말이 경호로써 쓰입니까?

B : 아니오, teacher란 말은 초등학교 저학년 어린애들 외에는 전혀 쓰이지 않습니다.

Check Point

the word "teacher" 선생님이란 말·낱말. as a title of respect 경호로써. respect [rispékt] 존경, 경의, 존중, 주의, 관심, 고려, 점, 관계. is never used 전혀 쓰이지 않는다. except(by) …을 제외하고는 (for). small children in grade school 초등학교 저학년 어린이들. grade [greid] vi. …등급이다, …급이다, 학년, 성적. vt. 등급을 메기다, 분류하다. grade school 미국의 6년제 또는 8년제의 초등학교, 영국에서는 primary school.

Situation 53
Just mention their names simply

A : What's the easiest way to introduce people?

B : Just simply mention their names.
For example, "Mr. Smith, Mr. Brown."
Introduce the younger person to the older and men to women.

A : How do I pronounce the name?

B : Just try to pronounce the name slowly and distinctly.

A : Do you shake hands when meeting for the first time?

B : Yes, We do. It's customary for two men to shake hands. If a woman extends her hand, a man should shake it.
If not, he should simply bow slightly.

Check Point

just [dʒʌst] 오직, 단지, 조금, 다만, 아주, 정말, 확실히, 바로, 틀림없이, 마침, 꼭. mention [ménʃən] 간단히 말하다, 언급하다, …의 이름을 들먹이다. simply [simpli] 간단히, 단순하게, 간소하게, 검소하게. [강조적으로] 전혀, 오직, 절대적으로. the easiest way 가장 쉬운 방법. easy-easier-easiest 쉬운-더 쉬운-가장 쉬운. for example 예컨대, 예를 들면. introduce [intədjúːs] 소개하다, 초보를 가르치다, 도입하다, 처음으로 수입하다. pronounce [prənáuns] 발

상황 53
그냥 간단히 그들의 이름만 말하세요

A : 사람을 소개하는 가장 쉬운 방법은 무엇입니까?

B : 그냥 간단히 이름만 언급하세요.
예를 들면 "스미스 씨, 브라운 씨입니다."
연하의 사람을 연상의 사람에게 남자를 여자에게 소개 하세요.

A : 이름을 어떻게 표명합니까?

B : 그냥 천천히 그리고, 뚜렷하게 발음하도록 하세요.

A : 당신은 처음으로 만났을 때 악수를 하십니까?

B : 네, 그렇습니다. 두 사람이 악수하는 것이 통례입니다. 만일 여성이 손을 내밀면 남성은 손을 흔들어 주어야 합니다.
만일 손을 내밀지 않으면 가볍게 허리를 굽혀 인사해야 한다.

Check Point

음하다, 선언하다, 언명(단언)하다, 표명하다. slowly [slouli] 느릿느릿, 완만하게, 천천히, 느리게. distinctly [distiŋktli] 뚜렷하게, 명백하게, 의심할 나위 없이, 정말로, 참으로. shake hands 악수하다. when meeting for the first time 처음으로 만났을 때. for the first time 처음으로. customary [kʌstəmeri] 습관적인, 통례의, 관례에 의한, 관습상의. shake hands 악수하다. a customary law 관습법. bow [bau] 절하다, 허리를 굽히다, 모자를 벗고 인사하다.

Situation 54
When being introduced

A : Do men always stand up when being introduced?

B : Yes, but women remain seated.

A : When you introduce people, do you give any information about their background?

B : Yes, We give a little information about their background. For example, "This is Mr. Jones. He's a surveyor of The Hippo Construction Co.."

A : That'll make easier for them to begin a conversation, I suppose.

B : You have a point there.

Check Point

When being introduced 소개되어질 때. remain seated 앉은 대로이다(과거 분사 seated가 주격보어). remain [riméin] [보어를 동반하여] …대로이다, 여전히 …이다. (참고) 보어가 될 수 있는 품사는 명사, 형용사, 분사, 동사원형 그 상당어구. introduce [intrədjúːs] 소개하다, 들여오다, 도입하다, 처음으로 수입하다, 삽입하다. give information 알려주다. background [bǽkgraund] 경력, 성분, 경험, 학력, 배경(교양·가문·교우 등). for example 예컨데, 이를테면(for instance). example [igzǽmpl] 보기, 예, 실례, 예증, 모범, 본보기, 견본, 전례, 본보기로서의 벌. This is~ 이분은 …이다. surveyor [sərvéiər]

상황 54
소개를 받을 때

A : 남자들은 언제나 소개받을 때 일어납니까?

B : 네, 그러나 여자들은 앉은 대로 있습니다.

A : 당신이 사람을 소개할 때 경력에 대해서 약간 말해 줍니까?

B : 네, 우리는 그들의 경력에 관하여 약간 말합니다. 예를 들어, "이 분이 Mr. Jones입니다. Hippo 건설 회사에 근무하는 측량기사입니다."

A : 그렇게되면 서로 대화를 시작하기가 더 쉬워지겠지요.

B : 틀림없는 말씀입니다.

Check Point

측량기사, 측량자, 감시인, 감독자, 세관의 조사관, 검사관. hippo [hípou] (pl.~s) 하마 《구어》. construction co. 건설회사. That'll make easier for + 목 + to부정사 : 그렇게 되면 …는 …하기가 더 쉬워진다. make …이 되다. easier [íːziər] 더 쉬운, 더 안락한, 더 편한, 더 마음 편한, 더 태평스러운, 의복이 더 낙낙한. begin a conversation 말을 꺼내다, 대화를 시작하다. for them to begin 그들이 시작하기가. suppose [səpóuz] 가정하다, 상상하다, 만약 …이면, [명령형으로] …하면 어떨가. I suppose …이 겠지요. point [pɔint] (말·경구 등의) 급소, 묘미, 진의, 끝, 점, 점수, 요점

Situation 55

How do they travel from place to place?

A : Do the Americans like to travel?

B : Yes, many people travel a lot and they often travel long distance.

A : The United States is a large country, you know. Cities and towns are far apart.
How do they travel from place to place?

B : They travel in many different ways.
The roads are usually good. Gasoline is not expensive.
So they like to travel by car.

Check Point

the Americans [əmérikənz] 미국인, 미국인 전체. like to~ : …하는 것을 좋아하다. a lot [ə lɔt] 많이. often [ɔ́ːfn] 자주. long distance 장거리. far apart 멀리 떨어져서. from place to place 여기 저기. travel from place to place 여기 저기 여행하다. in many different ways 많은 다른 방법으로. gasoline [gǽsəliːn] 휘발유(《영》 petrol). expensive [ikspénsiv] 비용이 드는, 값비싼, 고가의, 사치스러운 (opp. inexpensive). so [sou] 그래서, 그러므로, 큰만큼, 대단히, 그렇게, 그런 식으로, 정말로, 실제로, …도 역시(또한). far [fɑːr] 멀리(에), 시간 정도가 아득히 ; 훨씬(비교급 앞에서). apart [əpɑ́ːrt] 시

상황 55
그들은 어떻게 여기 저기 여행합니까?

A : 미국 사람들은 여행하는 걸 좋아합니까?

B : 네, 많은 사람들이 여행을 많이 하고 자주 먼 거리 여행도 합니다.

A : 아시다시피, 미국은 큰 나라입니다.
도시들과 읍은 멀리 떨어져 있습니다.
사람들은 어떻게 여기저기 여행합니까?

B : 그들은 여러 가지 다른 방법으로 여행합니다.
도로들이 보통 좋고 휘발유 값도 비싸지 않습니다.
그래서 사람들은 차로 여행하는 것을 좋아합니다.

Check Point

간·공간적으로 떨어져서, 헤어져, 따로, 산산이, 뿔뿔이. town [taun] 읍, 노회지, 변두리에 대하여 도심지구, 번화가, 상가 ; the town 읍민. [Do + 주어 + 본동사~?] 주어가 I·We·You·They 일 때. [Does + 주어 + 본동사~?] 주어가 He·She·It 일 때. Did + 주어 + 본동사~? 주어의 인칭에 무관. 과거 질문일 때. as is frequent with …에(게)는 자주 있는 일이지만. be a frequent occurrence 자주 생기는(있는) 일이다. have one too many 《구》과음하다. the many 대중, 서민. the rights of the many 대중의 권리

Situation 56
The fastest way to travel

A : What about the people who are not in a hurry or who don't have much money?

B : They go by bus.

A : Do many people travel by train?

B : Yes, they do. Train travel is more expensive than bus travel, but it's usually faster and more comfortable.

A : What about the people who are in a hurry?

B : They go by plane. The fastest way to travel but it's the most expensive.

Check Point

What about~? …은 어떻게 되느냐, …은 어떻게 되어 있느냐. the people who are not in a hurry 급하지 않은 사람들. the people who~ or who~ …거나 또는 …한 사람들. travel [trǽvəl] 여행하다, 순회 판매하다, 외판하다, 주문 받으러 나가다. by train 열차로. more expensive 더 비용이 드는, 더 비싼. usually faster [júːʒuəlifǽstər] 보통 더 빠른. more comfortable [mɔ́ər kʌ́mfərtəbl] 더 편안한, 더 안락한, 수입이 더 충분한. more [mɔ́ər] 더 많은,

상황 56
가장 빠른 여행 방법

A : 급하지 않거나 돈이 많지 않은 사람들은 어떻습니까?

B : 그들은 버스로 갑니다.

A : 많은 사람들이 열차로 여행합니까?

B : 네, 그렇습니다. 열차여행은 버스여행보다 더 비용이 들지만 보통 더 빠르고 편안합니다.

A : 급한 분들은 어떻습니까?

B : 그들은 비행기로 가지요. 가장 빠른 방법이지만 가장 비용이 많이 듭니다.

Check Point

더 많이 ; many나 much의 비교급. **comfortable** [kʌ́mfərtəbl] 편안한, 안락한, 수입이 충분한. **in a hurry** 허둥지둥, 급히, 조급하게 ; 부정문에서 자진하여, 쉽사리. **hurry** [hə́ːri] 서두름, 급함, 조급 ; [부정·의문문에서] 서두를 필요 ; vt. 서두르게 하다. vi. 서두르다. **[most]** many-more-most, much-more-most 가장 많은, 가장 많이. **the most expensive** 가장 경비가 많이 드는, 가장 값비싼

Situation 57
A combination of variety store and lunchroom

A : Here in Korea stores are specialized. If you want to buy writing paper, you'll find a stationery store.
Can I get writing paper at a stationery store in the United States?

B : No, You can't. American stores aren't so specialized as Korean. Instead, you'll have to go to the drugstore.

A : What are American drugstores like?

B : They're a combination of variety store and lunchroom.

A : What do they sell?

B : They sell not only medicine but also magazines, newspapers, cigarettes, ice cream, sandwiches, and many other things.

Check Point

be specialized 전문화되어 있다, 특수화되어 있다. specialize [spéʃəlaiz] vt. 특수화하다, 전문화하다, 의미나 진술을 한정하다. vi. 전공하다. writing paper 편지지. stationery store [stéiʃəneri] 문방구점. as Korean = as Korean stores 한국의 상점들처럼. instead [instéd] ad. 그 대신에, 그 보다도. drugstore [drʌ́gstɔːr] (《영》 chemist's shop) 약 이외에 일용잡화, 커피, 소다수, 화장품, 담배, 책 등을 팜. what are~ like? …가 어떤 사람·어떤 것·어떤 곳이냐? combination [kɑmbənéiʃən] 결합, 짜 맞춤, 배합, 집형.

상황 57
잡화점과 식당을 합친 것

A : 이곳 한국에서는 상점들이 전문화되어 있습니다. 만일 편지지를 사시려면 문방구점이 있습니다.
미국에서 편지지를 문방구점에서 살수 있습니까?

B : 아니오, 못 사십니다. 미국 상점들은 한국처럼 전문화되어 있지 않습니다. 대신 **drugstore**에 가셔야 합니다.

A : 미국의 **drugstore**는 어떤 곳입니까?

B : 잡화점과 간이식당을 합친 것입니다.

A : 거기서 무엇을 팝니까?

B : 약 뿐만 아니라 잡지, 신문, 담배, 아이스크림, 샌드위치 그리고 많은 다른 것들을 팝니다.

Check Point

variety store [vəráiəti] 잡화점. lunchroom [lʌ́ntʃruːm] 간이식당, 학교·공장 등의 구내식당. not only~ but(also)~ …뿐만 아니라, …도. medicine [médəsin] 약, 특히 내복약, 의학, 내과(치료). magazine [mǽgəzin] 잡지, 군 창고 특히 탄약고, 병기고, 탄창. and many other things 그리고, 기타 등등. sandwich [sǽndwitʃ] 샌드위치, 샌드위치 속에 끼우다, 끼워 넣다, 끼우다. ride [sit] sandwich 두 사람 사이에 끼어 타다(앉다).

Situation 58
You'd better have it tuned up

A : I'm sorry I'm late. I couldn't get the car started.

B : What's wrong with it?

A : Winter's almost here, you know. The engine was probably cold. It needs a complete tune-up.

B : Garages aren't so expensive nowadays. You'd better have it tuned up and have the radiator filled with antifreeze. They say it's going to be a cold winter.

A : I'll have it fixed up tomorrow.

Check Point

couldn't [kədnt, kudn't] auxil. [can't의 과거로] 할 수 없었다. **get the car started** 시동을 걸다, 시동이 걸리게 하다. vi. vt. 움직이게 하다, 시동시키다 ; [get + 목적어 + 과거분사] …시키다, …하게 하다. **start** [stɑːrt] [기계가] 움직이다, 운전을 시작하다, 시동이 걸리다, [과거분사] started. **What's wrong with it?** 《구》그게 어떻단 말인가, 어디가 마음에 안 드는가, 어디가 이상이 있나. **wrong** [rɔːŋ] a. 고장난, 탈난, 그릇된, 틀린, 나쁜, 적절하지 않은. **almost** [ɔ́ːlmoust] ad. 거의, 거진, 거반. **antifreeze** [ǽntifriːz] 부동액. 《속어》헤로인(heroin 진정제). **you know** 《구》[단지 간격을 두기 위해, 다짐하기 위해] 보시다시피. **you never know** 《구》어쩌면, 아마도. **radiator** [réidieitər] 냉각장치(자동차·비행기·엔진 등의). **probably** [prɑ́bəbli] ad. 아마, 십중팔구. **needs** : need [niːd] vt. 필요로 하다의 3인칭 단수형; 주어가 It로 3인칭 단수이고, 현재 시제임으로 -s가 붙음. **a complete tune-up** 엔진 등의 철저한(완전한) 조정. **I need a tune-up.** [정비공장에서] 엔진 손 좀 봐

상황 58
엔진 손 좀 보게 하시는 게 좋으시겠어요

A : 늦어서 미안합니다. 시동을 걸 수 없었습니다.

B : 어디가 고장 났나요?

A : 보시다시피 거의 겨울이라서 엔진이 아마 차가웠던가 봐요.
철저한 엔진 조정이 필요합니다.

B : 요즈음 정비공장(수리비)이 그다지 비싸지 않습니다.
엔진조정을 하시고 라디에이터에 부동액도 채우시는 게 좋겠습니다. 이번 겨울은 추울꺼라고 들 합니다.

A : 내일 손 봐야겠어요.

Check Point

주세요. **tune-up [tjuːnʌ́p]** n. 튠업(엔진 등의 철저한 조정). (시합전의) 준비연습, 예행연습. **tune up** vt. 엔진 등을 조정하다, 악기를 조율하다, …의 음량을 오리다, 연주를 시작하다, 연습·예행 연습하다. **garage [gərάːʒ]** n. (자동차) 차고, 수리(정비) 공장. 비행기 격납고. vt. 차고·정비 공장에 넣다. **so [sou]** : = ad. very. **nowadays [náuədeiz]** ad. 요즈음에는, 오늘날에는. n. 오늘날, 현대, 요즈음. **You'd better = You had better** (발음은) 유베러. …하는게 좋겠다. **have it tuned up** 엔진을 조정시키다. [남을 시켜할 때] have + 목적어 + 과거분사. **They say** 여기서 they는 막연히 일반사람 즉 (people), 사람들이 …라고 들 한다. **it's going to be** : 여기서 it는 날씨·계절을 뜻하는 비인칭 주어이고, be going to는 에정·추측의 뜻. **have it fixed up** 차를(it) 손보다(남을 시켜서). **fix up [fiksʌ́p]** 《미구》 손질하다, 수리하다, 방을 정리하다, 청소하다, 병을 고쳐주다, 식사를 마련하다, 몸차림을 하다, 채비를 갖추다.

Situation **59**

I want to dress up

A : What'll we do on Sunday?

B : I got a wedding invitation.

A : You want to dress up, don't you?

B : Yes, I want to dress up. I want to have my suit cleaned and pressed. Do you know where a good dry cleaner's is?

A : Yes, I'll take you to a good place. I had a suit cleaned last month. They did a good job.

B : Do you know where there's a good laundromat?

Check Point

dress up 성장하다, 정장하다, 차려입다. What'll = What will, What'll we do [eat, drink, see]? 무엇을 할까? [먹을까, 마실까, 구경할까] on [ɔn, ɑn] prep. [날짜·시간(요일 명) 앞에 붙여] ~에. a wedding invitation 결혼 청첩장(= wedding card). look good 여기서 look은 보어 또는 부사구(절)를 수반하여 얼굴이나 모양이 (…으로) 보이다, (…으로) 생각되다, good은 주격 보어. 좋게 보이다. have my suit cleaned and pressed 나의 양복을 드라이해서 다리도록 시키다. 본인이 하는 것이 아니고, 시켜서 할 때는 have + 목적어 + 과거분사. clean and press 세탁하고 다리다. press [pres] vt. 다리다.

상황 59
모양 좀 내고 싶습니다

A : 일요일 날 무엇을 할까요?

B : 저는 결혼 청첩장을 받았습니다.

A : 모양을 내셔야 겠군요.

B : 네, 모양을 내야겠습니다. 양복을 드라이해서 다려야 겠는데 어디 잘 하는 집을 알고 계십니까?

A : 네, 잘하는 곳으로 모시고 가지요. 저도 지난달에 시켰었는데 일을 잘 하더군요.

B : 잘하는 자동세탁소를 알고 계십니까?

Check Point

내리 누르다, 눌러 붙이다, 눌러 찌르러 뜨리다, 짜다, 눌러 짜내다, 신등이 죄다, 꽉 껴안다, 손을 꽉 쥐다, 악수하다, 강요하다, 조르다, 간청하다. **take + 사람 + to 장소** : 사람을 …에 데리고 가다. **did a good job** [**do a good job**의 과거] 시킨 일을 잘 하다. **do alterations** 옷을 줄이다, 뜯어고치다. **alterations** [ɔ̀ltəréiʃən] 개조, 변경, 변화, 변질, 변경된 곳. **make an alteration to a building** 개축하다. **Laundromat** [lɑ́ndrəmæ̀t] n. [자동세탁기(상표명)] 첫머리가 대문자일 때. [그것이 있는 세탁소] 첫머리가 소문자일 때

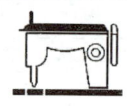

Situation 60
Do you do alterations?

A : Come right in, please. May I help you?

B : Yes. Do you do alterations?

A : Yes, we do. What did you want done?

B : I'd like to have this shirt fixed up. It's a little broad. How long will it take?

A : It'll take about two weeks.
Would you mind putting it on first?

B : Of course not. Where can I change?

Check Point

come right in, please. [손님이 왔을 때] 어서 들어오십시오. May I help you? [직역을 하면] 제가 도와 드려도 괜찮습니까? [의역을 하면] 무슨 일로 오셨습니까? do alterations 옷을 수선하다. alteration(s) [ɔ̀ltəréiʃən] 개조, 변경, 변화, 변질, 변경된 곳. [pl.] 옷 수선 일. want + 목적어 + 과거분사 또는 to부정사 보어의 형식 : …에게 …해 주기를 원하다. you want done 당신이 해 주기를 바란다, 당신이 해 주면 좋겠다. have this shirt fixed up 이 와이셔츠를 손보게 하다 ; 남을 시킬 때 have + 목적어 + 과거분사. fix up [fiks ʌp] (숙어) 《구》 수리하다, 손질하다, 개조하다. [방 등을] 정리하다, 청소하다. [분쟁 등을] 해결하다. [남의 병을] 고쳐주다. […을] 짓다, 고정시키다, 고정시키다. [화합·약속·날짜 등을] 정하다, 결정하다. 여기서 fixed up은 have + 목적어 + 과거분사 공식. broad [brɔːd] n. (물건의) 넓은 부분, 옷의 품, 손바닥. a. 폭이 넓은, 널 따란, 대강의 도량이 넓은. How long ~? [시간의 길이를 물을 때] 얼마나. it [it] 시간을 말할 때 쓰이는 비인칭 주어 ; 'it'가 그것의 뜻으로 쓰일 때만 3인칭 단수임. 'it'는 날씨·시각·거리·계

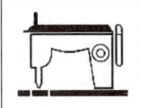

상황 60
옷 수선하십니까?

A : 어서 들어오십시오. 도와드릴까요?

B : 네, 옷을 줄이십니까?

A : 네, 그렇습니다. 무엇을 해드리면 좋으시겠습니까?

B : 이 와이셔츠 손 좀 봐 주시기 바랍니다. 품이 좀 넓습니다. 얼마나 걸릴까요?

A : 2주쯤 걸립니다.
우선 입어 보시겠습니까?

B : 그러죠. 어디에서 갈아입나요?

Check Point

절·요일·명암·가주어·가목적어로 쓰일 때「그것」이라는 뜻이 없고, 특별한 경우를 나타낸다고 해서 it의 특별용법이라 한다. take [teik] [시간이] 걸리다, 필요로 하다, 잡다, 얻다, 받다, 선택하다, 가지고 가다, 데리고 가다, 사용하다, 이용하다, 떠맡다, 받아들이다, 먹다, 마시다, (사진을) 찍다, 조사하다, …하다, (…이라고) 여기다. Would you mind = Do you mind~? …해도 괜찮습니까? ; mind는 '싫어하다, 꺼려하다, 신경 쓰이다'의 뜻으로 '우선 옷(여기에는 와이셔츠)을 입어 보시는 게 싫으신가요'의 뜻임. 따라서 No, I don't mind. = No. I don't. = Of course not. 등의 답이 되어야 긍정이 되어 '네, 좋습니다'의 뜻이 됨. 부정답변은 Yes, I do. mind + 동명사목적어(mind putting it on) : 여기서 putting on은 mind의 목적어, it은 와이셔츠의 대명사이며, putting과 on의 중간에 있는 것은 put on은 타동사와 부사가 합쳐진 2어 동사인데 이때 목적어가 대명사이면 '타동사 + 목적어 + 부사'의 순서가 됨. ex) put it on.

Situation 61

What are the services like?

A : Well, Mrs. Kim, this is the house that I told you about : It was built in 1996. You can see that everything is in very good condition.

B : It looks new. Is it built of brick?

A : Yes, it's built of brick with a tiled roof. It's a very solid house.

B : I'd like to know what the services are like. Have you got the details? When's the garbage picked up? Does a school bus pass nearby?

A : Hold on. I've got the details here. Let's see. The garbage is picked up on Mondays and Wednesdays. The children are picked up at 8:30, and they're brought home by 4 o'clock.

B : Where does a school bus pass?

Check Point

was built 지어졌다 ; 여기서 built는 build(짓다)의 과거·과거분사로 수동의 뜻. You can see that 주어 + 동사 : 보시다시피 …가 …이다. is in good condition 좋은 상태이다. looks : look(…게 보이다)의 주어가 3인칭단수임으로 -s가 붙음. 불완전자동사로 형용사보어가 쓰임. of [əv, án] [재료를 나타내는 전치사로] …로, …으로 ; 재료의 형태가 제품에 남는 물리적 변화. from [원료·재료] …으로, …에서 ; 재료의 형태가 제품에 보이지 않음. 즉 화학적 변화. tiled [taild] 기와나 타일을 덮은(깐) ; 타일로 덮다의 원형은 tile [tail]인데, -ed를 붙여 형용사로 쓰였음. solid [sálid] 단단한, 견고한, 튼튼한, 고체의, 속가지 질이 같은, 도금한 것이 아닌. What the services are

상 황 61
공공편의는 어떻습니까?

A : 김여사님, 이것이 제가 말씀 드렸던 집입니다. 1996년에 지어진 집이라 모든 것이 상태가 양호합니다.

B : 새 집 같군요. 벽돌로 지어 졌나요?

A : 네, 타일지붕의 벽돌집입니다. 대단히 단단한 집입니다.

B : 공공사업은 어떤지 알고 싶은데, 상세한 설명서가 있습니까? 음식 찌꺼기(쓰레기)는 언제 운반해 갑니까? 학교 버스가 근처에 운행됩니까?

A : 기다리세요. 여기 상세한 설명서가 있습니다. 봅시다. 쓰레기는 월요일·수요일에 운반해 가고요. 학생들은 아침 8시 30분에 태워 갔다가 오후 4시까지 집에 태워다 줍니다.

B : 스쿨버스가 어디를 지나갑니까?

Check Point

like …는 간접의문으로 앞의 타동사 know의 목적어임 ; 공공편의가 어떤지. What~ like? 어떠한 일(것·사람) 일까, 어떠한 기분일까. Have you got = Do you have. the details 상세, 자세한 내용. garbage [gάːrbidʒ] 음식찌꺼기, 쓰레기, 폐물. pass nearby 근처를 지나가다. be picked up : pick up [pikʌ́p] 도중에서 거두어 가다의 수동형으로 거두어 간다 [운반되어 간다] · [배·차 등이] 도중에서 사람을 태우다, 태워 가다의 듯이 된다. Hold on. [전화 등을] 끊지 않고 기다리다. Let's see. = Let me see. 그런데, 뭐랄까, 가만 있자. they're brought home : brought는 bring(데려오다)의 과거·과거분사로, 수동의 뜻이 되어 데려다 준다.

Situation 62

I have a million things to do

A : Mrs. Smith, What do you do all day long?

B : I have a million things to do. I do the dishes, feed the baby, wash the clothes, clean the house, give the baby a bath, walk the dog, then I go to the supermarket, make dinner, eat dinner, do the dishes again, feed the baby again and put the kids to bed, What a life!
What do you do, Mrs. Brown?

A : About the same but different. [only different] Sometimes I wash the car, water the flowers, weed the garden, polish the shoes then I drive to work, work by day.

B : You're a working mother, aren't you?
You're busier than I, aren't you?

A : More than busy. Beyond description.

Check Point

all day long 하루 종일. a million things to do 해야할, 태산같은 일. feed [fi:d] 먹을 것을 주다, 보급하다, 공급하다, 식욕을 만족시키다. put the kids to bed 아기를 재우다. send [put] ~ to sleep …을 재우다, 마취시키다, (동물등) 안락사 시키다. What a ~! 아이고 맙소사! …이 뭐람! 참 …네! about the same 거의 같은. the same but [only] different 약간 다른. sometimes 때때로. water [wɔ́:tər] 물, 음료수, 수도 등의 물, 물을 주다. beyond [biɑ̀nd] …의 저쪽(저편)에, …의 범위를 넘어. weed [wi:d] 잡초, …의 잡초를 없애다,

상황 62
할 일이 태산 같아요

A : Smith 여사님, 하루 종일 무엇을 하십니까?

B : 할 일이 태산 같아요. 설거지해야죠, 아기 식사시켜야 죠, 세탁해야죠, 집안 청소해야죠, 아기 목욕시켜야죠, 개 산책시켜야죠 그리고 나서 슈퍼마켓 다녀 와야죠, 저녁지어야죠, 저녁 식사해야죠. 또 설거지해야죠, 애기 또 식사 주어야죠 그리고 애기 재워야죠. 참으로 이 생활(이짓)이 뭐람(아이고 맙소사!)
브라운 여사님은 뭐하세요?

A : 거의 같아요, 하지만 약간 달라요.
때때로 나는 세차 해야죠, 꽃에 물 줘야죠, 정원에 잡초를 뽑아야죠, 구두 닦아야죠, 그리고 차 몰고 직장에 낮에 일합니다.

B : 직장을 갖이고 계시군요?
나보다 더 바쁘시겠네요?

A : 바쁜 정도가 아니죠, 이루 말 할 수 없죠.

Check Point

다, 잡초를 없애다, 풀을 뽑다, 무용지물·유해물을 없애다. **polish** [pάliʃ] 닦다, 갈다, 윤내다, 가구 등 닦다. **description** [diskrípʃən] 기술, 서술적 묘사. **drive to work** 차 몰고 직장에 가다. **by day** 낮에는. **working mother** 직장에 가는 주부, 돈벌이하는 주부, 맞벌이 부부. **busy-busier-busiest** [bízi] 바쁜, 분주한, 틈이 없는, 바지런히 일하는, 통화중인, 번화한, 참견 잘 하는. **more than** …이상의, …이상으로, …뿐만 아니라, (…하고도) 남음이었다.

Situation 63
I'm sick to my stomach

A : Can I help you?

B : Yes, thank you. I have a terrible headache. I slept on my stomach all night and I had a dream about running, flying, falling and dying.

A : What did your mother say?

B : She said I had snored, had talked in my sleep and had tossed and turned.

A : How long have you had it?

B : Since last night. And I'm sick to my stomach.

A : Well, try these pills. Take two every four hours.

Check Point

have a headache 머리가 아프다 ; 여기서 have는 병에 걸려 있다. a headache 두통. terrible [téəbl] 무서운, 소름끼치는, 무시무시한, 호된, 격렬한, 고된. 《구》대단한, 지독한, 몹시. headache [hédeik] 두통. 《구》골칫거리, 두통거리, 걱정거리. sleep on my stomach 엎드려 자다. all night 밤새도록. have a dream-had a dream 꿈꾸다의 현재 · 과거. have a dream about 동사ing : …하는 꿈을 꾸다. running [rʌ́niŋ] n. 달리기. a. 달리는. falling [fɔ́ːliŋ] n. 추락, 낙하. a. 떨어지는. flying [flaiŋ] n. 날기. a. 나는. dying [daiŋ] n. 사망. a. 죽어 가는. die [dai] 죽다 ; died(과거), dying(분사) ; -ie로 끝나는 동사는 ie를 y로 하고 ing를 붙임. said [séd] say(말하다)의 과거 · 과거분사. try [trai] 노력하다, 해보다, 시도하다, 시험하다, 심문(심리)하다. had

상황 63
속이 메슥거립니다.

A : 도와 드릴까요?

B : 네, 감사합니다. 머리가 몹시 아픕니다.
밤새도록 엎드려 잤어요. 그리고 뜀박질하고, 날라 다니고, 떨어지고 그리고 죽는 꿈을 꾸었어요.

A : 어머님께선 무어라고 하시던가요.

B : 어머님께선 제가 코도 골고 잠꼬대도하고 엎치락 뒷치락 했답니다.

A : 머리 아픈지는 얼마나 됐습니까?

B : 간밤부터 아팠어요. 그리고 속도 메슥메슥 하네요
(속이 메슥거리네요)

A : 그럼 이 알약을 드세요. 네 시간마다 두알 씩입니다.

Check Point

snored : said보다 앞선 과거 즉 선과거로 had + 과거분사. snore [snɔər] 코골기, 코를 골다, 코 골며 [시간을] 보내다. pill [pil] 환약, 알약, 싫은 것(사람), 괴로운 일. [pl.] 의사, 공, the~. the P~ 경구피임약. talk in my sleep 잠꼬대하다. sick [sik] 병의, 병든, 앓는, 메스꺼운. toss and turn 엎치락 뒤치락하다. take [teik] 약을 복용하다. toss [tɔs] 뒤치락거리다, 뒹굴다, 상하로 동요하다, 가볍게 던지다. feel [turn] sick 메스껍다. turn 뒤집다, 돌리다, 돌다, 모퉁이를 돌다, 변화시키다. make a person sick 욕지가 나게하다. have you had it : 여기서 it는 두통, have had는 현재완료 계속 용법, 뒤의 had는 have의 과거분사. since last night 간밤부터. be sick to my stomach 메스껍다 = feel [turn] sick.

Situation 64
Could you fill this prescription, please?

A : Can I help you?

B : Yes, thank you. Could you fill this prescription, please?

A : Sure.

B : And I'm afraid the sandwiches I ate for lunch are lying heavy on the stomach.

A : Well, try some digestives. Take two after a meal. Do you want to wait? I'll be ready in about fifteen minutes.

B : I'll come back later. Should I pay now or later?

A : Either now or later will be fine.
I'll have it here for you.

Check Point

fill prescription 처방대로 조제하다. fill [fil] 처방약을 조제하다, 마음을 흡족하게 하다. weep one's fill 실컷 울다, 마음껏 울다. prescription [priskríp-ʃən] 처방, 약 방문, 처방 약, 규정, 규칙, 법규, 법의 시효, 취득시효. sure [ʃuər] 좋고 말고요. I'm afraid (유감이지만) …라고 생각한다, 유감으로 생각한다, 미안하지만, 아무래도 ; 바람직하지 않을 경우. afraid [əfréid] a. 두려워하여, 걱정(염려)하여, 근심하여. the sandwiches I ate 내가 먹었던 샌드위치. for lunch 점심식사로 ; for는 용도, 목적, 이익을 나타내는 전치사. lying lie의 현재분사 : ie로 끝나는 동사는 ie를 y로 하고, ing를 붙여 현재분사를 만듦. lie [lai] 드러눕다, …의 상태에 있다, 위치하다, 일이 …에 의거하다, 달려있다. lie heavy on the stomach 먹은 것이 얹히다 ; 여기서 lie

상 황 64
처방대로 조제해 주세요

A : 도와드릴까요?

B : 네, 감사합니다. 이 처방약을 조제해 주십시오.

A : 물론입니다.

B : 아무래도 점심으로 먹은 샌드위치가 얹힌 것 같습니다.

A : 그럼 소화제 좀 드셔 보시지요. 식후 두 알씩입니다.
여기서 기다리시겠습니까? 약 15분만 있으면 됩니다.

B : 나중에 오겠습니다. 지금 지불할까요. 나중에 할까요?

A : 지금이든 나중이든 좋습니다.
여기에 해서 놓아두겠습니다.

Check Point

는 의상태에 있다. **heavy** [hévi] 무거운 음식이 소화가 안 되는. **heavy** [hévi] 무거운, 묵직한, 대량의, 힘겨운, 견디기 어려운, 쓰라린, 심한, 음식이 기름기가 많은. **stomach** [stʌ́mək] 위, 복부, 배, 아랫배, 식욕, 욕망, 기호, 기분, 마음, 모욕 등을 참다, 집어삼키다. **digestive** [daidʒéstiv] n. 소화제, a. 소화를 돕는, 소화력 있는. **digestively** ad. 소화작용으로. **take** [teik] 약을 복용하다. **after a meal** 식사 후에. **ready** [rédi] 준비된, 각오가 되어 있는, 언제든지 기꺼이 …하려하는, 막 …하려는, 재빠른. **in about** 약 …후에, 약 …만 있으면. **later** [léitər] 나중에, 뒤에. **later on** 나중에 ; a. 더 늦은, 더 뒤의, 더 최근의. **will be fine** 좋다, 괜찮다.

Situation 65
Honey, it feels cold in the room

A : Honey, do you like my fur coat? I got it at a secondhand store.

B : You did? It doesn't look secondhand. It looks brand new.
It looks very expensive.

A : Honey, it feels cold in the room. Is the heater on?

B : Yes, it is. It'll feel warmer in a minute.

A : Honey, I've changed my perfume. Do you like it?

B : Yes, it smells terrific. What is it?

Check Point

honey [hʌ́ni] 여보, 당신, 귀여운 여자(사람), 벌꿀, 꿀처럼 단 것 《구》멋진(훌륭한) 것, 최고급품. feels [fiːl] 느끼다, 생각하다, 물건이 …한 느낌이 들다. fur coat [fəːr kout] 모피코트. fur [fəːr] 부드러운 털, 모피동물. [pl.] 모피제품, 모피 옷, 털목도리, 모피(제)의 백태. get-got-got : 사다, 손에 넣다, 잡다, 피해를 받다, 주다, …을 알다, …하게 하다, …시키다. secondhand [sékəndhǽnd] 중고의, 고물의 중고품 매매의, 간접의, 전해들은, 중고로, 고물로. doesn't look …게 보이지 않는다. looks brand new 아주 신품으로 보인다. look [luk] …게 보이다, …으로 보이다, 눈빛, 외관, …에 면하다, 조사해 보다. brand-new [brǽndnjúː] 신품의, 아주 새로운, 갓 만들어진(들여온). expensive [ikspénsiv] 값비싼, 비용이 드는, 고가의, 사치스러운(costly). Is the + 명사 + on? …을 틀어 놨나? ; 여기서 on은 수도·가스·히타 등이 통

상황 65
여보, 방이 추워요

A : 여보, 나의 털외투 마음에 들어요? 중고품 상점에서 샀어요.

B : 그랬어요? 중고품 같지 않고 신품처럼 보이네요. 대단히 비싸게도 보이네요.

A : 여보, 방안이 추워요. 히터는 틀어 놨어요?

B : 네, 그럼은요. 잠시후면 더 따뜻해 질꺼예요.

A : 여보, 나 향수 바꿨어요. 냄새 괜찮아요. (마음에 들어요)

B : 네, 냄새가 아주 멋져요. (굉장해요) 이름이 뭐예요?

Check Point

하여. feel warmer 더 따뜻하게 느끼다. warm-warmer-warmest : [wɔːrm] 따뜻한, 온난한, 더운, 열렬한, 열심인, 활발한, 온정 있는, 인정 있는, 충심으로부터의. in a minute 잠시 후에 ; 여기서 in은 시간의 경과를 나타냄. in an hour 한 시간 후에. a minute 잠시 ; minute는 분의 뜻이나 a와 같이 쓰이면 잠시의 뜻이 됨. I've changed 나는 바꿨다 ; have + 과거분사 = 현재완료 결과 용법. perfume [pə́ːrfjuːm, 미 + pə(ː)rfjúːm] 향수, 향료, 향기, 방향, 향내. smells [smel] 냄새가 풍기다, 냄새가 나다, 냄새 맡다, 맡아보다, …은 냄새가 나다, …은 기미가 있다. terrific [tərífik] a. 훌륭한, 아주 멋진, 무서운, 소름끼치는, 무시무시한. 《구》굉장한, 지독한 엄청난. terrifically ad. 《구》굉장히, 지독히, 몹시. honey [hʌ́ni] v + 벌꿀(처럼)로 달게 하다, 달콤한 말을 건네다 《up》 a. 꿀의, 달콤한, 감미로운, 꿀 색의

Situation 66
Was I speeding?

A : Pull over, buddy. May I see your license?

B : Was I speeding, Patrol Officer?

A : Yes, you were speeding.

B : But I was only doing 30!

A : There's a 25 mile-an-hour speed limit. It's a residential section. We're been following you. I don't think you're a green driver. [green hand]
You were doing 50 miles an hour.

B : Was I? I'm afraid I forgot everything in my hurry. I didn't see even the sign.

Check Point

pull over [pulóuʌər] 차를 길가에 붙이다 《to》, 옷을 머리로부터 뒤집어 써 입다, 뒤집어엎다. pull [pul] 끌다, 당기다, 잡아끌다, 열매 등을 따다, 잡아 떼다, 잡아 찢다, 지지・후원・인기・인기표를 얻다, 손님을 끌다. over [óuvər] …의 위에(의), …의 위로 덮어서, 전면에, 동작・상태・범위・수량을 넘어서. buddy [bʌ́di] 《구》형씨, 여보게, 자네, 동료, 형제, 친구, 동지. license [láisəns] 면허장, 인가서, 면허, 승낙, 허락, 인가, 면허・허가・특허를 내주다, 면허장 을 주다. speed [spiːd] 위반속도를 내다, 질주하다, 속도를 더하다 《up》. 속 력, 속도, 동작이나 행동의 빠름. Was I speeding 내가 위반 속도를 냈었나 요. patrol officer [pətróul ɔ́ːfisər] 순찰(외근) 경관. you were speeding 당 신은 위반속도를 내고 있었다. I was doing 30 나는 시속 30마일로 운행했 다; 여기서 doing은 driving을 뜻함. There's a… speed limit. 속도제한이

상 황 66
내가 위반속도를 냈습니까?

A : 차를 길가에 붙이세요, 형씨. 면허증 좀 봐도 되겠습니까?

B : 순찰 경관님, 내가 위반속도를 냈습니까?

A : 네, 속도위반입니다.

B : 하지만 나는 30마일로 운전했는데요.

A : 여기는 시속 25마일 제한 속도 구역입니다.
주거지역입니다. 우리는 당신을 계속 따라왔습니다.
초보운전자는 아니신 것 같습니다.
50마일로 운전하셨습니다.

B : 그랬습니까? 아무래도 내가 급히 서두른 바람에 이것 저것 다 잊은 모양입니다. 간판조차 보지 않았군요.

Check Point

있다, 시속 …의 속도제한구역이다. residential section [rezədénʃəl sékʃ]ən] 주거구역. We're been following 계속 뒤쫓고 있었다 ; have been + 현재분사 = 현재완료진행형 ; 계속 …해 오고 있다. green driver [gri:n dráivər] 초보운전자. in my hurry 서두른 나머지. green hand 미숙한 사람. Was I? 내가 그랬었나요?(50마일로 운행 했나요) green 미숙한, 서투른, 풋내기의 I'm afraid = I'm sorry. 미안하지만, 유감이지만 …이라고 생각하다, 아무래도 ; 바람직하지 못한 것에. forget-forgot-forgotten : [fərgét] 잊다, 망각하다, …할 것을 잊다, …한 것을 잊다. forget everything in my hurry 서두른 나머지 모든 것 잊다. even the sign 간판조차도. even [íːvən] 조차도, 더욱더, 그러기는커녕 오히려

Situation 67
My car is broken down

A : Rickshaw service station. Can I help you?

B : I don't know if you can send a mechanic out to me.

A : Of course, sir. We have 24-hour service. Is your car broken down.

B : Yes, my car is broken down. I'm at the parking lot of the Korean Embassy at Washington.
It's a red Atos.

A : Do you know what's wrong with it?

B : I have no idea. But it won't start.

Check Point

mechanic [mikǽnik] 정비사, 수리공, 기계공. rickshaw [ríkʃɔː] 인력거. service station [sə́ːrvis steiʃən] 주유소, 전기기구 등의 수리소. I don't know if you can …나는 당신이 …를 할 수 있는지 어쩐지 모르겠다. send a mechanic out to …에 정비사를 보내다. machine [məʃíːn] 기계, 기계장치, 재봉틀, 인쇄기계, 기관, 기구, 이기적으로 일하는 사람, 기계적 인간. 24 hour service 24시간 서비스. is broken down 고장이 났다. break down 고장나다, 파괴하다, 반대·적 등을 압도하다, 진압하다, …로 분류·분석하다, 반항·교섭·계획 등이 실패하다. I'm at + 장소 : 나는 …에 있다. the parking lot of the Korean Embassy at Washington 워싱톤 주재 한국 대사관 주차장. What's wrong with it? 그것이 어디에 이상이 있나? I have

상황 67
제 차가 고장입니다

A : Rickshaw 자동차 정비소입니다. 도와드릴까요?

B : 정비사 한 사람을 이쪽으로 보내주실 수 있는지 모르겠네요.

A : 물론이지요, 선생님. 24시간 서비스하고 있습니다. 당신 차가 고장났습니까?

B : 네, 제 차가 고장입니다. 주미 한국대사관 주차장에 있습니다. 빨간색 Atos입니다.

A : 어디가 이상이 있는지 아십니까?

B : 모르겠습니다. 만 시동이 걸리지 않습니다.

Check Point

이상이 있나? I have no idea 모르겠다 ; 여기서 idea는 뚜렷이 떠오르는 것의 뜻. idea [aidíə] 착상, 느낌, 어림, 뚜렷이 떠오르는 것, 의견, 사상. it won't start 차가 시동이 아무리해도 걸리지 않는다. will [wəl, will] 주장·고집 등을 나타내어 …하려고 하다. will not = won't 한사코 …하지 않다, 아무리해도 …하지 않다. start [stɑːrt] vi. 기계가 운전을 시작하다, 움직이다. vt. 기계 등을 시동시키다, 움직이게 하다. Way to go! 바로 그거다, 나아가라, 힘내라(응원·격려의 말). have a great [poor] idea of …를 대단하다고 (시시하다고) 생각하다. The idea(of it)! = The very idea! = What an idea! (그런 생각을 하고 있다니) 너무하군! 질렸다!

Situation 68
That's not necessary

A : I'll send a mechanic out to you right away. He'll be there in about five minutes.

B : Is it anything serious?

A : No, sir. It's nothing serious. It needs a little tune-up.

B : Do you have to tow me back to the Service Station?

A : That's not necessary. I'll take care of that.

B : Do I pay you now or later at the Service Station?

A : You can pay me now.

Check Point

Do you have to 당신 …해야만 합니까? tow me back 도로 견인해 가다. back [bæk] 제자리에, 원위치에. tow [tou] 견인하다, 밧줄로 잡아당기다 (pull, draw), 끌다, 끌어당기다, 아이·개 등을 잡아끌고 가다. right away [rait əwéi] 곧, 지체하지 않고(at once). He'll be there 그는 거기에 간다 (도착한다). in [시간의 경과를 나타내어] 후에, 있으면, '이내에'의 뜻에는 'within'을 쓴다. anything serious 심각한 것; 의문문, 조건부에 쓰임. something serious 심각한 것; 긍정문에 쓰임. nothing serious 심각한 것은 아무 것(일)도 …없다. nothing [nʌ́θiŋ] 아무 일도 …않다, 조금도 …않다, 하찮은 것(사람), 무. can [허가] …하여도 좋다. You can go. 자넨 가도 좋다. [가벼운 명령] [긍정문에서] …하여라; You can go. 가도록 하여라. need [niːd] 필요로 하다, (…을) 필요로 하다, (…의) 필요가 있다, (되어야 할) 필

상 황 68
견인할 필요는 없습니다

A : 정비사 한 사람을 바로 보내드리겠습니다.
5분만 있으면 도착합니다.

B : 만만치 않은 고장입니까?

A : 아닙니다, 선생님 큰 고장은 아닙니다. 엔진조정을 해야 됩니다.

B : 내 차를 수리소로 끌고 가셔야 됩니까?

A : 견인 할 필요는 없습니다. 내가 돌보겠습니다.

B : 지금 지불해야 됩니까, 나중에 정비소에서 지불합니까?

A : 지금 저에게 지불하십시오.

Check Point

요가 있다. a little tune-up 엔진조정을 좀. That's 그 일, 여기서는 two me back을 의미함. necessary [nésəseri] 필요한, 없어서는 안될, 필연의, 피할 수 없는, n. (pl. necessaries 필수품). take care of …을 돌보다, 신중히 … 하다, …에 대비하다, 처리하다, …을 제거하다, 죽이다. that 여기서는 엔진 조정을 뜻함. take care of itself 자연히 처리(해결되다). later [leitər] ad. 나중에, 뒤에, a. 더 늦은, 더 뒤의, 더 최근의 [마지막에 가까운, 후기의, 말기의 =later]. You can pay me now. 지금 지불하세요, 지금 지불하여도 좋다. can [kn, kən, kæn] …하여도 좋다, …할 수 있다, …이 있을 수 있다, 의문문에서 도대체 …일까, 부정문에서 …일(할) 이가 없다. need (…할) 필요가 있다, …해야 하다, 하지 않으면 안 되다. [남이] (…해줄) 필요가 있다.

Situation 69
Christmas, the year-end and the new year…

A : Good afternoon. Can I help you?

B : Good afternoon. Maybe you could advise me. Christmas, the year-end and the New Year are hanging over us, you know.

A : Yes, of course.

B : So I'm trying to find a Christmas present for my wife first.

A : What exactly do you have a mind of your own?

B : A ring. Could you show me some rings?

A : Sure. These rings are made of gold.

B : I like this one. Please gift-wrap it.

Check Point

are hanging over us 우리에게 다가오고 있다. hang over [hæŋ óuvər] [위험·근심 등이] 다가오다, [결정·안건 등이] 연기되다, 미해결 인체로 남다, 관습 등이 계속되다, 잔존하다. maybe [méibi] [it may be에서 된 것] 어쩌면, 아마, [문미에 놓여 협박 조로] …가 아니란 말야. advise [ədváiz] 충고(조언)하다, 권하다, 《상업》통지(통고)하다, 알리다, 남과 의논·상담하다. I'm trying to~ 나는 …하려고 노력하고(애쓰고) 있다. have a mind of your own 자기 딴의 생각이 있다, 자기 나름대로 생각하고 있다. what exactly 정확히 어떤 것, 꼭 어떤 것을. are made of = be made of …로 만들어지다 ; 재료의 형태가 제품에 남아 있음. ill-advised 무분별한. well-advised 분별있는. be better advised to do …하는 편이 현명하다. advice [ədváis] 충고,

상황 69
크리스마스, 연말 그리고 신년이…

A : 안녕하세요. 도와드릴까요.

B : 안녕하세요. 아마 저에게 조언해 줄 수 있겠죠.
크리스마스, 연말 그리고 설날이 임박했습니다.

A : 네, 물론입니다.

B : 그래서 우선 부인에게 줄 크리스마스 선물을 찾고 있습니다.

A : 꼭 어떤 물건을 나름대로 생각하고 계십니까?

B : 반지입니다. 좀 보여 줄 수 있습니까?

A : 보여드리고 말고요. 이것들은 금반지들입니다.

B : 이것이 마음에 드네요. 선물용으로 포장해 주세요.

Check Point

조언, 권고, 통지. advised [ədváizd] [복합어를 이루어] 신중한, 숙고한 (deliberate). this one 이것; 여기서 one은 반지. for my wife 부인에게 주려고. like [laik] 마음에 들다, 좋아하다. a. 같은, 유사한, 동일한, (…을) 닮은, (…와) 같은, …할 것 같은, (…의) 특징을 나타내는. gift-wrap [gift-ræp] 리본 등으로 묶어 선물용으로 포장. for [fər, fɔ́ər] [이익·목적·용도 등을] 위하여. the year-end 연말. the new year 새해, 신년. you know 《구》 단지 간격을 두기 위해; He's a bit, you know, crazy. 그는 정신이 좀 이상한 거야. [다짐하기 위하여] 보시다시피. find [faind] 찾아내다, 우연히 발견하다, (노력해서) 알다, 발견하다, (경험해서) 알다, 깨닫다. New Year 설날(과 그 뒤의 2, 3일), 정월초하루

Situation 70
Today I had someone to meet

A : Today I had someone to meet so I was in the Hamilton Hotel coffee shop. I had just ordered coffee when an American came in and sat at the next table.

B : Did you talk to him?

A : After a while I turned my eyes on him to talk to. Good thing he turned his eyes on me.

B : Did you start a conversation?

A : Of course.

B : How did you get into conversation?

Check Point

have someone to meet 만날 사람이 있다. I had just ordered… when + 주어 +과거형 동사 : 내가 막 …했는데 그때 …가 …했다. When [hwén] [접속사로] …할 때에, …때, [관계사로] …할 때, 그 때, [의문사로] 언제. sat at the next table 옆 테이블에 앉다. sit at the table 테이블을 향해 앉다. (the) next thing 둘째로, 다음으로 ; (the) next thing one knows 《구》 정신을 차리고 보니, 의식을 회복하고 보니, 어느 틈엔가. Good thing 다행히 =

상황 70
오늘 나는 만날 사람이 있었다

A : 오늘 나는 기다릴 사람이 있어서 해밀톤 호텔 다방에 있었네. 막 커피를 주문했는데 한 미국인이 들어와서 내 바로 옆 테이블에 와서 앉았었네.

B : 말을 걸어봤나?

A : 잠시 후에 나는 그에게 눈길을 돌렸는데 다행이도 그는 나에게 눈길을 보내더군.

B : 말을 꺼냈나?

A : 물론이지.

B : 어떻게 이야기를 시작했나?

Check Point

It is a good thing (that) …《구》…한 것은 다행이었다. turn one's eyes on …에 눈길을 돌리다. start a conversation 말을 꺼내다. get into convertsation (with) …(와) 이야기를 시작하다. today [tədéi] 오늘, 금일, 현재(에는), 현대(에는), 오늘날(은). toddle [tádl] [걷기 시작한 어린이・노인처럼] 아장아장(뒤뚝뒤뚝) 걷다, 《구》 지향없이 걷다(가다), 《구》 떠나다, 돌아가다. next [nékst] (순서・시간적으로) 다음의, 다음에, 다음 사람(것)

Situation 71
I asked him how long he'd been in Korea

A : I asked him①if he had anyone to meet. He said, "No." So I asked him②if I might have a word. He said, "Sure." and I asked him many questions.

B : What were the questions?

A : I asked him

> if I might ask him some personal questions.¹
> what his name was.²
> Where he came from.³
> if he spoke Korean.⁴
> at which hotel he was staying.⁵
> how long he'd been in Korea.⁶
> if he liked Korea?⁷
> what he did.⁸
> where he worked.⁹

Finally I asked him how good my English was.¹⁰

B : Good show.

Check Point

①② 1~10까지는 " " 표가 각각 있는 직접화법의 피전달문들임.(p.166 참조)
① Do you have anyone to meet? ② May I have a word?
1. May I ask you some personal questions? 2. What's your name?
3. Where do you come from?   4. Do you speak Korean?
5. At which hotel are you staying?
6. How long have you been in Korea?
7. Do you like Korea?   8. What do you do?
9. Where do you work?   10. How good is my English?

상황 71
나는 그에게 한국에 나온 지 얼마나 됐냐고 물었다

A : 나는 그에게 누구 만나야할 사람이 있는지 물었지. 그는 "아니오"라고 하더군. 그래서 나는 그에게 잠시 이야기를 나누어도 괜찮은지 물었더는 그는 "좋고 말고요"라고 하길래 나는 그에게 많은 질문을 했다네.

B : 무슨 질문들이었나?

A : 나는 그에게 사적인 질문을 좀 물어도 괜찮은지 물었지.
　　의 이름이 무어냐고
　　가 어디 출신인지
　　가 한국말을 하는지
　　가 어느 호텔에 묵고 있는지
　　가 한국에 나온 지 얼마나 됐느냐고
　　가 한국이 마음에 드는지
　　가 직업이 무엇인지
　　가 어디에서 근무하고 있는지

끝으로 나는 그에게 나의 영어가 듣기에 어떤지 물어보았지.

B : 훌륭하다. (멋지다)

Check Point

・간접의문문 : 의문문이 문장의 일부로 되어 있는 경우인데 의문사나 접속사로 이끌려 「주어 + 동사」의 어순을 갖는다. 의문사가 있는 경우에는 의문사를 그대로 쓰고 의문사가 없을 때는 if나 whether를 써서 두 들을 연결한다.

・화법의 전환 중 [의문문의 전달] : (1) 의문사가 있는 의문문은 전달동사를 ask로 바꾸고 피전달문을 「의문사 + 주어 + 동사」의 순서로 배열한다. (2) 의문사가 없는 의문문은 전달동사를 ask로 바꾸고 피전달문을 if나 whether + 주어 + 동사의 순서로 배열한다.

Situation 72
He told me he was glad to meet me

A : What did he ask you about?

B : He told me① he was very glad to meet me. Then he asked me② if I wanted to have lunch together. I said I would.

A : Where did you go?

B : We went to a nearby restaurant, where we talked over lunch.

A : What did you talk about?

B : We talked about many different things.

Check Point

①은 화법전환에서 평서문의 전달 문제 (p.166 참조)
  · 직접화법 : He said to me, "I'm glad to meet you."
  · 간접화법 : He told me (that) he was glad to meet me.
① "I'm glad to meet you." 피전달문
② "Do you want to have lunch together?" 피전달문
where [hwέər] [관계부사로] 그리고 거기서, …하는 곳, [의문사로] 어디에(로, 에서), [접속사로] …하는 곳에(으로), …한 곳에(으로). **together** [təgéðər] 같이, 함께, 동반하여, 공동으로, 연대하여, 합쳐, 결합하여, 동시에, 일제히.
different [dífərənt] 딴, (…와)다른, 별개의, 같지 않은. [복수명사와 함께] 갖

상황 72
그는 나를 만나서 기쁘다고 말했습니다

A : 그가 너에게 무엇에 관하여 물었지?

B : 그는 나를 만나서 대단히 기쁘다고 했어.
그리고 나서 그는 날 보고 점심식사를 같이 하기를 원하는지 묻길래 나는 하고 싶다고 했어.

A : 어디에 갔었지?

B : 우리는 근처에 있는 식당으로 가서 점심을 들면서 이야기를 나누었지.

A : 무엇에 관하여 대화를 했지?

B : 우리는 갖가지 많은 것들에 관해서 대화를 했지.

Check Point

가지의. It's a different matter. 그것은 별문제다. different people with the same name 동명이인. put two and two together 여러 가지 자료에 의하여 결론을 내리다. together with …와 함께, …와 더불어, …에 더하여, 또한, …외에도(as well as). nearby [níərbai] 가까운. talk over lunch 점심을 들면서 이야기하다. over [óuvər] …의 위에, …위로 덮어서, …전면에, [동작·상태] …을 넘어서, [범위·수량] …을 넘어서, …이상. talk about …에 관하여 말하다. many different things 많은 갖가지 것들(일). different [dífərənt] a. difference [dífərəns] 차이, 차이점, 상위, 차이. thing [θiŋ] 물건, 물, 사물, 무생물, 물체, 생물, 동물, 유형, 초목

Situation 73
He asked me if I had ever been to America

A : He asked me many questions.

He asked me
- where I lived.¹
- how old I was.²
- how long I had been studying English.³
- if I had ever been to America.⁴
- what time it was then.⁵
- if I liked music.⁶
- if I lived with my parents.⁷
- if I spoke any other languages.⁸

B : Is that all?

A : Oh, there were a lot of other questions. He asked me⁹ what my hobbies were, and he asked me to tell him about them. Then he gave a picture and asked me to describe it.

B : He tried you out, didn't he?

Check Point

[문법] 직접화법을 간접화법으로의 전환문제.
① 의문사가 있는 의문문은 전달동사를 ask로 바꾸고, 피전달문을 「의문사 + 주어 + 동사」로 한다.
  · 직접화법 : He said to me, "Where do you live?"
  · 간접화법 : He asked me where I lived.
 ※ said to는 전달동사, " "는 피전달문(1~9번까지)
1. "Where do you live."
2. "How old are you?" 직접화법의 피전달문(의문사 있는)
3. "How long have you been studying English?" 피전달문
4. "Have you ever been to America?" 피전달문
5. "What time is it now?" 피전달문
6. "Do you like music?" 피전달문(의문사 없는)

상황 73
그는 내가 미국에 가 본적이 있느냐고 물었다

A : 그는 나에게 많은 질문을 했습니다.

그는 내가
어디에 사는지
몇 살인지
영어를 계속 공부하는지 얼마나 됐느냐고
미국에 가 본적이 있느냐고
그때 몇 시냐고
음악을 좋아하는지
부모님과 같이 사는지
어떤 다른 나라 말을 하는지

물었다.

B : 그것들이 모두 입니까?

A : 오오! 많은 다른 질문이 있었는데 나의 취미(도락)가 무엇인지 묻고는 취미에 대해서 들려 달라고 부탁했었어. 그리고는 그림을 내 놓더니 날보고 말로(영어로) 설명해 보라고 요구하더라.

B : 그가 너를 엄밀히 시험해 봤구나, 그렇지?

Check Point

· 직접화법 : He said to me, "Do you like music?"
· 간접화법 : He asked me if I liked music.
7. "Do you live with your parents?" 피전달문(의문사 없는)
8. "Do you speak any other languages?" 피전달문(의문사 없는)
9. "What are your hobbies?" 피전달문(의문사 있는)
describe [diskráiiŋ] [특징 등을] 묘사하다, 말로 설명하다, 말하다, [사람을] 평하다, [선·도형을] 그리다. try out 엄밀하게 시험하다, 충분히 시험해 보다, [채용하기 전에 인물을] 잘 살피다, [금속의] 순도를 측정하다, [팀·선발 등에] 나가보다. trying [tráiŋ] n. 해보기, 시도.《영》죽이려고 하기, [가봉한 옷을] 입어보기. tryout n.《구》시험적 실시(사용), 예선(경기), [스포츠의 실력(적격)] 시험

Situation 74
Did all the pedestrians cross the street?

A : Please tell me what happened.

B : I was driving an Atos. I was driving slowly and carefully. Right behind me a middle-aged man was driving an old ford.

A : Where and why did you stop?

B : I stopped at the stop line of the pedestrians' crossing because the signal had turned to red.

A : Did all the pedestrians cross the street.

B : Yes. The traffic light was green. I had just started when an old man with a stick in his hand ran across the street in a hurry.

Check Point

I had just + 과거분사 + when + 주어 + 과거형동사 : 내가 막 …하자 그때. when의 용법 [접속사로] …할 때에, …때. [관계부사로] …할 때, 그 때. [의문사로] 언제. **run across-ran across** 맞은편으로 뛰어 건너다(뛰어 넘어가다). **across [əkrɔ́ːs]** ad. 가로질러(맞은편에), …을 가로질러, 십자형으로 교차하여, -prep. …을 건너서, …의 맞은편으로. **drive [draiv]** 차를 운전하다, 마차를 몰다, 운전하여 태우다, 우격다짐으로 움직이다, 억지로 시키다, 하는 수 없이 …하게 하다. **carefully [kɛ́ərfəli]** 주의하여, 조심스럽게, 신중히, 정성을 들여서. **right behind** 바로 뒤에. **middle-aged [mídléidʒ]** a. 중년의, 중년에 알맞은. **at the stop line** 정지선에. **of the** …의. **pedestrians' crossing [pi-**

상 황 74

보행인은 모두 길을 건너 갔나요?

A : 무슨 일이 있으셨는지 말씀해 보세요.

B : 저는 아토스를 몰고 있었어요. 천천히 조심스럽게 운전했습니다. 내 차 바로 뒤에는 중년 남자가 허름한 Ford차를 운전하고 있었습니다.

A : 어디에서 왜 정차했습니까?

B : 저는 신호등이 붉은 신호로 바뀌었기 때문에 횡단보도의 정차선에 정차했었습니다.

A : 보행인은 모두 길을 건너 갔나요?

B : 네, 신호등이 파란 불이 되 길래 막 출발하려 하자, 그때 지팡이를 든 노인이 뛰면서 허둥지둥 길을 건너 갔어요.

Check Point

déstrian krɔsiŋ] 횡단보도. the signal had turned to green 신호등이 파란 불로 바뀌었다. cross [krɔs] [길·사막 등을] 횡단하다, 가로지르다, 넘다, [강·다리를] 건너다, 생각이 떠오르다. cross the street 길을 건너가다. traffic light 신호등. a man with a stick in his had 손에 지팡이든 노인. hurry [hə́ːri] 서두르다, 서둘러 가다, 서둘러(허둥지둥) …하다. hurry away [off] 급히 가 버리다. hurry back 급히(허둥지둥) 되돌아오다. hurry in 급히 들어가다. get [go] across 맞은편으로 건너다(넘어가다). hurry over … 을 허둥지둥 끝마치다. hurry up [주로 명령형] 서두르다, [사람·동작을] 재촉하다, [일등을] 서둘러 하다.

Situation 75
Crashed into my car

A : Were you paying attention to the road?

B : Yes, of course.

A : Did you slam the brakes on?

B : Yes, I had quickly put my foot on the brakes when the old Ford crashed into my car. The old man was safe and sound.

A : Who saw the accident?

B : A lady passing by saw the accident. She ran into a telephone booth.

Check Point

I had quickly put(과거분사)+when+주어+과거형동사 : ⋯하자 그때. put~ foot on the brakes 브레이크를 밟다. the old Ford 그 허름한 포드 차. crash into-crashed into [kræʃt intə] = crash against ⋯에 (무섭게) 충돌 하다. pay attention to ⋯에 유의하다, ⋯의 비위를 맞추다. slam the brakes on 브레이크를 갑자기 밟다, 급브레이크를 밟다. safe and sound 무 사히(도착하다 등). accident [æksədnt] 사고, 재난, 고장, 재해, 우연, 우연한 일, 뜻밖의 일. see the accident 사고를 목격하다. A lady who was passing by 지나가던 한 숙녀; 현재분사 앞에 주격관계대명사와 be 동사가 생 략가능. run into-ran into 안으로 뛰어 들어가다. 《구》⋯와 우연히 만나다, 바늘 등이 ⋯에 찔리다. telephone booth 공중전화박스. 영국에서 telephone box. booth [bu:θ] (공중) 전화박스. booths [bu:ðz] 매점, 노점, 가설 오두막, 모의점, 영사실, 칸막이한 좌석, 어학 실습실의 부스. attention [əténʃən] 주

상 황 75
내 차에 무섭게 충돌했다

A : 도로에 유의하셨나요?

B : 네 물론입니다.

A : 급브레이크를 밟으셨나요?

B : 네, 재빨리 브레이크에 발을 올려놓았을 때 그때 Ford차가 뒤로 내 차에 (무섭게) 충돌했습니다. 노인은 무사했습니다.

A : 누가 사고를 목격했습니까?

B : 지나가던 한 여자 분이 목격하고는 공중전화 실로 뛰어갔어요.

Check Point

의, 유의, 주목, 주의력, 처리, 대처, 배려, 돌봄, 간호. [pl.] 극애, 친절, 배려. incident [ínsədənt] 일어난 일, 부수 사건, 작은 사건, 분쟁. attention, please! 여러분께 알려 드립니다. 잠깐 들어보세요. (시끄러울 때 등에) safe [seif] 위험이 없는, 안전한, 도망칠 염려가 없는, 틀림없는, 무난한, 패기 없는 [arrive, bring, keep 등의 보어로]. sound [saund] 안전한, 견실한, 확실한, 소리, 음향, 가락, 음조, 소리가 나다, 울리다, …하게 느껴지다, …하게 들리다. pass by [pǽsbai] (옆을) 지나가다, 그대로 (못 본체하고) 지나가다, (시간이) 지나가다, vt. 눈감아 주다. run into …한 상태에 빠지다, (수량이) …에 달하다, 이르다, 차가 …와 충돌하다, (액체·모래 등이) 흘러나오다. give attention to …에 주의하다, (직무에) 정성을 쏟다. May I have your attention? 잠깐 실례합니다(용무 중인 상대자에게). call away the attention 주의를 딴 데로 돌리게 하다.

Situation 76
How long?

A : What are you doing this weekend?

B : I'm going to Kyung-ju.

A : How long?

B : Just for two days.

A : Do you have a car?

B : Yes, I do.

A : What kind is it?

B : It's an Atos. I like it a lot because it's very economical.

Check Point

· What are you doing? 지금 뭘 하고 있나?
  What are you doing + 미래를 나타내는 부사·부사구 : 뭘 할 것인가.
  I'm going to + 장소.
  I'm going to school.   I'm going to school today.
· How long 얼마동안
  How long are you going to stay in Kyung-gu?
just [ʤʌst] 오직, 단지, 조금, 다만(only), 그냥. just about 《구》그럭저럭, 겨우, 간신히, 아주.
Do you have ~? 당신은 …이(가) 있습니까?
Have you ~?   ″   ″
Have you got ~?   ″   ″
You got ~?   ″   ″

상 황 76 얼마동안?

A : 이번 주말에 무엇을 하실 겁니까?

B : 경주에 갑니다.

A : 얼마 동안요?

B : 꼭 이틀 동안입니다.

A : 차 있으십니까?

B : 네, 있습니다.

A : 무슨 차인가요?

B : Atos입니다. 나는 그 차가 대단히 경제적이라서 대단히 좋아합니다.

Check Point

What kind of 《구》a man is he? = of what kind is the man? 그 사람은 어떤 사람이오? What model is it? 어느 나라 제품인가? It's an American model. What make is it? 어느 회사 제품인가. It's a Ford. a lot 많이. lot [lɑt] [a lot; 종종 pl.로] 많음, 다수, 다량. a lot of books = lots of books. by lots = in lots 따로 따로 나누어서, 몫으로 나누어서. a lot of = lots of = lots and lots of, a good lot of 등이 모두 구어에서 많은. lot 제비, 제비뽑기, 제비뽑기로 정하다, 할당하다, 나누다. vi. 제비뽑기를 하다. by lot 제비로. economical [ekənɑ́mikəl] 경제적인, 절약이 되는(saving), 절약하는 (thrifty) ; economical—낭비하지 않고 검약을 중시하는, thrifty—돈이나 물건의 사용이 알뜰한, frugal—의식 등에 돈을 들이지 않고 절약하는. I'm going to + 동사원형 : 나는 …할 예정이다. frugal [frúːgəl] 소박한, 절약하는, 간소한, 식사가 간소한. be frugal of …을 절약하다. frugally 검소하게

Situation 77
Is Friday afternoon all right?

A : Good afternoon. Can I help you?

B : Could you repair these shoes?

A : Sure. What's the problem?

B : The heels need mending. They're still in good shape, you know.

A : Ok. When do you need them?

B : The sooner the better. [As soon as possible]

A : Is Friday afternoon all right?

B : Yes, that's fine.

Check Point

Can you~? 너는 …할 수 있나? Will you~? …하겠니? Could you~? 당신은 …할 수 있습니까? Would you~? …하시겠습니까? repair [ripέər] vt. 수선(수리)하다. vi. 수선하다, 수리하다, 수선, 수리, 손질. [pl.로] [수선·수리·복구] 작업. What's the problem? 골칫거리가 무엇입니까? problem [prábləm] 문제, 의문, 난 문제, 문제아, 다루기 힘든 사람, 골칫거리. a. 지도하기 힘든, 문제가 많은, 다루기 어려운. need [níːd] 필요, 소용, 요구, 어려울 때, 다급할 때, 만일의 경우, 난국, 궁핍, 빈곤. vt. 필요로 하다, …할 필요가 있다. heel [hiːl] 발뒤꿈치, 말 등의 뒤발굽. [pl.] 동물의 뒷발, 양말의 뒤축, 신발의 뒤축(굽), 편자. they 여기서는 shoes(구두)를 가리키는 대명사. still [stil] ad. 아직(도), 상금, 지금까지도, 여전히. a. 조용한, 고요한, 소리 없는. ad. 그럼에도 불구하고. be in good shape 본래의 상태이다, 건강이 호조이다. shape [ʃeip] 모양, 꼴, 형태, 틀, 모양, 외양, 스타일, 차림, 건강·영향 등의 상태, 형편. you know 《구》 [단지 간격을 두기 위해, 다짐하기 위해] 보시다시피. you never know 《구》 어쩌면, 아마도. them 여기서는 shoes(구두)를 가리키는 목적격대명사. The + 비교급(the) + 비교급 …하

상 황 77
금요일 오후면 좋으시겠습니까?

A : 안녕하세요. 도와드릴까요?

B : 이 구두를 고칠 수 있습니까?

A : 고치고 말고요. 무엇을 고치시려구요. [문제가 무엇입니까?]

B : 뒤축(굽)만 바꾸면 됩니다. 아직 보시다시피 쓸만하거든요.

A : 좋습니다. 언제 필요하십니까? [언제까지 해 드릴까요]

B : 빠를 수록 좋습니다. [될 수 있는 대로 빨리요]

A : 금요일 오후 좋으시겠습니까?

B : 네, 그 때면 좋아요.

Check Point

면 할수록 더욱더 …하다 ; as~ as possible. Is + 시간 (날짜·요일·장소 등) all right? the more~ the less …하면 할수록 …하지 않다. That's fine. 여기서 that은 금요일 오후, fine은 시간 사정이 좋은. That [앞서 언급하였거나 서로 양해가 되어 있는 사물을 가리켜] 그일, 그것, [앞서 말한 명사의 반복을 피하기 위해] …의 것. fine [fain] a. 훌륭한, 멋진, 참한, 좋은, 기능이 우수한, 뛰어난, 가느다란, 날씬한, 자디잔, 미세한, 고운, 맑은, 희박한, 끝이 날카로운, 예민한, 올등이잔, 더할 나위 없는, 덕 등이 높은, 감정 등 섬세한, 세공 등이 정교한. Repairs done while you wait. 《광고문》즉석에서 수리해 드립니다. No problem 문제없이, 괜찮아, OK. a problem child 문제아. a problem bank 재정상 요주의 은행(정부의 은행관리 기관에서 체크된). fine 옷차림이 훌륭한, 사람이 아름다운, 문제 등이 화려한, 공들인, 날씨가 갠, 맑은, 쾌청한, 웅대한, 널따란, 외관·형상 등이 크고 훌륭한, 큼직한, 《구》사람이 아주 건강한, (집·환경 등이) 쾌적한, 건강이 좋은, 품질이 고급의, 정제한, 귀금속이 순도 높은, 순수한 ; fine gold 순금, fine sugar 정제당

Situation 78
We'll have it filled up

A : Honey, we've been driving all day.

B : Yes, we have. How far have we driven?

A : About 500 miles.

B : That's a long way. The gas tank must be empty.

A : It's nearly empty.

B : OK. We'll have it filled up.

(At a gas station)

A : Hi! Fill it up, please.

C : Certainly.

A : It's nearly empty.

C : Would you like us to check the oil?

A : Yes, please.

Check Point

honey [hʌ́ni] 벌꿀, 당일, 꿀처럼 단 것, 귀여운 사람(여자), 여보, 당신, 멋진(훌륭한) 것, 최고급품. have been + 동사ing : 계속해서 …해 오고 있다(현재완료진행). all day(long) = all the day 하루종일, 진종일 ; any day 언제든. How far [fau fɑːr] [거리] 어느 정도(의 거리)인가. [정도] 어느 정도, 얼마만큼. have driven [현재완료 계속용법] 운행해 왔다 ; drive 운행하다. drove 운행했다. drive-drove-driven [draiv-drouv-drívən] That's 그것(여기선 500마일)은 …이다. that은 앞서 언급한 것이나, 서로 양해되어 있는 사물을 가리켜 그일, 그것. a long way 먼 거리. must [məst] [당연한 추정을 나타내어] …임(함)에 틀림없다, 틀림없이 …일 것이다. How far is it? 거리

상황 78
차에 기름 넣읍시다

A : 여보 우리 종일 운행했어요.

B : 네, 그랬군요. 얼마의 거리를 운행했지요?

A : 약 500마일에요.

B : 그건 장거리군요. 연료 탱크가 비었겠지요.

A : 거의 비어 있어요.

B : 좋아요. 차에 기름을 넣읍시다.

   (주유소에서)

A : 안녕, 충만 시키세요.

C : 알겠습니다.

A : 거의 비어 있습니다.

C : 오일 검사도 해드릴까요.

A : 네, 부탁해요.

Check Point

가 얼마나 됩니까? How far can we trust him? 그를 어느 정도까지 믿을 수 있나? empty [émpti] 빈. 《구》 배고픈. feel empty 시장기를 느끼다. nearly [níərli] 거의, 대략, 긴밀하게, 밀접하게, 간신히, 가까스로, 하마터면, 정성 들여, 꼼꼼하게. We'll(=We will) [단순미래일 때] 우리는 …일 것이다. [의지미래일 때] 우리는 …할 것이다. have it filled up : it(연료탱크)를 충만 시키다. [have + 목적어 + 과거분사] (사물·사람을) …하게 하다, …을 시키다. any day (of the week) 《구》 어떤 조건(경우)이건, 어떻게든, 아무리 생각해 보아도. unleaded [ʌn lédid] 무연의, 납을 제거한, (가솔린에) 납을 첨가하지 않은. Would you like us to + 동사원형 : 당신은 우리가 …해주기 바랍니까?

Situation 79
May I be excused?

A : Hi, Jane. It's time to leave for the day.

B : I know, Elly. But I haven't finished these letter yet.

A : Are they important?

B : More than important. The boss wants them by 5 o'clock. I've been typing since one o'clock. I haven't even stopped for coffee.

A : How many have you done?

B : Most of them. There's only one left.

A : May I be excused?

B : OK. See you tomorrow.

Check Point

May I be excused? 먼저 좀 실례하겠습니다, (학교에서 학생이) 화장실에 가도 되겠습니까? excuse [ikskjúːz] 용서하다, 참아주다, 변명하다, 면제하다, 떠나게 하다. [ikskjúːs] 변명, 핑계, 구실, 사과. It's time to + 동사원형 : …할 시간이다. It's (high) time (주어 + 과거진행형) :…할 시간이다. haven't finished 끝마치지 못했다, [현재완료형] …을 끝내지 못했다. finish [fíniʃ] 끝내다, 끝마치다, 완료(완성)하다, 잘 마무리하여 끝내다, 마무리하다, 끝손질하다. yet [jet] [부정문에서] 아직 …않다. [현재로 보아서는] 아직 …않다, 얼마동안은 …않다. Are they~? 여기서 they는 편지를 뜻함. More than + 형용사 :…보다 많은, …이상으로(의), …뿐만 아니라. boss wants them 사장이 그것들을 (편지들) 원한다. by [bai] [기한을 나타내어] …까지는, [정도를 나타내어] …만큼, …를 단위로 해서, …씩, 경유하여, I've been typing 계속해서 타자해 오고 있다; have been + 현재분사 = 현재완료진행형. since [sins] …한 이래, …한 때부터 내내, …이므로. I haven't even stopped 멈추지도 못했다. for coffee 커피를 마시기 위하여 ; 여기서 for는 [획득·추구·

상황 79
먼저 실례하겠습니다

A : 제인, 안녕. 퇴근할 시간이다.

B : 엘리, 알고 있어. 하지만 이 편지 타자하는 게 아직 끝나지 않았어.

A : 중요한 것들인가?

B : 중요한 정도가 아니야. 사장이 5시까지 필요한 것이래. 1시부터 계속 치고 있는데, 커피 마시고 싶었는데도 멈추지도 못했어.

A : 몇 개를 찍었는데?

B : 대부분 다하고 하나 남았어.

A : 먼저 실례할게. [먼저 퇴근할게]

B : 좋아, 내일 보자.

Check Point

기대의 대상·목적·의향 …을 얻기 위하여, …을 찾아, …를 노리고, …을 위하여, …을 목적으로. How many~ : 가산 명사의 수량을 물을 때, 여기서 How many는 How many letters를 뜻함. How much~ : 불가산 명사의 양을 물을 때, [주의] 돈을 셀 수 있지만 불가산 명사로 취급 됨. have you done 너는 했니(편지 찍는 일). do-did-done : do는 (일·의무 등을) 다하다, 수행하다, 전력하다. vt. 하다, 행하다, …을 하다, 처리하다. most of them 그것들 중 대부분. most [moust] [many, much의 최상급] (수·양·정도·액이) 가장 큰(많은), 최대(최고)의, 대개의, 대부분의. There's only~ left. …만 남았다 ; There are + 주어 + left. There is + 주어 + left의 공식으로 …가 남았다. leave-left-left : leave는 (빼고난 뒤에) (수를) 남기다, (사용한 뒤에) …을 남기다. finish 다 읽다, 다 쓰다, 음식물을 다 먹다, 다 마셔 버리다, 물건을 다 써 버리다 《up. off》, 상대를 해치우다, 없애버리다, 죽이다 《off》, 다듬어 끝내다, 《구》…을 기진맥진하게 만들다. [보통완료형으로] …을 끝내다, 그만 두다, 다 써 버리다.

Situation 80
We'll order in a few minutes

C : Good afternoon, sir?

A : Good afternoon. I've reserved a table for two.

C : Table for two by the window?

A : That's right.

C : You can leave your coats here.

A : Thank you. Could we see the menu?

C : Certainly. Here it is.

A : We have no special choice. Would you give us a few minutes to look at it. We'll order in a few minutes.

C : Certainly.

Check Point

We'll order 우리는 주문할 것이다 ; 여기서 will은 1인칭 주어(I, We)와 함께 쓰여서 의지를 나타냄. …할 작정이다, …하겠다. in a few minutes 2~3분 후에, 잠시 후에. I've reserved 나는 예약해 두었다. a table for two 두 사람이 쓸 식탁 ; for는 용도, 목적을 나타냄. for two 2인용. reserve [rizə́:rv] 좌석·방 등을 예약해 두다, 지정하다, 확보해 두다, 남겨(떼어) 두다. by the window 창가. That's right. 맞습니다 ; that은 앞서 언급하였거나 서로 양해가 되어 있는 사물을 가리켜 그 말씀, 그일, 그것. You can (1) '당신은 …하여도 좋습니다'의 뜻이며, 허가의 의미로 may보다 구어에서 더 일반적임 ; You can go. 가도 좋다. (2) '당신은(너는) …하세요(하여라)'의 뜻으로 가벼운 명령의 용법도 있음 ; You can go. 가도록 하여라. leave [l:v] 사물·판단 등을 맡기다, 위임하다, 떠나다, 출발하다, 임무 등을 그만 두다. coat [kout] 양복 상의, 짐승의 외피(털가죽 또는 털), 가죽(skin, rind), 덧칠, 칠, 도장. Could we see : can we see보다 정중한 표현 ; could는 can의 과거로 정중한 표현에 쓰임. [주의] 과거질문이 아님. certainly [sə́:rtnli] 확실

상황 80
잠시 후에 주문하겠어요

C : 안녕하세요, 선생님.

A : 안녕하세요. 두 사람이 사용할 식탁을 예약해 둔 사람입니다.

C : 창가 두 분이 쓰실 겁니까?

A : 맞습니다.

C : 코트는 여기에 두십시오. [코트는 여기에 맡기셔도 좋습니다]

A : 감사합니다. 메뉴 좀 볼 수 있겠습니까?

C : 알겠습니다. 여기 있습니다.

A : 무엇이 좋은지 잘 모르겠군요. 잠시 볼 시간을 주겠소. 잠시 후에 주문하겠습니다.

C : 알겠습니다.

Check Point

히, 틀림없이, (대답으로) 알았습니다, 물론이죠, 그럼은요, 그렇고 말고요. Certainly not! 물론 그렇지 않습니다, 안 됩니다, 절대 싫습니다. Here it is! 자 여기 있다, 자 이걸 주마. special choice 특별한 선택의 여지, 특별히 선택될 것. choice [tʃɔis] 선택(하기), 선정, 선택의 기회, 선택력, 선택의 여지, 선택권, 선택된 것(사람). Would you give us~? (= Will you give us~?보다 정중한 표현) 우리에게 …을 주시겠습니까? in a few minutes 수분 안으로, 곧, 즉시. a few minutes 잠시. look at …을 보다, 바라보다, 자세히 보다, 고찰하다, 돌이켜 보다. Look! 저것(봐)! 저런! 어머! will [wəl, wil] 1인칭주어(I, We)와 함께 쓰여 말하는 사람의 의지를 나타냄. …할 작정이다, …하겠다. be going to + 동사원형 : 미래 표현이지만 마음속에 미리 정한 사항에 대해서 쓰여서 ; …할 예정이다, …할 작정이다, …하려 하고 있다, 막 …하려는 참이다, …할 것이다(You에 쓰여서), …할 것 같다, …할 터이다(가망·확신). going to [góuiŋ-tu, góuiŋ-tə] 이 발음은 종종 [góuənə, gɔ́ːnə]로 발음됨.

Situation 81
How about the smoked salmon

A : Do you want an appetizer?

B : Hmm. I think I'll have a Pate. How about you.

A : I'm not sure. I can't decide.

B : How about the smoked salmon. You always say you like smoked salmon, and you haven't had any for a long time.

C : Are you ready to order now?

A : Yes, one pate and one smoked salmon, please.

Check Point

always [ɔ́ːlwiz] 늘, 항상, 언제나, [보통 진행형과 함께] 노상, 끊임없이, 언제까지, 영구히. smoked salmon [smoukt sǽmən] 훈제한 연어. hmm [hm, mm] 헴! 에헴(주저하거나 주의를 환기시킬 때 내는 소리). n. 헛기침. vi. 에헴이라고 하다, 헛기침하다. appetizer [ǽpətaizər] 식욕을 돋우는 것, 전채 (hors d'oeuvre). Hmm = h'm = hem, hum I think I'll have~ 나는 …을 먹을 생각입니다. pate [pɑtéi, pǽtei] [F = paste] 파테(짓이긴 고기나 간을 요리한 것). 파이(pie), 작은 파이(patty). I'm not sure. 모르겠다. decide [disáid] vt. 결심하다, 결의하다, 결정하다. vi. 결심하다, 결정하다, (…에게) 결심시키다. How about …은 어떻습니까, …대 해서 어떻게 생각합니까? you haven't had 당신은 먹어 오지 않았다 ; have + 과거분사 = 현재완료계

상황 81
훈제연어 어떠세요

A : 전채(hors d'oeuvre)를 들겠어요?

B : 햄! 저는 파테(짓이긴 고기나 간을 요리한 것)를 먹겠어요. 당신은요?

A : 모르겠어요. 결정할 수가 없어요.

B : 훈제연어 어떠세요. 당신은 늘 훈제연어를 좋아한다고 하시고 오랫동안 못 드셨지 않아요.

C : 지금 주문하실 준비가 되셨습니까?

A : 네, 파테 하나하고 훈제연어하고 주세요.

Check Point

속용법. for a long time 오랫동안. ready [rédi] 준비된, 각오가 된, 언제든지(기꺼이) …하려는, 막 …하려고 하는, …하기 쉬운. Are you ready to + 동사원형? smoke [smouk] 연기, 연기 같은 것, 안개, 물보라, 김, 증기, 실체 없는 것, 허우, 담배를 피우다, 연기를 내다. smoked [smoukt] 훈제한, 그을린 ; smoked glass 그을린 유리(태양관측용). You always say 주어 + 동사 : 너는 늘 말한다. sure [ʃuər] 확신하는, 확실한, 틀림없는, 꼭 …하는, 틀림없이 …하는, 확실한, 믿을 수 있는, 의심할 바 없는. I'm not sure : [예문] I'm not sure where to put the key. 열쇠를 어디에 두면 좋을지 모르겠다. What about~? …은 어떻게 되느냐, …은 어떻게 되어 있느냐? (상대방에게 권유하여) …하는 것이 어떻겠느냐?

Situation 82
Well, what's the specialty of the house?

C : Fine. And the entree, sir?

A : Well, What's the specialty of the house?
We can't decide between the veal and the roast beef.
What do you recommend?

C : Personally I'd recommend the veal.
It's the specialty of the house.

A : OK. We'll have the veal. And just bring some vegetables you think good.

C : And a salad?

A : Bring me a spinach and bacon with the entree, please. We'll order dessert later.
Thanks a lot.

Check Point

the specialty of the house 이 집 전문, 이 집의 특제품(명물). specialty [spéʃəlti] 전문, 전공, 장기, (상점 등의) 명물, 특산품, 특제품, 특선품, 특질, 특별사항. entree [ɑ́ːntrei, ɔ́ːntrei] 생선과 고기 사이에 나오는 요리, 불고기 이외의 주요 요리. fine [fain] 《구》 사람이 아주 건강한, 집 환경 등이 쾌적한, 건강에 좋은, 품질이 고급의, 정제한, 귀금속의 순도가 높은. entree [ɑ́ːntrei] [F = entry] [요리] 앙트레(생선과 고기 사이에 나오는 요리). well [wé] [놀람·의심 등을 나타내어] 글쎄! 이런! 저런! 어머! 뭐라고! decide [disáid] 결심(결의)하다, 결정하다, (…에게) 결심시키다, (논점 등) 해결하다, 승부등정하다. between A and B A와 B 사이. in between 짬짬이, 틈틈이, 사이에 끼어(끼인). veal [viːl] 송아지고기. calf [kæf] 송아지 (pl. calves) ; a cow in [with] calf 새끼 밴 암소. roast beef 쇠고기 구이. roast [roust] vt. 굽다. n. 구운 고기, 불고기. a. 구운. recommend [rèkəménd] 권하다, 충고

상황 82
후유! 이 집 전문이 무엇입니까?

C : 좋습니다. 그리고 앙트레는 무엇으로 하실가요?

A : 글쎄요. 이 집 전문음식이 무엇입니까?
송아지고기 구운 소고기 사이에서 결정을 못하겠어요.
무엇을 권하시겠습니까?

C : 저 개인적으로는 송아지고기를 권하고 싶습니다. 이 식당 전문음식입니다.

A : 좋습니다. 송아지고기를 들겠습니다.
그리고, 야채는 적당히 가져오세요.

C : 샐러드는 무엇으로 하실까요?

A : 앙트레와 함께 시금치와 베이컨을 가져오세요.
디져트는 나중에 주문할께요. 고마워요.

Check Point

(권고)하다, 추천(천거)하다. **personally [pə́ːrsənəli]** 개인적으로, 하나의 인간으로서 문득에서 자기로서는, 몸소, 친히, 직접. **I'd = I would : would**는 소망의 뜻으로 …하고 싶다. **just bring** 그냥 가져오세요. **vegetables you think good** 당신이 좋다고 생각되는 야채. **vegetable [védʒətəbl]** 야채, 푸성귀, 남새, 채소, 무기력한 사람, 식물인간. **order [ɔ́ːrdər]** 주문하다, 의사가 환자에게 지시·처방하다, 정돈하다, 명령하다, 순서, 정돈, 질서, 명령. **dessert [dizə́ːrt]** 디져트 ; 미국에서는 파이·푸딩·과자류·아이스크림 등, 영국에서는 원래 과일·과자류. 지금은 거의 같음. **Thanks a lot** 《구》 정말 고맙소. **Thank you for that ball.** 그 공을 좀 집어 주세요. **well [wél]** (안심·체념·양보 등을 나타내어) 글세, 아이고, 휴, 에라, 과연, 그래. **calf [kæf]** 새끼(하마·물소·고래·사슴 등의).

Situation 83
Contamination in the riverhead is serious

A : We're getting our water from rivers, ain't we?

B : Yes, we are.

A : Do you know Korean scientists are worried about the drinking water?

B : Yes, I do. They think soon there may be no more clean drinking water.

A : What makes them think that way?

B : Dirt, salt and chemicals from factories are getting into the water, you know. The water contamination in the riverhead is serious.

Check Point

contamination [kəntæmənéiʃən] 오염, 오탁, 더러움, 오탁물.《군》독가스, 방사능에 의한 오염. water [wɔ́ːtər, 미 + wɑ́tər] 물, 음료수. fresh [sweet] water 담(청)수, 민(단)물. riverhead [rívərhed] 강의 발원지, 수원. serious [síəriəs] 진지한, 진담의, 진정의, 농담이 아닌, 방심할 수 없는, 만만치 않은, 중대한, 심각한, 위독한. get our water from rivers 우리의 물을 강에서 얻다. scientist [sáiəntist] (자연)과학자, 과학연구자. S~ (최고의 실력자로서의) 그리스도, 신앙요법. are [be] worried about …에 대하여 염려하다. there is no …하나도 없다. there may be no …가 하나도 없을 찌도(없을 수도) 있다. What makes them think [say] : make + 목적어 + 동사원형 [강제적 또는 비강제적으로] …으로 하여금, …시키다, 억지로 하게 하다. dirt [dərt] 진흙, 쓰레기, 먼지, 때, 오물, 흙.《속》비열한 행위, 욕설, 험담, 잡소리, 음담

상황 83
수질오염이 심각하다

A : 우리는 강에서 물을 획득하지 않습니까?

B : 네, 그렇습니다.

A : 당신은 한국과학자들이 음료수에 대하여 염려하고 있다는 것을 알고 계십니까?

B : 네, 알고 있습니다. 그들은 머지않아 마실 깨끗한 물이 더 이상 없을 찌도 모른다고 생각하고 있습니다.

A : 왜 그렇게 생각할까요?

B : 아시다시피 공장에서 나오는 오물(먼지), 화학 염 그리고 화학폐기물 등이 강물로 들어가고 있습니다. 상수원의 수질오염이 심각합니다.

Check Point

패설, 돈, 스캔들. salt [sɔːlt] 소금, 식염, 자극, 생기를 주는 것, 기지, 재치, 통쾌한 맛. a. 소금기 있는. vt. 소금으로 간을 맞추다. chemicals [kémikəl] 화학의, 화학적인, 화학작용의, [보통 pl.로] 화학제품(약품). from factories 공장들로부터 나오는. get into the water 물 속에 들어가다. Dirt, salt and chemicals from factories 공장에서 나오는 쓰레기, 염류 그리고 화학약품. you know 《구》[단지 간격을 두기 위해, 다짐하기 위해] 보시다시피. take for serious 곧이 듣다, 진담으로 받아 드리다. a serious look 심각한 얼굴. take a thing serious 일을 진지(중대)하게 생각하다. that way 그런 식으로, 저쪽으로. 《미속》 반해서, 좋아서, 사족을 못써 ; You go that way to Bath. 베스는 저쪽입니다. They are that way. 그들은 뜨거운 사이이다. I'm that way about tea. 홍차라면 사족을 못 쓴다.

Situation 84
There're some ways we can use less water

A : So I hear. We should try to use less water.

B : We should. There're some ways we can use less water.

A : What are they?

B : First, you should be sure you turn off the faucets tightly. They shouldn't drip in the kitchen sink or bathroom. Second, you shouldn't keep the water on for a long time.

A : Do you turn it off while you're doing anything else?

B : Yes, of course. It should be off while you're shaving or brushing your teeth. It should also be off while you're washing the dishes.

Check Point

There're some ways (that) 주어 + 동사 : …가 …하는 얼마간의 방법이 있다. a long way off 멀리 떨어져서, 먼 곳에. get out of the way (방해가 되지 않게) 비키다, 치우다, 처분하다. So I hear. 그렇다더군. use less water 물을 덜 사용하다. little-less-least [lítl] [a를 붙이지 않고] 조금밖에 없는, 거의 …없다, 조금밖에(거의) 없음. less [les] little의 비교급. a. 보다 적은(크기가 보다 작은, 더 작은). n. pron. 보다 적은 수(약, 액). ad. 더 작게. first [fə́rst] 첫째로, 수위에, 우선, 맨 먼저, 동사 앞에서 처음으로. you should be sure you + 동사원형 : 너는 틀림없이 …해야 한다. turn off the faucets 수도꼭지를 잠그다. tightly [táitli] 단단히, 팽팽하게, 꽉. They shouldn't drip 물이 똑똑 떨어져서는 안 된다 ; they는 수도꼭지들(faucets). second [sékənd] ad. 둘째 번으로, 다음으로, 제2로, 2등으로 ; travel second

상황 84
물을 덜 쓸 수 있는 몇 가지 방법이 있다

A : 그렇다더군요. 우리는 물을 덜 쓰도록 노력해야 합니다.

B : 그래야죠. 물을 덜 쓰는 몇 가지 방법이 있습니다.

A : 그 방법들이 무엇입니까?

B : 첫째로, 수도꼭지를 확실히 단단히 잠가서 부엌 씽크에서나 목욕탕에서 물이 똑똑 떨어져서는 안 되며, 둘째는 오래 동안 물을 틀어놔서는 안됩니다.

A : 당신은 그밖에 무엇인가 할 때는 수도를 잠그십니까?

B : 그네, 물론입니다. 면도를 하거나 이를 닦고 있는 동안에는 잠가져야 합니다. 설거지 할 때도 역시 잠가야 합니다.

Check Point

이등으로 여행하다. keep the water on [keep + 목적어 + 목적격보어와 함께] (어떤 위치·관계·상태에) 두다, 물을 계속 틀어두다. keep~ on 계속 (수도, 가스, TV, 라디오, 히타 등을) 틀어놓다, 켜 놓다. keep [ki:p] [어떤 상태를] 유지하다, 보유하다, 남겨두다, (약속을) 지키다, 붙들어 두다, 억제하다. on [작동의 진행] (수도, 가스, TV, 라디오) 등이 나와서, 통하여, 켜져서. for a long time 오래 동안. turn off 틀어서 수돗물·가스 등을 잠그다, 라디오 등을 끄다. 《구》흥미를 잃게 하다. while you're doing anything else 네가 그밖에 무엇인가 하는 동안에. should be off 잠가야(꺼야) 한다. shave [ʃeiv] 수염 등 깎다, 면도하다, 대패질하다, 밀다, 스치다, 스치며 지나가다. 《구》값을 조금 깎다. brush~ teeth 이를 닦다. It should also be off 그것도 역시 잠가야(꺼야) 하다. wash the dishes. 설거지하다, 접시를 닦다.

Situation 85
That way we won't lose a lot of water

A : That way we can use less water, can't we?

B : Yes, we can. [Of course. We can.]
Finally, in the summer you should water your garden in the evening.

A : Why should we do that after sunset?

B : That way we won't lose a lot of water because during the day the sun dries up the earth too quickly, you know.

A : I've grown wiser, thanks to you.

B : Time is gold. Water is your life.

Check Point

that way 그런식으로, 저쪽으로. 《미속》반해서, 좋아서, 사족을 못써. won't [wount] will not의 단축형. wont [wɔːnt] …에 익숙한(= accustomed), …하는 것이 습관인. lose a lot of water 많은 물을 잃다(낭비하다). use less water 물을 더 적게 쓰다. less ad. [형용사·명사 수식] 보다 적게, 더 적게, …만 못하게, [동사수식] 적게. little-less-least little [lítl] (형상·규모가) 작은, 어린, 나이가 적은, 사소한, 어린애 같은, 하찮은. less [les] [little의 비교급] 보다 적은. [크기] 보다 작은, 더 작은, …보다 못한, 열등한. pron. 보다 (더) 적은 수(양·액). finally [fáinəli] 최후로, 마침내, 종내(= lastly), 드디어, 결국, 최종적으로, 결정적으로. water the garden 정원에 물주다(뿌리다), 꽃밭에 물주다. water [wɔ́ːtər, wɔ́ːtər] 물, 음료수, 수도 등의 물, 용수. tap water 수돗물, pl. 광천수, 탄산수. vt. …에 물을 끼얹다, 뿌리다, 물을 대다. garden [gáːrdn] 뜰, 정원, 화원, 과수원, 채소밭. pl. 유원지, 공원, 땅이 기름진 농경지대. [영국에서] …광장, …가. sunset [sʌ́nset] 해넘이, 일몰, 해질녘, 해지는 쪽, 서쪽, 마지막, 끝, 만년, 말로. during the day 낮 동안에. lesser 보통 복합어를 만들어 lesser known 별로 유명하지 않은. lesser는 가치·중요성에 쓰임. 서술적 사용은 없음. than이 이어지지 않음. lesser [lés-

상 황 85
그렇게 해야 많은 물이 유실되지 않는다

A : 그렇게 해야 물을 덜 쓸 수 있겠군요.

B : 네, 그렇습니다. [네, 물론입니다.]
끝으로 여름에는 저녁에 화단에 물을 주어야 합니다.

A : 왜 일몰 후에 그래야 하나요?

B : 그렇게 해야 아시다시피 낮에는 태양이 땅을 아주 빨리 바싹 말리기 때문에 많은 물이 유실이 되지 않습니다.

A : 덕분에 또 한가지 알았습니다.

B : 시간은 금이고, 물은 당신의 생명입니다.

Check Point

er] a. [little의 이중비교급] 더욱(작은), 작은(적은) 편의, 더 못한, 시시한, less는 수량에. dries up = dry up 비싹 말리다(마르다), 물기를 닦다, 사상이 고갈되다. 《구》 말을 그치다, 대사를 잊다; D~ up! 떠들지 마라! dry up the earth 땅(대지)을 바싹 말리다. too quickly 대단히 신속히; too는 [형용사·부사 앞에서] 《구》 대단히; all too 아쉽게도 너무 …하다. It ended all too soon 너무 싱겁게 끝났다. too [tu:] : That's too bad. 정말 안됐구나. I'm not feeling too well today. 오늘은 기분이 별로 좋지 않다. I've grown wiser 나는 깨닫게 되었다(그 결과 몰랐던 것을 하나 더 알게 됐다). have + 과거분사 = 현재완료결과. grow wiser 깨닫게 되다; grow는 [형용사·부사·명사 등을 보어로 하여] (차차) …하게 되다. wiser는 wise(현명한)의 비교급으로 '깨달은'의 뜻. thanks to you 당신 덕분에. thanks to …의 덕택으로, 때문에(owing to), 나쁜 일에도 씀. life [laif] 생명, 인명, 생존, 목숨, 수명, 생물, 일생, 인생. You may thank yourself for that. 그것은 네 자신의 탓이다(자업자득이다). one's wont [보통] 습관, 버릇, 풍습. use and wont 세상의 관습. the little [명사적 복수취급] 권력이 없는 사람들, 중요하지 않는 사람들

Situation 86
I've been out of work going on seven months

A : I've been out of work going on seven months. Finding a job is often difficult for a young person today, you know. Are there any ways I can get a job?

B : There're some ways. First you have to decide what kind of job you're interested in. Think about what kind of work you like to do.

A : I've already decided what kind of job I want and have thought about what kind of work I like to do.

B : You should talk to not only your friends but also some people with different kinds of jobs.

Check Point

I've been out of work 계속 실직상태다. [I'm out of work은 현재 실직한 상태] ; have + 과거분사 = 현재완료 계속용법. going on 《구》 [시간·연령이] 거의 …이다, 거의 …다 되간다. often [ɔ́ːfn, ɔ́(ː)ftən] 흔히, 종종(수도를 강조하는 보통의 말). Finding a job 동명사 주어 : 일자리를 찾는다는 것(찾기). 동사ing가 동명사일 때 번역은 '…것, …기'. is often difficult for …에 흔히 곤란하다, …에 흔히 어렵다, …에 흔히 힘들다. Are there any ways~ 어떤 방법들이 있나? get a job 취직하다. some ways 몇몇 방법들, 몇 가지 방법들. decide [disáid] 결심(결의)하다, 결정하다, 판결을 내리다 ; decide on a course of action 행동 방침을 정하다. be interested in …에 흥미가 있다, …에 이해관계를 가지다, …에 관계하고 있다. like to + 동사원형 :…하기를 좋아하다. be interested to do …하고 싶다, …해서 즐겁다. I've already decided 이미 결정(결심)을 했다 ; have + 과거분사 = 현재완료. not only~ but(also) …뿐만 아니라 …도. only to 결국 …하다. only too 유감스럽게도,

상황 86
실직한지가 7개월이 다 되갑니다

A : 실질해서 놀고 있는지가 7개월이 다 되갑니다.
요사이 젊은이가 일자리 구하기가 종종 곤란합니다.
내가 취직할 무슨 방법들이 있습니까?

B : 몇 가지 방법이 있습니다. 첫째 무슨 직업에 관심(흥미)이 있는지를 결정을 하시고 무슨 일을 하는게 마음에 들까에 관하여 생각하세요.

A : 나는 이미 내가 무슨 직업을 원하는가를 결정했고, 무슨 일을 하는 것이 마음에 들까하고 이미 생각해 주었습니다.

B : 당신은 친구뿐만 아니라 갖가지 종류의 직업을 가진 사람들에게도 말해 두어야 합니다.

Check Point

정말로, 기꺼이. only [óunli] 《구》 다만, 그러나, 만약 …만 아니었다면 《conj.》 some people with different kinds of jobs. 갖가지 종류의 직업을 가진 얼마간의 사람들. with [wið, wiθ] [소지·소유] …을 가지고(있는), …이 있는, …이 달려있는(부착된), …을 받고 있는. different [dífərənt] [복수명사와 함께] 갖가지의(=various), 딴, (…와) 다른, 별개의, 갖지 않은. talk up 선전하다, 사물을 칭찬하다, 큰 소리로 뚜렷하게 말하다, 흥미를 끌도록 말하다, 법안 등 지지·추진하다. talk to …에게 말을 갈다. 《구》 책망하다, 타이르다. talk with …와 이야기하다, 설득시키려 들다. There're some ways. 얼마간의 방법이 있다, 몇 가지 방법이 있다. first [fərst] [대개 the first, one's first] 첫째의, 첫 번째의, 최초의, 맨 처음의, 첫째로. talk over …에 관해 의논하다, …을 설득하다. talk sense 이치에 닿는 말을 하다. talk Greek 잠꼬대 같은 말을 하다. What kind of 무슨 종류의, 어떤 종류의. talk scandal 험담하다. talk back 말대꾸하다. talk big 《속》 허풍치다.

Situation 87
Be sure you get to work on time

A : Next you need to write a resume. You should type it very carefully. This tells about your education and earlier job. That way you can get a job easily, I tell you.

B : Thank you for your feedback.
I think I'll have to think about keeping my job after I have found a good job.

A : You may lose it if you're not careful. Be sure you get to work on time every morning. You shouldn't stop every hour for coffee. And you shouldn't leave early too often.

B : That's just like basic wages.

Check Point

resume [rézumei] 이력서. [F] 대략, 적요, 개요. this [ðis] [방금 말한 것을 가리켜] 이말, 이것, 이일. [지금부터 말하거나 제시하려는 사물을 가리켜] 이런 일 상태, 다음의 것. tell [tel] [사물이] 나타내다, 말하다(of). Be sure you + 동사원형 : 틀림 없이 …하라. 꼭 …하라(= Be sure and + 동사원형). get to work 직장에 도착하다 ; get 도착하다, work 직장. on time 정각에, 시간에 맞게 ; in time 꼭 좋은 때에 《for》. in due time 때가 오면, 이윽고. in good time 시간을 어기지 않고, 이윽고, 이내. in bad time 시간을 어기고. need to (…할) 필요가 있다, …해야 하다, 하지 않으면 안되다. 《구》 don't need to …할 필요가 없다. write a resume 이력서를 작성하다. carefully [kɛ́əfəli] 주의하여, 조심스럽게, 신중히, 정성을 들여서. just like

상황 87
틀림없이 정각에 출근하세요

A : 다음에 이력서를 작성할 필요가 있습니다. 대단히 신중하게 타자해야 합니다. 이것은 당신의 전반적인 능력과 지식을 말해주고 보다 더 이른 직업을 갖도록 해 준다.

B : 조언해 주셔서 감사합니다.
나는 내가 좋은 직업을 구한 후에 그 일자리를 유지하는데 관하여 생각해 볼 필요가 있다고 생각합니다.

A : 당신이 만일 조심성이 없으면 잃을지도 모릅니다. 매일 아침 틀림없이 정각에 출근하시고 커피 마시려고 매시간 근무를 중단하지 마세요.
그리고 너무 빈번히 일직 퇴근하시면 안됩니다.

B : 그것은 단지 기본 임금과도 같은 것이군요.

Check Point

that 《구》쉽사리, 손쉽게. be just like …와 꼭 같다, …와 꼭 닮았다. basic wages 기본임금. This tells 이런 일은 나타낸다. tell [tel] 《구》단언하다, 장담하다; It's there, I tell you. 그것은 거기에 있다. 장담하지. education [edʒɪkéiʃən] 교육, 훈련. get [give] a good education 훌륭한 교육을 받다(시키다). earlier job 보다 이른 일자리. That way 그런 식으로, 저쪽으로 《미속》반해서, 좋아서. easily [íːzəli] 용이하게, 쉽게, 원활하게, 편하게. feedback [fíːdbæk] 조언, (소비자의) 반응, 의견. I think I'll have to 동사원형; 나는 …해야만 될 것 같다. think about keeping 유지하는 것에 대해 생각하다. after I've found a good job 좋은 일자리를 찾고 난 후에. leave early too often 너무 자주 일찍 퇴근하다.

Situation 88
It depends on how you try

A : What's an important part of my job?

B : I thought you would say that. It may be the way you work with other people. If you're difficult to work with, you may have trouble.

A : You mean I may have trouble if I don't make friends with the other people?

B : Absolutely. You'd better remember what I said if you want to keep your job. It depends on how you try.

A : Then I'm ready to start looking for job, I tell you.

Check Point

That [It all] depends. 그것은 [모두가] 때와 형편에 달린다; on circumstances가 생략된 상투 문구. It depends on 나름이다, …에 달려있다, 의존하다, 의지하다, 믿다, 신뢰하다(=rely) 《on, upon》 how you try 얼마만큼 당신이 노력하느냐. part [pɑːrt] 중요부분, 요소, 성분. (그 사람이) 해야할 일, 구실, 임무, 역할. important part [impɔ́ːrtənt pɑ́ːrt] 중요한 [중대한·소중한·유력한·영향력 있는] 요소, 역할, 구실. of my job 나의 직업의. I thought you would 나는 네가 …줄로 생각했다. say that 그 말을 말하다. It may be 어쩌면, 아마. And I don't mean may be. 《구》농담이 아니란 말이야. [문미에] 협박 조로. the way you work with other people 당신이 거기에 다른 사람들과 더불어 일해 나가는 방법(식). way [wei] 특정한 방법, 수단, 행동, 방침. (처세·인생의) 길, 통로, 가는 도중, 도중시간, 도정, 진행. be difficult to work with 더불어 일하기 곤란한(어려운, 힘든) 상태다. have trouble …을 앓다, 분쟁(말썽·쟁의)이 나다. How do you like? [예기치 않은 일에, 결과에 놀람을 나타내어] 《구》깜짝이야, 저런 …을 좋아

상황 88
당신이 얼마만큼 노력하느냐에 달려있습니다

A : 나의 직장의 중대한 역할은 무엇입니까? [중대한 요소]

B : 그 말씀하실 줄 알았습니다. 그것은 당신이 남들과 어울려 일하는 방법(방향)일지도 모릅니다. 당신이 만일 함께 일하기 곤란하면 말썽이 날지도 모릅니다.

A : 그러니까 제가 만일 다른 사람들과 친하게 사귀지 못하면 말썽이 일어날지도 모른다는 말씀이신가요?

B : 그렇고 말고요. 당신이 만일 직장을 유지하시기 바란다면 제가 말씀드린 것을 기억해 두시는 것이 좋겠습니다. 얼마만큼 노력하느냐에 달려 있습니다.

A : 그러면 저는 직장을 구하기 시작할 준비가 되있다고 장담합니다.

Check Point

하세요, 어떻습니까? absolutely [ǽbsəluːtli] 《구·속》 그렇고말고, 정말 그래. may [mèi] …일지도 모르다, …해도 좋다, …할 수 있다. [의문문에서] …일까. You mean + 주어 + 동사 : 너는 …하다는 뜻으로 말하는 겁니까? may have trouble 말썽이 날지도 모른다, 싸움이 날지도 모른다. very well 잘 알겠습니다, 좋습니다. start + 동사ing [동명사] …하기 시작하다. I'm ready to 동사원형 : 나는 …할 준비가 되어 있다, 나는 …할 각오가 되어 있다. (기꺼이) …하련다. make friends with 친하여지다, …와 친히 사귀고 있다. absolutely [ǽbsəluːtli] 절대적으로, 무조건으로, 전재(독재)적으로, 완전히. [부정을 강조하여] 전혀 …않다, 단연. You'd better [had better 동사원형] …하는 편이 낫다(좋다). You'd better go [not go]. 너는 가는 [가지 않는] 편이 낫다. remember [rimémbər] 생각해 내다, 기억하다, 잊지 않고 …하다. come to the ready 대비하다, 준비자세를 취하다. What I said 내가 말했던 것 ; what은 의문문에서는 무엇. 선행사 포함 관계대명사로 쓰일 때는 …것. keep~ job 일자리를 붙들어 두다, 유지하다.

Situation 89
I never miss watching the news

A : The nine o'clock evening news on television is very popular with many Koreans. I never miss watching the news. Do you watch TV?

B : Of course I do. I watch TV whenever there's a good program on to say nothing of evening news.

A : Hardly a day goes by without watching television. I like to find out what's happening in the world as well as in the country.

B : So do I. I think television makes the news seem more real.

Check Point

I never miss + 동사ing : 나는 꼭 …한다 ; never 결코 …(않는다). miss 기회를 놓치다. popular [pópjulər] 인기 있는, 대중적인, 민중의, 대중의. Whenever there's a~ program on …프로그램이 있을 때마다 ; on 상연하여. to say nothing of …은 말할 것 없고. Hardly a day goes by without 동사ing~ 하루도 거의 …하지 않고 지나가지 않는다. hardly [háərdli] ad. 거의 …아니다(하지 않다) = scarcely(도대체) hardly 쪽이 일반적으로 쓰임. go by = goes by [시간이] 지나가다, [옆을] 지나가다, [기회·잘못 등이] 간과되다, …이라는 이름으로 통하다. 《구》 방문하다, 들르다. without [wiðaut] prep. …이 없이, …이 없는, …이 없으면. [주로 동사와 함께] …하지 않고, …함이 없이. I like to 동사원형 : 나는 …하는 것을 좋아한다. find out [조사하여] 발견하다, 생각해 내다, 해답을 얻어내다, 수수께끼 등을 풀다, …임을 알아내다, 발견하다, …의 정체(진의)를 간과하다. what's happening 무

상황 89
나는 뉴스를 꼭 봅니다

A : 텔레비전에 9시 저녁 뉴스는 많은 한국 사람들에게 대단히 인기가 있습니다. 나는 그 뉴스를 꼭 봅니다. 텔레비전을 보십니까?

B : 물론 보지요. 저녁 뉴스는 말할 것도 없거니와 좋은 프로그램 있을 때마다 봅니다.

A : 하루도 거의 텔레비전 안 보고 지나가는 날이 없습니다. 나는 국내뿐 아니라 세계에서 무엇이 일어나고 있는지 알아보는 것을 좋아합니다.

B : 저도 그렇습니다. 나는 텔레비전이 뉴스를 더 박진감 있게 해주는 것 같아요. [나는 뉴스가 텔레비전으로 더 박진감이 있다고 생각합니다]

Check Point

엇이 일어나고 있는지. **in the world as well as in the country** 나라 안 뿐만 아니라 세상에서. **so do I** 나도 그래. **make [meik]** …을 …으로 만들다, 보이게 하다, 어림하다. [사역의 뜻으로] …에게 …하게 하다. **seem [siːm]** …처럼 보이다, 보기에 …하다, …인 듯하다, [것 같다]; He seems young. (seem to be). **more [mɔər]** [many, much의 비교급] 더, 더 많은, 더 많이. **real [ríːəl]** [묘사 등이] 박진감이 있는, 대단한, 진짜의, 진정한, 실재하는, 공상이 아닌 현실의, 객관적인, 표현·묘사 등을 진실감을 느끼게 한다. **on the bias** 비스듬히, 비뚤어져서. **bias [báiəs]** [복지재단의] 사선, 성향, 마음의 경향, 성벽, 편향, 선입견, 편견. a. 엇갈린, 비스듬한. **barely [bɛ́ərli]** 간신히, 겨우, 가까스로. [여유가 전연 없음을 나타내는 **hardly**나 **scarcely** 보다는 부정적인 뜻이 약하다] 거의 …않다, 노골적으로, 드러내 놓고, 빈약하게

Situation 90
Take my youngest boy for example

A : Do American children spend much time watching TV?

B : Yes, they do. Sometimes their mothers have a devil of a time getting their boys to do their homework.

A : So do many Korean children.
Take my youngest boy for example, as soon as he finishes supper he goes right to TV and stays glued there all night, especially over the weekend.

B : Children are all the same everywhere you turn, you know. Everywhere we go children are much the same.

Check Point

Take~ for example …을 예를 들면. spend much time 동사ing : …하면서 많은 시간을 보내다. have a devil of a time 동사ing : …하는데 애를 먹다. example [igzǽmpl] 보기, 예, 실례, 예증, 모범, 본보기, 견본, 표본. devil [dévəl] 악마, 악귀, 마귀, 악덕·투지의 화신, …광《구》저돌적인, 무모한 사람, 정력가. as soon as …하자마자 ; as soon as possible [may be] 될 수 있는 대로 빨리, 한시 바삐. finish supper 저녁 식사를 마치다. go right to ＋장소 : …에 막 바로 가다. stay glued 여기서 glued는 glue의 과거분사 주격보어로 언제까지나 붙어 있다(TV를 보면서 등). stay [stei] 어떤 상태에 머무르다, …인체로 있다 ; stay young 언제까지나 젊다 [stay ＋ 보어(주격보어)]. glue [gluː] 아교, 접착제, 아교 접착제로 붙이다. [종종 수동태로] 달라붙어서 떨어지지 않다. vi. 아교로 붙다. glued [gluːd] glue의 과거·과거분사 ; The wood glues well. 목재는 아교로 잘 붙는다. especially [ispéʃəli]

상 황 90
나의 막내아들 경우를 예로 말씀드리면

A : 미국 아이들은 텔레비전을 보면서 많은 시간을 보냅니까?

B : 네, 그렇습니다. 때때로 그들의 어머니들이 아이들에게 숙제를 시키는 데 여간 애를 먹지 않습니다.

A : 많은 한국 아이들도 그렇습니다.
나의 막내아들 경우를 예로 말씀드리면, 저녁을 먹자마자 바로 텔레비전 앞에 가서 밤새 붙어 있습니다. 특히 주말에 그렇습니다.

B : 아시다시피, 애들은 오나가나 마찬가지지요 뭐.
어디를 가든 아이들은 별 차이가 없습니다.

Check Point

특히, 유달리, 유별나게, 각별히, 주로(훨씬 정도가 높고 우수함을 나타냄). **over the weekend** 주말 동안에. **over [òuvər]** [시기 등이] …중, …하는 사이, …의 끝까지. [거리 등이] …에 걸쳐서. **all the same** 보통 it를 주어로 (…에게는) 전혀 같은, 아무래도 좋은, 상관이 없는. **everywhere you turn** 어디를 가나. **Everywhere [évrihwɛər]** [접속사적으로] 어디에 …라도(= wherever) ; We go, people are much the same. 어디를 가든지 인간은 별 차이가 없다. **turn [trn]** vt. …의 방향을 바꾸다. vi. 방향을 바꾸다. **spend [spend]** [돈을] 쓰다, 소비하다. [정력·노력 등을] 들이다, 소비하다, [때·시간] …을 보내다, 들이다. 주어 + get + 목적어 + to 부정사 : 주어는 목적어에게 to 부정사하게 하다 ; 엄마는 애들에게 숙제를 하게 하다. **over a good distance** 상당한 거리에 걸쳐서. **drive over a road** 도로를 (따라) 줄곧 드라이브하다. **are much the same** 별 차이가 없다.

Situation 91
Reading is mental food

A : Do you like reading?

B : Yes. Hardly a day goes by without reading.

A : You're a bookworm, aren't you? You're good at reading. You're giving a good example to others.

B : Incidentally, I don't think reading can be included in the kind of hobbies and reading for pleasure isn't the same as studying.

A : I feel the same way. I think I'll try to read as many books as I can from now on. I'll follow your example.

B : Reading is mental food. We need reading for our spirit just as food is necessary for our bodies.

Check Point

mental [méntl] 마음의, 심적인. 《영구》머리가 돈, 미친, 정신의, 정신적인, 지적인, 지능의, 정신병의. 《구》정신박약의. **food [fuːd]** 식량, (마실 것에 대하여) 먹을 것, 특정한 식품; **food and drink** 음식물. 《비유》마음의 양식. **bookworm [búkwə̀ːrm]** 독서광, 책벌레, 좀. **hardly a day goes by without + 동명사** : 거의 하루도 …하지 않고 지나가지 않는다. **hardly [háːrdli]** 거의 …아니다(하지 않다) ; 꾸미는 말 앞에 쓰여져 **a day**를 꾸며 '거의 하루도'. **go by [gou bai]** 시간이 지나가다, 옆을 지나가다, 기회·잘못 등이 간과되다. 《구》방문하다, 들르다, …을 타고 가다. **without [wiðout]** prep. …이 없이, …이 없으면, …하지 않고, …함이 없이. ad. 《구》(문맥상 자명한 경우) 없이. **give a good example [to others]** (남들에게) 좋은 본을 보이다 ; **take example by a person** …을 본받다. **example [igzǽmpl]** 보기, 예, 실례, 예증, 모범, 본보기, 견본, 표본. **others [ʌ́ðərs]** 타인들, 남들, 다른 것. 《구》…에서 다른 사람들의 뜻을 나타낼 때는 **other people**이 일반적임. **incidental-**

상황 91
독서는 마음의 양식입니다

A : 독서를 좋아하십니까?

B : 네, 거의 하루도 독서하지 않는 날이 없습니다.

A : 독서 광이시군요. 독서력이 있으십니다.
남들에게 모범을 보이고 계십니다.

B : 말이 나온 김에 말씀드리면 나는 독서가 취미의 종류에 포함된다고 생각하지 않습니다. 그리고 즐거움을 위한 독서는 공부하는 것과는 다릅니다.

A : 동감입니다. 앞으로는 될 수 있는 대로 많은 책을 읽을 생각입니다. 당신의 본을 따르겠습니다.

B : 독서는 마음의 양식입니다. 음식이 육체를 위해서 필요한 것처럼 정신을 위해서는 독서가 필요합니다.

Check Point

ly [insədéntəli] [문장 수식어로] 말이 난 김에 말하자면, 덧붙여 말하자면(= by the way). can be included 포함될 수 있다. in the kind of hobbies 취미(도락)의 종류에. for pleasure 재미 삼아, 오락으로서. pleasure [pléʒər] 즐거움, 유쾌, 만족, 기쁨, 쾌감, 기쁨, 영광, 즐거운 일, 위안, 오락, 기쁜 일, 특히 육체적 쾌락. I feel the same way. 동감입니다. till [up to] now 지금까지. as~ as I can 될 수 있는 대로. to the feel 촉감이. from now on 지금부터는, 앞으로는. follow~ example …의 본을 따르다(= follow the example of a person = follow a person's example). for our spirit 우리의 정신(마음)을 위하여. spirit [spírit] 정신, 마음, 영혼, 망령, 유령, 혼, 원기, 활기, 용기, 기백, 의기. pl. 기분, 마음, 기염, 기질, 주정, 화주, 독한 술, 시대정신, 사조, 정신, 진의, 참뜻. necessary [nésəseri] 필요한, 없어서는 안될, 필연의, 피할 수 없는. just as …와 꼭 마찬가지로, 마침 …할 때에. just as it is 바로 그대로. just because 다만(단지, 오직) …니까 …을 따름이다.

Situation 92

I have a cat

A : Most Koreans think of dogs as pets. So many children want to have a dog. Do you have a pet?

B : Yes, I have a cat. Most Americans think of cats as pets. Cats and dogs are both popular in America nowadays.

A : Are cats nicer pets in some ways?

B : Yes. Cat's are cleaner, first of all. They stay very clean and the don't make the house dirty. Cat's don't bark and they're quieter than dogs.

A : Are cats safer than dogs?

B : Of course. Dogs sometimes bite people, but cat's never do, you know. In every respect, cats are much easier to take care of.

Check Point

think of A as B : A를 B라고 생각하다, 간주하다(regard) 《of》; I thought of it as impossible. 나는 그것이 불가능하다고 생각한다. pet [pet] 애완 동물, 총아, 귀염둥이. [호칭으로] 착한 아기, 귀여워하다. 《구》 여성을 껴안고 애무하다. both [bouθ] a. 양자의, 양쪽의, 쌍방의. pron. [복수취급] 양자, 이쪽, 쌍방. ad. [both~ and …로 상관 접속사로서] …도 …도(양쪽 다). popular [pápjulər] 인기 있는, 대중적인, 민중의, 대중의. nowadays [náuədèiz] 요즈음에는, 오늘날에는. n. 오늘날, 현대, 요즈음; the youth of nowadays 오늘날의 청년들. nice [nais] nice-nicer-nicest 좋은, 괜찮은, 예쁜, 훌륭한, 잘 하는, 재미있는, 미묘한. in some ways 여러 가지 점에 있어서는. in its way 그 나름대로 ; way는 (…한) 점, 사항. clean [kli:n] 청결한, 깨끗한, 말끔한, [정신적·도덕적으로] 순수(결백, 순결)한, 거짓이 없는, 공명정대한. 《구》 음탕·외설하지 않은, 결백한, 먹을 수 있는. first of all 우선 첫째로.

상황 92
고양이를 기릅니다

A : 대부분의 한국 사람들은 개를 애완 동물이라고 생각합니다. 그래서 많은 아이들은 개를 가지고 있습니다. 애완 동물이 있습니까?

B : 네, 고양이를 기릅니다. 미국 사람들 대부분은 고양이를 애완용으로 생각하고 있습니다. 요즈음은 미국에서 고양이와 개 둘 다 인기가 있습니다.

A : 어떤 점에서 고양이가 더 좋은 애완 동물인가요?

B : 네, 무엇보다도 고양이가 더 깨끗합니다. 그것들은 대단히 깨끗한 상태에 머무르고 집을 더럽히지도 않습니다. 고양이들은 짖지 않아서 개보다는 더 조용하지요.

A : 고양이들은 개보다 더 안전한가요?

B : 물론입니다. 개들은 때때로 사람들을 물지만 고양이는 전혀 그렇지 않습니다. 모든 점에서 고양이가 돌보기에 훨씬 더 쉽습니다.

Check Point

first off 《구》우선, 첫째로. **stay clean** 언제까지나 깨끗한. **stay young** 언제까지나 젊은 ; (stay + 보어의 공식으로) 어떤 상태에 머무르다, …인 체로 있다. **make~ dirty [make + 목적어 + 보어]** …을 …으로 만들다. …이 되게 하다, …을 …으로 보이게 하다. **bark [bɑ:rk]** 짖다. 《구》기침하다(cough). 《속》흥행장 입구 등에서 호객하다. 《구》명령하다, 혹평하다. **quiet [kwáiət]** quiet-quieter-quietest 조용한, 고용한, 한적한, 마음이 평온한, 암띤. **in every respect** 모든 점에서. **safe [sief]** safe-safer-safest 안전한, 위험이 없는, 틀림없는, 무난한. **bite [bait]** 물다, 물어뜯다(off), 모기·벼룩 등이 물다, 쏘다 추위가 살을 에다, 후추 등이 쏘다. **in respect that** …인 것을 생각하면, …이니까. **in this [that] respect** 이[그]점에 있어서. **much easier** 훨씬 더 쉬운, 훨씬 더 용이한, 훨씬 안락한(편한, 마음 편한, 태평스러운). **much** 는 비교급 앞에서 훨씬

Situation 93
I should've been all attention

A: Who typed this letter?

B: I did. Why? Is there anything wrong with it?

A: Take a look. This should be $550,000. You typed $55,000.

B: Oh yeah. I'm really sorry. I should've been all attention. I don't think I misspelled.

A: You did. You misspelled the addressee's name. It should be "Christopher," not "Christoper."

B: (Laugh) Good God! Did I put that?

A: It's not funny. If I hadn't found it, we could have lost the customer [the order].

Check Point

be all attention 정신을 바짝 차리다, 경청하다. **all** [ɔːl] [성질·정도를 나타내는 추상 명사를 수식하여] 최대한의, 최고의, 최대의. **attention** [əténʃən] 주의, 유의, 주목, 주의력, 처리, 배려, 돌봄, 간호. pl. [특히 여성의 환심을 사기 위한] 배려, 친절 분해수리, 구애. **something wrong with** …에 고장이, …에 이상이 ; **wrong** 고장난. **something** 것, 무엇인가, 어떤 것. something [anything]은 wrong의 수식을 받음. **yeah** [jɛə, jɛ, jæː] ad. 《구》(= Yes). **yeah-yeah** [jɛə jɛə] int. 《구》아, 그래(불신을 나타내는 비꼬는 말투). **really** [ríːəli] ad. 정말로. [ought to나 should를 강조하여] 실은, 사실은, 참으로, 착실히, 그래? 어머, 아니? **I don't think I + 동사** : 나는 내가 …(한)다고 [또는 했다고는] 생각하지 않는다. **misspell** [misspél] …의 철자를 잘못 쓰다, 잘못 철자하다. **addressee** [ædresíː] 수신인. **laugh** [læf] [소리내어] 웃다, 재미있어(만족스러워) 하다, 비웃다, [물·경치·곡식 등이] 미소짓다, 생기가 넘치다. **Good God!** = Good heavens! = Good lord! = Good gra-

상황 93
정신을 바짝 차렸어야 했는데

A : 누가 이 서신을 타자했나?

B : 제가 했습니다만 왜?
어디가 잘못 됐습니까?

A : 한번 봐. 이것이 550,000달러이어야 하는데 55,000 달러로 찍었네.

B : 아, 네. 정말 죄송합니다. 정신을 바짝 차렸어야 했는데. 철자 잘못 된 것은 없지요.

A : 있다네. 수신인 이름을 잘못 찍었어. "Christoper"가 아니고, "Christopher"이어야 하네.

B : (웃는다) 맙소사. 내가 그렇게 찍었던가!

A : 웃을 일이 아니네. 내가 만일 발견하지 않았더라면 고객(주문)을 잃을 수도 있었다네.

Check Point

cious! [강한 감정·놀람을 나타내어] 아아 하느님! 이런! 아유! 깜짝이야! put [put] 찍다, 적어 넣다, 기입하다, 등록하다, 여기서는 타자 찍다의 뜻. funny [fʌ́ni] 익살맞은(comical), 재미있는(amusing), 우스운, 만화의, 이상한, 기묘한, 기분이 언짢은. find [faind] find-found-found 찾아내다, 우연히 발견하다, 노력해서 알다, 발견하다, 경험해서 알다, 깨닫다. lose [luːz] lose-lost-lost 잃다, (시계가) 늦다, 지다, 놓치다, 낭비하다. customer [kʌ́stəmər] 거래처(patron), 고객, 단골. order [ɔ́ːrdər] 주문하다, 정돈하다, 정리하다, 배열하다, 명령하다, 지시하다, …에(게) …을 주문하다. wrong [rɔŋ] 나쁜, 부정한, 그릇된, 틀린, 탈난, 고장난. something wrong 나쁜 것(어떤 것), 부정한 것, 그릇된 것, 틀린 것, 탈난 것, 고장난 것 ; something은 부정대명사로 뒤에 있는 형용사나 to 부정사의 수식을 받음. something to drink 마실 것. something to eat 먹을 것

Situation 94
I don't remember your asking me to do it

A : What would you like me to do, sir?

B : Have you sent the telex to Korea?

A : No, I haven't.

B : Oh, no! Why haven't you done it yet? It's urgent.

A : I don't remember your asking me to do it.

B : I didn't?

A : No, you didn't. If you had asked me, I'd have sent it.

Check Point

remember + 동명사 : 과거에 …했던 일이 기억난다. remember + to 부정사 : 미래에 해야 할 일을 기억하고 있다. your asking : 여기서 your 동명사의 행동의 주체로 동명사의 의미상 주어를 소유격으로 나타냄. 명사일 경우는 목적격을 쓸 수도 있다 ; I remember Tom('s) saying so. 탐이 그렇게 말했던 것을 기억하고 있다. What would you like me to do? =What do you want me to do? 제가 무엇을 하기를 원하십니까? send [send] send-sent-sent 보내다, 부치다, 가게 하다, 발신하다, 신호를 보내다, 파견하다. telex [téleks] [tel.=teleprinter. ex.=exchange] 텔렉스 (국제) 가입 전신 [가입전신·전화로 접속하여 텔레 타이프를 사용하여 외국과 교신하는 방식]. Have you sent 발송했나 ; have+p.p.=현재완료. No, I haven't : have + 과거분사의 질문에 대한 답변은 have + 과거분사로 함. do [du] do-did-done (어떤 일, 행위 등을) 하다, 끝내다, 베풀다, 주다, 처리하다, 행동하다. yet [jet] [부정문에서] 아직 (…않다). 현재로 보아서는 아직 (…않다). [의문문에서 지

상황 94
저에게 그것을 해달라고 부탁하신 기억이 없습니다

A : 제가 무엇을 하기를 원하십니까?

B : 한국에 텔랙스를 보냈나?

A : 아니오, 보내지 않았습니다.

B : 맙소사! 왜 아직 안 했나?
급한 것인데.

A : 그것을 보내라고 부탁하신 것이 기억이 나지 않습니다.

B : 내가 하지 않았다고?

A : 네, 하지 않으셨습니다. 저한테 부탁 하셨더라면 발송 했었을 겁니다.

Check Point

금 또는 그 때] 이미, 벌써. urgent [ə́ːrdʒənt] 촉박한, 긴급한, 다급한, 절박한 ; on urgent business 급한 볼 일로, 죄어지는, 재촉이 성화같은, 강요하는 《for》[탄원·청구 등이] 몹시 들볶는, 끈덕진, 귀찮은. I didn't? (You mean that I didn't ask you to do it의 줄인 표현) 내가 당신에게 부탁하지 않았다는 말입니까? No, you didn't. 네, 당신은 안 하셨습니다 ; 여기서 No는 '네'로 번역. You didn't가 부정문이기 때문에 부정 답변 No를 써 양쪽을 부정으로 했음. [주의] Yes, you didn't는 영어에 없음. ask [æsk] ask-asked-asked 묻다, 부탁하다, 초대하다, 간청하다(solicit) [원조·조언·허가 등을] 부탁하다, 청하다, 요구하다(request, beg). If + 주어 + had + 과거분사, 주어 + would [could·should·might] have + p.p. : 이 공식은 가정법 과거완료로 과거의 사실에 반대되는 가정으로 만일 …했더라면 …했었을 텐데. be in urgent need of 구조 등이 긴급히 필요하다. teleprinter [téləprìntər] = teletypewriter [tèlətáipraitər] 전신 타자기

Situation 95

Are you better today?

A : How are you this morning?

B : Not so well. I've had a terrible cold.

A : Are you better today?

B : Yes, much better today. I've been in bed all weekend. You had a bad cold last week, didn't you?

A : Yes, I did. I've been unable to shake off my cold.

B : I know you gave it to me. I wouldn't have come to work if I'd had a cold like that.

Check Point

better [bétər] [good·well의 비교급] …보다 나은, (둘 가운데) 더 좋은, 병에 차도가 있는, 병이 나아져 가는 ; good-better-best. well-better-best. How are you? 안녕하십니까? (건강이나 기분을 물을 때) Not so well : 여기서 well은 '건강하고'의 뜻으로 쓰였고, so는 '대단히, 그렇게'의 뜻으로 결국 '건강이 좋지 않다.' ; so [sou] 대단히, 그만큼, 그렇게, 그런 식으로, 그래서, 그러므로, 정말로, 실제로, …도 역시(또한). well [wel] 건강하고, 건강한, 만족스럽게, 잘, 만족스런, 상당히, 족히, 저런, 글세, 그래, 그런데. have a cold 감기에 걸려 있다 ; have는 현재 병에 걸려있다는 뜻. I've had : 여기서 앞의 have는 공식에 의한 have이고, 뒤의 had는 걸리다(have의 과거분사로 현재완료 결과용법). terrible [térəbl] 지독한. 《구》무서운, 소름끼치는. 《구》몹시, 지독히 ; in a terrible hurry 몹시 서둘러서. much better 훨씬 더 좋은, 훨씬 병에 차도가 있는 ; much는 비교급 앞에서 훨씬, 더욱 의 뜻. much [mʌtʃ] 비교급·최상급을 강조하여 훨씬의 뜻. [동사·과거분사를 수식] 매우, 대단히 ; Thank you very much. (much는 동사 thank 수식) be in bed 자고 있다. before bed 자기 전에 ; 여기서 bed는 취침 또는 취침시간

상황 95
오늘 차도가 있으십니까?

A : 오늘 아침 어떠세요. (건강이나 기분)

B : 좋지 않습니다. 심한 감기에 걸려 있습니다.

A : 오늘은 차도가 있으십니까?

B : 네, 훨씬 좋아졌습니다. 주말 내내 누워 있었습니다. 당신은 지난주에 독감에 걸렸었지요. 그렇죠?

A : 네, 그랬습니다. 떨어뜨릴 수가 없었습니다.

B : 나는 당신이 나에게 옮겨 준 것으로 압니다. 그와 같은 감기에 걸렸더라면 나는 출근을 하지 않았을 겁니다.

Check Point

의 명사. **shake off** [ʃeik ɔ́ːf] 떨어뜨리다, (추적자를) 따돌리다. **have been in bed** 계속 자고(누워) 있었다 ; have + 과거분사 = 현재완료 계속용법. **have a bad cold** 독감에 걸려 있다 ; 여기서 bad는 [병·죄 등이] 무거운, [본래 나쁜 것이] 더 심한. **didn't you?** be동사(am, are, is) …가 아닌 일반동사(have, had 포함)의 문장에 쓰인 부가의문문. **unable** [ʌnéibl] 할 수 없는, 무력한, 약한, 무능한, 자격(권한)이 없는, 명사형은 **inability**. **be unable to** …것을 할 수 없다. **have been unable to** …하는 것을 할 수가 없었다 ; have + 과거분사 = 계속 용법. **shake off** [ʃeik ɔf] [병·버릇을] 고치다, 쫓아 버리다, 떼어버리다, [먼지 등] 털어 내다, 처지게 하다. **give it to me** 그것을 나에게 전염시키다 ; 여기서 give는 병을 전염시키다. it는 독감. **a cold like that** 그와 같은 감기. like that이 앞의 a cold를 수식. like는 …와 같은. **like** [laik] prep. …와 같은. ad. …처럼, …와 같이, 아마, 십중팔구. a. 같은, 비슷한, 유사한, …을 닮은, …와 같은. **I was in a terrible(=terribly)-bad way.** 무척 곤란하였다. **terrible in anger** 성나면 무서운. **terrible man to drink** 《속》 술고래

Situation 96
What do you need the flowers for?

A : Can I help you?

B : I need some flowers. What do you recommend?

A : What do you need the flowers for?

B : I want to send some to my father in Korea. What kind of flowers are nice at this time of year?

A : Chrysanthemums are very nice at this time of year.

B : OK. A dozen of them, please.

A : Would you like to include a message?

B : Yes, Just say, "Happy Birthday, Dad. Love Pat."

Check Point

What~ for? 무슨 목적(용도)에?; 전치사가 후치되어 있을 때 앞의 의문사는 그 전치사의 목적어임. for [fɚr, fɔ́ɚr] [이익·목적·용도 등] …을 위하여. need [níːd] vt. …을 필요로 하다, …의 필요가 있다, …할 필요가 있다. n. 필요, 소용, 요구, (…할) 필요. my father in Korea 한국에 계신 나의 아버지; 전치사＋명사인 in Korea가 형용사구로서 father를 수식함. What kind of~ 무슨 종류의. at this time of year 연중 이 맘 때. at this time of (the) day 이 시간에, 이제 새삼스럽게. chrysanthemum [krisǽnθəməm] 국화(금빛의 꽃이 뜻에서). nice [nais] 괜찮은, 예쁜, 훌륭한, 잘 하는, 재미있는, 기분 좋은, 마음에 드는, 미묘한, 어려운, 수완을 요하는. dozen [dʌ́zn] (종류·물건의) 다스, 타, 12개; in dozens 한 다스씩(으로). a dozen pencils 연필 한 다스. Would you like to~ …하기 원하십니까. Do you

상황 96
꽃을 어디에 쓰실 건가요?

A : 도와 드릴까요?

B : 꽃이 좀 필요합니다. 어떤 꽃이 좋을까요. [무엇을 권하시겠습니까?]

A : 꽃을 어디에 쓰실 건가요?

B : 한국에 계신 아버님께 좀 보내고 싶습니다.
연중 이 맘 때는 무슨 꽃이 멋있습니까?

A : 국화꽃이 이 맘 때는 대단히 멋있습니다.

B : 좋아요. 한 다발 주세요.

A : 메시지를 포함하시겠습니까?

B : 네. 그냥 "아빠 생신을 축하해요, 사랑하는 Pat가"라고 쓰세요.

Check Point

want to~ …하기 원하니. include [inklú:d] vt. 포함하다, 함유하다, 넣다; all charges included 모든 요금을 포함하여. message [mésidʒ] 메시지, 통신, 전갈, 전언, 서신, 전보, 대통령의 교서, 공식 메시지, 심부름을 맡은 용건. just say 그냥 전하세요(쓰세요). say [sei] 전하다, 말하다, 사실·의견 등을 말하다, …이라고 쓰여 있다, [세상 사람들이] …라고 말하다, 낭독하다. dad [dæd]《구》아빠(= father); 아저씨(낯선 사람에게). daddy [dǽdi]《구》아버지,《미속어》최고 연장자, 가장 중요한 인물. mom [mɑm] = Mama《미구어》 [mɑ́:mə]《소아》엄마. mommy [mɑ́mi]《미구 소아》엄마.《영국》 mummy. including [inklú:diŋ] prep. …을 포함하여, 함께 넣어서; six were present including the teacher. 선생님을 포함하여 6명이 출석하였다. mama [mɑ́mə]《미속어》성적 매력이 있는 여자, 처,《미속어》폭주족의 여자

Situation 97
This is a present for you

A : You're leaving tomorrow morning, aren't you?
B : Yes, I'm leaving Korea.
A : You've been very kind to me. This is a present for you.
B : A present for me? What a nice surprise. Can I open it now?
A : Yes, of course.
B : Ooh! Watch! I like watch. Thank you very much.
A : Let's get together this evening.
B : I'm afraid I can't.
A : Oh, come on.
B : No. really. I've got so much to do.

Check Point

a present for you 너에게 주는 선물. for [fər, fɔ́ər] [받을 사람·수취인의 뜻으로 쓰여] …에게 주려고, 주려는, 주는. leave [liːv] 떠나다, 두고 가다, 방치하다, 빼고 난 뒤에 수를 남기다, 위탁하다. aren't you? 그렇죠? …군요 ; 문두에 you're를 받는 부가의문문. You've been kind 너는 친절히 대해 왔다(과거에 시작해서 지금도) ; you are kind는 현재의 뜻. are는 be 동사의 현재이니까 have been에서 have + 과거분사 = 현재완료계속용법. have는 공식에 의해서 있고, been은 are의 과거분사. What a + 형 + 명사 : [감탄문의 공식으로] 참으로 …한 …구나! a nice [great] surprise 천만 뜻밖 ; surprise [səpráiz] 뜻밖의 일(선물). great, nice 흐뭇한, 멋진. Ooh [uː] int. 앗! 오! 아! 《놀람·기쁨·공포 등 강렬한 감정》 n. 놀람. vi. 깜짝 놀라다. Let's get together 만납시다. Let's~ 우리 …합시다 ; let는 허락의 뜻을 가진 사역동사. Let us …로 하면, 우리가 …하도록(허락) 해 주세요. get together [get təɡéðər] 만나다, 한데 모이다, 모이다. 《구》 의논하다, 의견이 일치하다,

상황 97
선물입니다

A : 내일 아침 떠나시죠.
B : 네, 한국을 떠납니다.
A : 그 동안 저에게 대단히 친절히 대해 주셨습니다. 선물입니다.
B : 저에게 선물입니까? 참 천만 뜻밖이네요.
   지금 열어 봐도 될까요?
A : 네, 물론입니다.
B : 아! 시계군요. 저는 시계를 좋아합니다. 대단히 감사합니다.
A : 오늘 저녁에 만납시다.
B : 유감이지만 어렵겠군요.
A : 오, 제발. [이거 왜 이러십니까]
B : 아닙니다. 정말입니다. 할 일이 많습니다.

Check Point

단결하다, 협력하다, …을 모으다, 소유물·생각 등을 정리하다, 자제하다, 감정을 억제하다. I'm afraid (말씨를 부드럽게 하는 데 쓰여서) 유감이지만 …라고 생각한다, 유감으로 생각하다, 아무래도 …못할 것 같다. come on (도전·독촉·간청의 말투로) 제발(please), 자! 빨리 빨리, 자 가자, 자 덤벼라! 자 어서! 이거 왜 이러시나. really [ríːəli] ad. 정말로. ought to, should 를 강조하여 사실은의 뜻. come-on n. 싸구려 상품, 경품, 유혹하는 눈매·태도·것. I've got = I have = I got : 구어에서는 have got. Have you got a book? 책 가지고 있니? I've got to go now. = I have to go now. 이제 가야겠다. so [sóu] 정말로, 실제로, 그래서, 그러므로, 대단히. much [mʌ́tʃ] 많은, 많이, 많음. [동사 강조로] 매우, 대단히. [비교급·최상급 강조로] 훨씬. [too·rather를 강조] 매우, 몹시. much to do : much는 대명사로 다량, 많음. 많은 할 일 또는 해야할 많은 일·것들. much to say 많은 할 말·말해야 할 많은 것들 ; I have much to say about~ …대해 할 말이 많다.

Situation 98
Get a move on or you'll hear from me

A : Sam! What are you doing?

B : I'm reading a comic book, mom.

A : And what are you supposed to be doing, sam?

B : I'm not sure.

A : Well, let me tell you, sam. You're supposed to be washing the car.

B : Oh, right I'm sorry, mom. I forgot.

A : When father comes back, you'd better be washing the car. Do you hear me, Sam?
Get a move on or you'll hear from me.

B : Yeah, I'm doing.

Check Point

comic book [kámik buk] 만화책, 만화잡지. supposed [səpóuzd] 《구》…하기로 되어 있어, 상상된, 가정된, 생각되고 있던, 소문이 난. be supposed to 《구》…하기로 되어 있다. 《구》be not supposed to …않기로 되어 있다. What are you supposed to~ 무엇을 …기로 되어 있지. be doing 하기로 (=to do). I'm not sure. 모르겠다 ; I'm not sure where to park my car. 어디에 주차해야 할지 모르겠다. sure [ʃuər] [의뢰·질문의 대답에 써서] 좋고 말고, 물론 ; Are you coming? Sure. 가고 말고. Well [놀람·의심 등을 나타내어] 글쎄! 이런! 저런! 어마! 뭐라고! [안심·체념·양보] 아이고, 휴, 에라, 과연, 그래, 글쎄. let me + 동사원형 : [내가 …하도록 허락해라(시켜라)의 뜻으로] 내가 …하지. wash the car 세차하다 ; polish the car 윤내다, 닦다. listen (to) 의식적으로 귀를 기울여 듣다. hear [hiər] 듣다, 들리다, 들

상 황 98
서둘러라 그렇지 않으면 엄마한테 혼난다

A : Sam! 뭐하고 있니?

B : 만화책 읽고 있어요, 엄마.

A : 그리고 나서 무엇을 하기로 되 있지, Sam?

B : 잘 모르겠어요.

A : 뭐라고! [이런! 저런!] 내가 말해 주지, Sam. 너는 차를 닦기로 되어 있지 않니.

B : 아, 맞아요. 미안해요, 엄마. 깜빡 했었어요.

A : 아버지가 돌아오셨을 때는 차를 닦고 있는 게 좋을 꺼다. 알아들었니, Sam. 서둘러라 그렇지 않으면 엄마한테 야단 맞는다.

B : 네, 할께요.

Check Point

으려는 의사와는 상관없이 들리다. you'd better + 동사원형 : …하는 것이 낫다(좋다). …하는 편이 낫다 = You had better~. hear from …에게서 편지를 받다, …에게서 벌(비난)을 받다. Get a move on. [종종 명령법]《구》서둘러라, 나아가라, (나아가기) 시작해라. hear of …의 기별(소식)을 듣다, …의 꾸중(벌)을 받다, …을 용납하다 ; You will hear of this. (1) 이 일에 관해서는 추후에 알려 드리겠습니다. (2) 이 일로 꾸지람 듣게 될 것이다. (3) 이 일로 무사히 넘기지 못 할 것이다. hear [hiər]《구》야단맞다, 꾸지람 듣다 《from》 or rather 아니, 차라리, 더 정확하게 말하자면. would [had] rather~ 오히려 …하고 싶다, …하는 편이 낫다 ; I would rather not go. 별로 가고 싶지 않다. I'll try and do it better next time. 다음 번에 더 잘 하겠습니다. would [had] rather not~ 별로 …하고 싶지 않다.

Situation 99

Did they seem interested on the phone?

A : You've been looking for a job in a foreign country, haven't you?

B : Yes, I have.

A : What do you think of this ad?

B : I've already called. I have an interview tomorrow.

A : Did they seem interested on the phone?

B : Yes, They seemed very interested. I think they'll offer me the job.

A : It's slave labor, isn't it? One day off a month.

B : Yes, it is. It'll be hard work, and I won't go unless they pay me a really good salary. I wasn't born yesterday, you know.

Check Point

seem [si:m] …처럼 보이다, 보기에 …하다, …인 듯 하다(것 같다) [1인칭을 주어로 하여] …인 것처럼 생각되다. seem interested 흥미를 가지는 것 같다. seem [si:m] [It를 주어로 하여] …이 정말인 것 같다, …인 듯하다; seem(s) to be의 꼴로 …이 있는 것처럼 생각되다. on the phone 전화를 받고. phone in [의견·질문을] (방송국에) 전화하다, (자택에) 전화를 하다, 정보등 전화로 알리다. You're looking for~ 당신은 …을 찾고 있다(현재진행형, 과거와는 무관함). You've been looking for~ 당신은 …을 계속 찾아오고 있다(과거부터 지금까지도) = 현재완료진행형. foreign country 외국. haven't you? [현재완료(have + p.p. 또는 have been + 현재분사)의 문장에서] 부가의문으로 그렇죠, 그렇지. What do you think of~? …을 어떻게 생각하나; 어떻게의 뜻으로 How는 쓸 수 없음. already [ɔːlrédi] 이미, 벌써, 그렇게 빨리, 벌써; 이미, 벌써의 뜻으로 의문문·부정문에서는 yet를 씀.

상황 99
전화를 받고 흥미를 가지는 것 같던가요?

A : 외국에 일자리를 구해왔었지, 그렇지?

B : 그래, 그래 왔었지.

A : 이 광고를 어떻게 생각하나?

B : 이미 전화했어. 내일 면접이 있다네.

A : 전화를 받고 흥미를 갖는 것 같던가?

B : 대단히 흥미를 갖는 것 같더군. 나에게 그 일자리를 줄 것 같다.

A : 강제적인 노동이잖아. 한 달에 하루 쉰다고 되있어.

B : 그래, 힘드는 일 일꺼야. 그래서 나는 그들이 정말 후한 월급을 지불하지 않으면 가지 않겠네. 내가 바보가 아니잖아.

Check Point

offer [ɔ́ːfər] [물건·원조 등] 제공하다, 제출하다, 권하다, 제의(제안(하다, 하겠다고 나서다, 제공, 제안. slave labor [sléiv léibər] 강제적인 노동, 노예가 하는 일, 수지 안 맞는 일, [집합적] 강제 노동자. offer 제공가격, 부르는 값, 구혼, 청혼, 팔 물건의 제공 ; offer up 기도·제물을 드리다, 바치다. hard worked [hɑːrd wə́ːrkt] 혹사 당하는, 지친, 낡아빠진, (농담 등). hard working [hɑːrd wə́ːrkiŋ] 근면한, 열심히 일(공부)하는. and 그래서. hard work 하기 힘든 일, 어려운 일. take it 《구》 벌을 받다, 참다, 견디다. I wouldn't take it = I won't take it. unless they paid me~ = unless they pay me~ you know 《구》 [단지 간격을 두기 위해] ; He's a bit, you know, crazy. 그는 정신이 좀 이상한 거야. [다짐하기 위해] He's angry, you know. 보시다피, 그는 성이 났다. interested [íntristid] 흥미를 가진, 이해관계가 있는, 타산적인, 사심이 있는. interested motives 불순한 동기

Situation 100
Engine may have stopped suddenly

A : Tell me what happened.

B : The truck in front of me stopped suddenly.

A : Why did the truck in front of you stop suddenly?

B : I'm not sure. Engine may have stopped suddenly. The truck driver seemed embarrassed.

A : Did you stop?

B : I managed to stop. But the Galloper behind me didn't. It hit my car and pushed it into the truck in front of me. The red car is mine. There's the Galloper that hit my car. And that's the truck my car hit.

Check Point

engine [éndʒin] 발동기, 복잡하고 정밀한 기계, 기관, 엔진, 증기기관, 기관차 (locomotive), 소방차. **may have + 과거분사** : [과거의 불확실한 추측을 나타내어] 했을(었을)지도 모르다. suddenly [sʌ́dnli] 갑자기, 별안간, 돌연히. **what happened** 무슨 일이 일어났는지. happen [hǽpən] [일·사건 등이] 일어나다, 생기다, 《to》 take place 예정된 일이 일어나다. **The turck in front of me** 내 차 앞 트럭. **I'm not sure.** 모르겠다 ; I'm not sure where to park my car. 어디에 주차하면 좋을지 모르겠다. **seem + 형용사보어** : …처럼 보이다, 보기에 …하다, …인 듯 하다(것 같다). seem to 부정사. **seemed**

상황 100
엔진이 별안간 꺼졌을지도 모릅니다

A : 무슨 일이 있었는지 말해 보세요.

B : 제 앞에 트럭이 갑자기 멈춰 섰어요.

A : 왜 앞에 트럭이 갑자기 멈춰 섰습니까?

B : 모릅니다. 별안간 엔진이 꺼졌을지도 모릅니다.
트럭 운전사가 쩔쩔매는(당혹해하는) 기색이었습니다.

A : 차를 세우셨습니까?

B : 나는 간신히(용케) 세웠습니다. 그러나 제 뒤에 Galloper는 서지 못했습니다. 그것이 뒤에서 내 차를 부딪고 억지로 내 앞 트럭으로 밀어붙인 겁니다. 저 빨간 차가 제 것이고, 내 차를 부딪힌 Galloper는 저기에 있고 내 차가 부딪힌 트럭은 저것입니다.

Check Point

embarrassed [si:md imbǽrəst] 당혹해 하는 듯했다, 보기에 어리둥절(무안해, 난처해) 했다. manage [mǽnidʒ] 용케 …해 내다, 이럭저럭 …해내다, 간신히 (억지로) …하다, 잘 다루다, 취급하다. the Galloper behind me 내 차 뒤의 갤러퍼 차. hit [hit] 부딪히다, [공·돌 등이] …에 맞다, 명중하다, 맞히다, …에 명중시키다, 충돌하다. push into 억지로 밀고 들어오다, 억지로 밀어붙이다. the Galloper that hit my car 내 차를 부딪힌 갤러퍼 차. the truck my car hit 내 차가 부딪힌 트럭. embarrassed [imbǽrəst] 어리둥절한, 당혹한, 창피한, 무안한, 난처한, 금전적으로 궁색한, 쪼들리는

Situation 101
I never complain about the job I have now

A : Do you come here often?

B : Sometimes.

A : Do you speak English well?

B : No. I don't think so.

A : Where do you work?

B : In a post office.

A : Do you like it?

B : It's OK. Every job has disadvantages, you know, but I never complain about the job I have now.

Check Point

I never + 동사원형 : 일찍이 …없다, 결코 …없다, 결코 …않다, 한번도 …않다 ; not보다 강한 부정. complain [kəmpléin] 불평을 하다, 투덜거리다, 불만을 털어놓다, 푸념하다, 한탄하다, 하소연하다, 정식으로 고소하다. the job I have now 현재의 일자리. often [ɔ́(:)ftən] 흔히, 종종. sometimes [sʌ́mtaimz] 때때로, 때로는, 이따금, 간혹. work [wəːrk] 일, 직업, 생업, 직장, 회사, 제작품, 작품. It's OK. 좋아, 괜찮다, 지장 없다, 틀림없다, 순조롭다, 됐어 ; It's OK. to me. 나는 좋아. every job 모든 직업(직장·일자리·지위). has disadvantages 불리한 점(불편한 면)이 있다. disadvantages [dìsədvǽntidʒ] 불리, 불편, 불리한 처지, 손실. you know 《구》단지 간격을 두기 위해서, 다짐하기 위해서 ; He's angry, you know. 보시다시피 그는 화가 났다. advantage [ədvǽntidʒ] 유리, 우월 《of》, 유리한 점, 이점, 이로운 형편, 강점, 편의, 이익. disadvantageous [dìsædvæntéidʒəs] 불리한, 불편한, 형편상 나쁜.

· complain [about] complain of little supply 공급이 적다고 투덜거리다.
complain about high prices. 물가를 한탄하다.

상황 101

나는 지금 다니는 직장에 대해서는 전혀 불평하지 않습니다

A : 여기는 자주 오십니까?

B : 이따금 옵니다.

A : 영어를 잘 하십니까?

B : 아니오. 잘 한다 생각하지 않습니다.

A : 어디에서 근무하십니까?

B : 우체국에서 근무합니다.

A : 직장이 마음에 드십니까?

B : 괜찮아요. 모든 직장은 다 불편한 점이 있지요. 하지만 나는 현재 근무하는 직장에 대해서는 전혀 불평을 하지 않습니다.

Check Point

· We have nothing to complain of. 우리는 아무런 불만이 없다.
《complain that절》
· He's always complaining that he can't find time to do what he wants to.
　　　　그는 항상 하고 싶은 일을 할 여가가 없다고 불평하고 있다.
《하소연하다 : complain to, about》 [정식으로] 고소하다 《to, of, against》
《complain + 전 + 명》《complain + that》 ~to the police of [about]
　　　　　　　　　　　　　　　　　　　…에 관해 경찰에 고발하다.
· She complained to me that he had been rude to her.
　　　　그녀는 그가 자기를 모욕했다고(자기에게 무례하게 행동했다고)
　　　　내게 호소했다.
· complain of 병고, 고통 등을 호소하다, 앓다《of》
· complain + 전 + 명 : complain of a headache [indigestion, a stomachache 등]
　　　　　　　　　　　　두통, 소화불량, 복통 등을 호소하다.
· He's a bit, you know, crazy. 그는 정신이 좀 이상한 거야.

Situation 102
Do you usually get a seat?

A : Do you have a car?

B : No, I don't.

A : How do you come to work?

B : By subway.

A : How long does it take?

B : Oh, about fifteen minutes.

A : Do you usually get a seat?

B : Sometimes, but not often.

Check Point

Do you usually + 동사원형~? 당신은 보통 …하십니까? **get a seat** 자리를 잡다; **get** 손에 넣다, 잡다. **How do you~?** 무얼 타고 …에 가십니까, 어떻게 …에 가십니까; **how**는 교통수단·건강·정도를 물을 때 씀. **come to work** = **go to work** 출근하다; **get to work** 직장에 도착하다. **work** 직장. **by subway** 지하철로. **by [bai]** [교통수단 전치사로] 타고, …로; **by** + 무관사 교통수단. **in** + **a** + 교통수단. [**by · in**] …로, …타고. **How long~?** [길이·시일이] 어느 정도, 몇 년(달, 며칠, 시간, 분), 언제부터, 언제까지. **does it take** : 시간이 걸리나 **does**는 주어가 3인칭 단수 주어일 때 쓰이는 조동사. **take**는 걸리다. **it [it]** 그것이란 뜻으로 쓰일 때 3인칭 단수이고, 특별 용법으로 쓰일 때는 비인칭주어(시간·요일·거리·날씨·가주어 등). **take [teik]** 보통 **it**를 주어로 (시간·노력 등을) 요하다, 걸리다, 들다, 필요로 하다; **It takes an hour.** 한 시간 걸린다. **minutes [mínits]** 분의 복수. [**a minute**《구》부사적] 잠깐(동안); 각서. [pl.] …의 사록. **sometimes [sʌ́m-taimz]** 때때로, 때로는, 이따금, 간혹. [끝에 s가 없으면] 미래의 언젠가, 훗날에, 머지않아. **often [ɔ́(ː)ftən]** 흔히, 종종; 빈도부사로 위치는 일/앞 **be** ·

상황 102
보통 자리를 잡으십니까?

A : 차 있으십니까?

B : 아니오, 덥습니다.

A : 무얼 타고 출근하십니까?

B : 지하철로요.

A : 시간이 얼마나 걸립니까?

B : 오, 약 15분 걸립니다.

A : 보통 앉아 가십니까?

B : 때때로요, 그러나 자주 앉지는 못해요.

Check Point

조/뒤 = 일반동사 앞. be동사·조동사 뒤에. not often 종종 그렇지 않음. firm [fɑrm] 흔들리지 않는, 확고한, 단호한, 과단성 있는, 확고 부동한. settle down 진심으로 할 생각을 가지다, 마음을 잡다. usually [júːʒəli] 보통, 늘, 일반적으로, 대개, 평소에(는), 통상적으로 ; 문장 중에서 어순은 always (항상)에 준함. 즉 (일·앞, 비·조 뒤) 일반 동사 앞. be 동사와 조동사 뒤에 씀. be the seat of one's pants 《구》경험에 의해, 경험에서 얻은, 육감으로. study in a settled frame of mind 마음을 잡고 공부하다 ; frame of mind 기분, 사고방식. get a grip on oneself = steady one's mind, settle down, collect oneself 마음을 잡다. keep a firm hand on oneself 들 뜬 마음을 잡다. settled frame 확고한 틀, 자리잡힌 심경, 안정된 기분. grip [grip] 잡음, 붙듦, 쥠, 웅켜 쥠, 잡는 법, 쥐는 법, 기물의 손잡이, 파악력, 이해력, 지배력, 통제력. steady [stédi] 사람의 마음을 진정시키다, 확고하게 하다, 공고히 하다, 흔들리지 않게 하다. firm hand 확고 부동한 관리, 감독, 노력. settle down 진정하다(시키다), 차분히 착수하다. get a grip on …을 파악하다, 억제하다.

Situation 103
You're a decent fellow, aren't you?

A : Would you like to dance?

B : Yes.

A : What line are you in? [What's your line?]

B : I'm in plastic line.

A : How long have you been a businessman?

B : It's going on 20 years.

A : You're a decent fellow, aren't you?
You've got some brains, I should think.
You have a car, don't you?

B : Yes, I have a decent car. I'll drive you home tonight, if you don't mind.

Check Point

decent fellow 기분 좋은(마음에 드는) 사람, 괜찮은 사람. **decent** [díːsnt] 남 보기 흉하지 않은, 꽤 좋은, 상당한 신분의, 예절 바른, 점잖은.《구》어지간한, 상당한, 친절한, 엄하지 않은, 너그러운. **Would you like to** 동사원형 :…하시기 원하십니까?(= **Do you want to** + 동사원형). **Would you like** + 명사 :…을 (음식물 등) 원하십니까, 하시겠습니까. **What line [of business]** 무슨 사업. **I'm in… line [business]** 나는 …사업을 합니다. **How long have you been a** + 명사? 명사 위치에 신분이 쓰여 …하시는지 얼마 됐습니까. **How long have you been in** + 장소? …에 계신지(나오신지, 있는지) 얼마나 됐습니까. **going on** 《구》 (시각·연령이) 거의 …이다, 거의 … 다 되간다. **have got some brains** 머리가 좋다. **I should think** 여겨집니다, …이겠죠. **a decent car** [díːsnt káːr] 꽤 좋은 차, 남 보기에 흉하지 않은 차. **drive** 사람 **home** : 직접 운전해서 집에까지 데려다 주다. **drive** 사람 **to** 장

상 황 103
괜찮은 분이군요

A : 춤추고 싶으십니까?

B : 네.

A : 무슨 사업을 하십니까?

B : 플라스틱 사업입니다.

A : 사업하시는 지는 얼마나 되셨습니까?

B : 거의 20년 다 되갑니다.

A : 당신은 괜찮은(기분 좋은·마음에 드는) 분이군요.
머리가 좋으시겠죠.
차 있으시죠?

B : 네, 남 보기 흉하지 않은(꽤 좋은) 차가 있습니다. 괜찮으시다면 오늘밤 차로 집에까지 모셔다 드리겠습니다.

Check Point

소 : …에 차를 몰아 데려다 주다. if you don't mind 괜찮으시다면. mind [maind] 싫어하다, 꺼려하다, 반대하다(object), 마음에 꺼리다, 염려하다. businessman 사업가, 실업가, 기업의 관리자, 경영자. never mind 신경 쓰지 말아라, 걱정하지 마라, 괜찮다. are you in? …(사업을) 하느냐; 여기서 in은 소속·직업·행위·활동·종사를 나타내어 …에, …에 종사하여. That's beautiful, I should say. 그것 참 아름답군요. He is over 50, I should think. 그는 50세가 넘었으리라 여겨집니다만. I should think 또는 I should say의 표현은 말하는 이의 의견·감정을 완곡하게 표현하여 (나로서는) …하고 싶은데, (나라면) …할 텐데; (만일 내가 당신이라면, 만일 듣게 되면, 만일 권고를 받는다면) 등의 조건을 언외에 품고 있는 표현으로서 would가 쓰이는 경우도 많음.

Situation **104**

There will be much traffic after this time

A : I think it's time to go.

B : Oh, no, there's no need to hurry. [You don't have to hurry.]
There's plenty of time. It's only 10:30.

A : There will be much traffic after this time. When the traffic is heavy, it usually takes about an hour.

B : Don't let me keep you then. Do your parents bawl you out for coming home late?

A : Yes, my father will bawl me out for coming late.

Check Point

There will be : there is(있다)의 미래형으로 있을 것이다. traffic [trǽfik] 교통, 왕래, 교통량, 수송량, 교통 운수업, 집합적으로 통행하는 사람, 자동차. time to + 동사원형 : …할 시간. there's no need to + 동사원형 : …할 필요가 전혀(별로) 없다 ; no 대신 not much를 쓸 경우 '별로'로 번역함. There's plenty of time 시간이 넉넉하다. plenty [plénti] (pl. plenties) 많음, 대량, 다량, 풍부, 충분, 풍부한 양 ; a year of plenty 풍년, plenty of 많은, plenty of errors 많은 오류, plenty more 더 많이, in plenty 풍부하게·유복하게, plenty of errors 많은 오류 (의문·부정구문에서는 enough로 대용함), in plenty of time 시간이 넉넉하여·일찌감치, plenty good enough 아주 충분히. When + 주어 + 동사 : …가(주어) …일 때. it usually

상황 104
이 시간 이후에는 교통이 복잡합니다

A : 갈 시간이라고 생각해요.

B : 아, 아닙니다. 서두르실 필요가 전혀(별로) 없습니다.
시간이 많습니다. 이제 겨우 10시 30분인걸요.

A : 이 시간 이후에는 교통이 혼잡할 겁니다.
교통이 혼잡할 때는 보통 한시간 걸립니다.

B : 그럼 가 보셔야죠. 부모님들이 늦게 귀가한다고 야단 치십니까?

A : 네, 저의 아버지는 늦게 온다고 마구 소리를 지르십니다. [몹시 꾸짖습니다]

Check Point

takes [it는 시간을 나타내는 비인칭주어] 보통, [늘 대개, 평소] 걸린다. Don't let me keep you then. 그럼 가 보셔야 겠군요. keep [ki:p] 붙들어 두다, 억제하다, 보유하다, 남겨두다, 약속을 지키다, 어떤 상태를 유지하다, 경영하다, 관리하다, 기록 등 기입하다, 동작을 계속하다. bawl out [bɔ:l aut] 마구 소리 지르다, 몹시 꾸짖다. 《속》호통치다. bawl [bɔ:l] vt. 고함치다, 외치다, 울부짖다, 소리쳐 팔다. vi. 소리치다, 엉엉 울다. n. 외침, 아우성, 울음. for coming late 늦게 온다고, 늦게 오기 때문에. for coming home late. 늦게 귀가한다고. come home 귀가하다. for [fər, fɔ́ər] [원인·이유를 나타내어] … 때문에, …으로(인하여)

Situation 105
Your car was towed for illegal parking

A : Police Department. May I help you?

B : This is Ki-su Kim speaking. I'm Korean I wonder if my car has been towed for illegal parking.

A : Has your car been stolen?

B : Yes, it's gone!

A : All right. Now, give me a description of the missing car.

B : Well, it's a 94 Chevrolet-a light green, four-door model and there's a dent in the right front door. Oh, I left my briefcase in it.

A : What's the license plate number.

B : GGA 2000

A : Hold on just a minute⋯ Hello Mr. Kim. Your car has been towed for illegal parking. It'll cost you $100 to get it back.

Check Point

I wonder if + 주어 + 동사 : 주어가 동사이지 않을까(⋯이 아닐까 생각하다), ⋯일까, ⋯을까, ⋯않을까 등. tow [tou] 견인하다, 밧줄로 당기다. be towed 견인되다. has been towed 견인되어 갔다, 견인되어 왔다. Police Department [pəlíːs dipɑ́ːrtmənt] 경찰국. 명사 + 명사에서 강세는 앞에(명 + 명 = 전 강세). steal-stole-stolen [stíːl] 훔치다. be stolen 도둑 맞다. has been stolen 도난 당해 그 결과 물건이 없다. a description of ⋯의 인상, ⋯의 기술, ⋯의 묘사. give [make] a description of ⋯을 기술하다, 묘사하다. missing car 없어진 차, 행방불명된 차. a 94 Chevrolet [ʃévrəlei] 시보레(미국제 자동차 이름 ; 상표명). light green [lait griːn] 엷은 녹색 ; light 색이 엷은, 연한, 퍼석퍼석한. a dent [dent] 움푹 들어간 곳. 《비유》 때린 자국(dint). make

상황 105
당신 차는 주차 위반으로 견인됐다

A : 경찰국입니다. 도와 드릴까요?

B : 김기수라고 합니다. 한국 사람입니다.
내 차를 주차위반으로 견인해 갔나 해서요.

A : 당신의 차가 도난 당했습니까?

B : 네, 없어졌어요.

A : 좋습니다. 없어진 차의 차종과 특징을 말해 보세요.

B : 글쎄요. 94년 시보레 엷은 초록빛 네문 모델이고, 오른쪽 앞문에 움푹 들어간 곳이 있습니다. 아 차안에 서류가방을 놓아두었어요.

A : 차량번호는요.

B : GGA 2000입니다.

A : 잠깐 기다리세요. … 여보세요, 미스터 김. 당신의 차는 주차위반으로 견인됐습니다. 찾아가시는데 $100입니다.

Check Point

a dent in …을 움푹 들어가게 하다.《구》일등에 돌파구를 마련하다. dent [dent] vt. vi. 움푹 들어가게 하다, 손상시키다, 약화시키다. n. 톱니바퀴 등의 이, (빗)살. in the right front door 우측 앞문에. left : leave의 과거·과거분사. leave-left-left : leave [liːv] 두고 오다, 우고 가다, 방치하다, 떠나다, 위탁하다. briefcase [bríːfkèis] 서류가방. license plate number 자동차 번호판. Hold on 기다리다, 전화 통화시 ; 기다리세요. was towed for …이유로 견인되었다. illegal parking [illíːɡəlpáːrkiŋ] 불법주차 ; illegal n. 불법 입국자, 불법의, 위법의, 비합법적인. cost [kɔːst] …에게 얼마를 들게(치르게) 하다, 원가, 비용, 경비, 비용·대가가 얼마 들다. get it back 도루 찾아가다 ; back 도루, 제자리로. it 자동차. get 동작

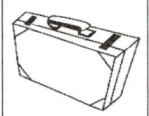

Situation 106
Did it have your name on it?

A: Have you found your briefcase in the car, Mr. Kim?

B: No, Sergeant Brown.

A: Let me ask the driver who towed your car if he's keeping it. If he isn't keeping, it may have been gone in the process of being towed. What does your briefcase look like?

B: Well, Uh… it's an average-sized, rectangular, black leather attache case with golden locks.

A: Did it have your name on it?

B: No, not my name, but it has my initials on the bottom of the briefcase : K.K.S.

Check Point

Have you found 찾았습니까; have + p.p. = 현재완료결과용법(찾아 가지고 있나). find [faind] find-found-found 찾아내다, 우연히 발견하다, 노력해서 알다, 발견하다, 경험해서 알다, 깨닫다. briefcase [brí:fkèis] 서류가방; trunk 대형 여행가방, suitcase 여행가방, portfolio 접는 손가방, satchel [sǽtʃəl] 멜 빵 있는 학생용 가방. sergeant [sáədʒənt] 경찰의 경사, 군의 하사관(상사·중사·하사), 병장(약자: Sgt. Serg.). let me ask + 사람 + if + 주어 + 동사: 내가 주어에게 …인지 아닌지 물어 봅시다. tow [tou] 견인하다, 밧줄로 잡아당기다(pull, draw), 끌다, 끌어당기다, 아이·개 등 잡아끌고 가다. n. 잡아끌음. if [if] [부사절을 이끌 때는] 만일 …면, [명사절을 이끌 때는] …인지 아닌지. in tow 끌려서 《of·by》 keep [ki:p] 간수하다, 보유하다, 남겨두다, 약속을 지키다, 사용·양육을 위해 두다, 갖추다, 치다, 붙들어 두다. it may have been gone 그것(가방)은 없어졌을 지도 모른다. be gone [동작의 결과로서의 상태를 나타냄] 없어지다; be + 자동사의 과거분사로 완료형을 나타내어 …하였다, …해 있다. may have + 과거분사(p.p.) : 과거의 불확실한 추측을 나타내어; 했을(었을)지도 모른다. may [mèi, méi] 현재의 불확실한

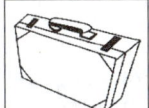

상황 106
가방에 이름이 쓰여 있습니까?

A : Mr. Kim 차안에서 서류가 가방은 찾으셨습니까?
B : 아니오, Brown 경사님.
A : 당신 차를 견인했던 운전사에게 물어 봅시다. 혹시 가지고 있는지 그가 만일 보관하고 있지 않으면 가방은 견인되는 과정에서 없어졌을 찌도 모릅니다. 가방의 모양은 어떻습니까?
B : 글쎄요. 그것이 어-일반표준 크기에, 직사각형에 검은 가죽의 네모난 서류가방인데 금 빛깔 잠을 쇠로 되어 있습니다.
A : 거기에 이름이 쓰여 있습니까?
B : 아니요. 이름은 아니고 K.K.S.라는 이름의 첫 자가 가방 밑에 쓰여 있습니다.

Check Point

추측을 나타내어 ; 일지(할지)도 모르다, 아마 …일(할) 것이다. 이 뜻의 부정은 may not : He may come, or he may not(come). 올지도 모르고 안 올지도 모른다. initials [iníʃəl] 성명의 첫 글자, 처음의(단수로) ; an initial signature 첫 글자만의 서명. uh [ə(ː)] 어…《말을 하다가 뒷말이 생각나지 않을 때 내는 소리》attache case [ǽtəʃéi-keis] 네모난 소형 서류가방. in (the) process of … 중, 진행중, …하는 과정에서. process [práses] 영장, 소송절차, 진행, 과정, 경과, 작용, 변천, 추이, 만드는 방법, 순서, 공정, 처리, 조작. being towed 견인되어지는 것 ; of가 전치이기 때문에 목적어로 동명사 목적어 being을 썼음. be towed는 견인되다. What does + 주어 + look like? 어떻게 생긴 것이냐? ; 직역을 하면 주어는 무엇(what), 처럼(like), 보이냐(look) does는 조동사로 '까'의 구실. Well, it's-uh- 글세, 그것은, 어. average-sized 일반 표준 크기의. rectangular [rektǽŋgjulər] 직사각형의, 직각의, ~.ly ad. 직사각형으로, 직각으로. attache case [ǽtəʃéi-keis] 네모난 소형 서류가방. not… but : not A but B의 형식으로 우리말로 옮길 때 A가 아니고 B다로.

Situation 107
I don't know how to turn my money to good account

A : I never spend money more than I earn.
I spend less than I earn.
Do you spend more than you earn or less than you earn?

B : I'm not sure how much I spend.

A : You should spend less than you earn. I have a budget for my money. So I turn my money to good account. Do you have a budget for your money.

B : No, I don't. I don't know how to turn my money to good account.

Check Point

I don't know how to + 동사원형 : 나는 …하는 방법을 모른다. turn my money to good account 돈을 요령 있게 쓰다, 돈을 이용하다, 활용하다. more than 보다 많은, 보다 많이, …이상으로(의) ; less than 보다 덜, 보다 적게. earn [ə:rn] 벌다, 일하여 얻다, [명성·재산·지위 따위를] 획득하다, [이익 등을] 낳다, 얻게 하다, 가져오다. less [les] [little의 비교급] 양이 보다 적은, 크기 보다 작은, 더 작은. neither more nor less (than) 이하도 이상도 아니다. I'm not sure. 모르겠다 ; I'm not sure where to put the key. 열쇠를 어디다 두면 좋을지 모르겠다. how much [양을 묻는 표현으로] 얼마나, …을 얼마나 ; How much water 물을 얼마나. have a budget for …의 예산을 세우다 ; have는 동사형의 명사를 목적어로 하고 …하다의 뜻으로 쓰임. turn [tə:rn] 돌리다, 회전시키다, …의 방향을 바꾸다, 집중시키

상황 107
나는 돈을 요령 있게 쓸 줄 모른다

A : 나는 내가 버는 그 이상의 돈은 절대로 쓰지 않습니다.
나는 내가 버는 것 보다 덜 씁니다.
당신은 버는 돈보다 더 많이 씁니까 또는 덜 씁니까?

B : 나는 내가 얼마를 쓰는지 모릅니다.

A : 버시는 것보다 덜 쓰셔야 합니다.
나는 돈에 대한 예산을 세웁니다. 그래서 돈을 요령 있게 씁니다. 당신은 돈에 대한 예산을 세우십니까?

B : 아니요. 그렇지 않습니다. 나는 돈을 요령 있게 쓰는 방법을 모릅니다.

Check Point

다, 돈·상품을 돌리다, 회전시키다. good account 좋은 거래, 좋은 이익. account [əkáunt] 금전상의 계산, 셈, 회계, 계산서, 계정, 은행 등과의 거래, 예금계좌, 구좌, 예금, 예금액, 금전책임의 처리에 관한 보고, 전말서, 답변, 변명, 설명, 사건 등에 대한 기술 평가, 고려, 이익, 덕. turn~ to good account …을 이용하다, 활용하다. not~ any more than ＝ no more~ than ＝ nothing more than …에 지나지 않다. not more than …보다 많지 않다, 많아야(at most). nothing less than 적어도 …정도는, …이나 다름없는, …만큼의. I'm not sure where to park the car. 차를 어디에 주차하면 좋을지 모르겠다. budget [bʌ́dʒit] vt. vi. 예산에 계상하다, 예산을 세우다 《for》 n. 예산, 예산안, 경비, 운영비, 가계, 생활비

Situation 108
Finally I borrowed money on my property

A : I keep a record of my expense. That's how I save some money out of my salary.
Do you keep a record of your expense?

B : No, I don't.

A : That way you can save money.
I've busied myself to get a loan but I failed.
Finally I borrowed money on my property.
Have you ever borrowed money from anyone?
From whom? How much?

B : Yes, I have. $100,000 from one of my classmates.

Check Point

finally [fáinəli] 결국, 최후로, 마침내, 종내(lastly), 드디어, 최종적으로, 결정적으로. borrow [bárou] 빌리다, …에서 차용하다 《from》, 골프에서 바람이나 언덕을 참작하여 치다, 도입하다 《from》 on my property 담보물을 맡기고. property [prápərti] 재산, 자산, 소유물, 소유권, 소유, 소유본능, 물욕, 소유지, 토지, 특질, 특성. keep a record of …의 장부를 유지한다. expense [ikspéns] 지출, 비용, 출비, 소요경비, …비, …수당 ; an expense 비용이 드는 일. That's how I + 동사 : …나는 그런 식(방법)으로 …한다. save [seiv] 절약하다, 저축하다, 구조하다, [명예・신용・권리 등을] 안전하게 지키다, 수호하다, 모아두다, …제외하고. out of my salary 나의 봉급에서. out of … 에서, 어떤 수중에서, …의 안에서 밖으로, [재료를 나타내어] …에서, …으로, [원인・동기를 나타내어] …에서, …때문에. That way 그런 식으로,

상황 108
결국 담보물을 잡히고 돈을 빌렸다

A : 나는 지출의 기록을 장부해 둡니다. 그런 방법으로 봉급에서 돈을 좀 저축합니다.
당신은 지출 내역을 기입해 둡니까?

B : 아니요, 그렇지 않습니다.

A : 그렇게 해야 당신은 돈을 저축할 수 있습니다.
돈을 빌리려고 동분서주 해 본적이 있었는데 실패했었습니다. 결국 담보물을 맡기고 빌렸습니다.
당신은 누군가에서 돈을 빌려 보신 적이 있으십니까?
누구로부터지요? 얼마였죠?

B : 네, 나의 동기생 중 한 사람에게서 $100,000을 빌렸었죠.

Check Point

《속》반해서, 좋아서, 임신해서, 저쪽으로 ; I'm that way about icecream. 나는 아이스크림이라면 사족을 못 쓴다. I've busied myself 계속 바쁘다, 계속 동분서주했다 ; have + p.p. = 계속용법의 현재완료. busy [bízi] a. 바쁜, 분주한, 틈이 없는, 부지런히 일하는 ; get busy 일에 착수하다. vt. 바쁘게 하다, 일 시키다. n. (pl. busies) 《속》형사, 탐정. busy oneself (in) 동사ing …으로 바쁘다(바쁘게 일하다). get a loan 대부를 받다, 돈을 빌리다. loan [loun] 대부, 대부금, 대차물, 외래어(loan word). fail [feil] 실패하다, 실수하다, 무제 하다, 게을리 하다, 안 되다, 그르치다, 하지 않다, 공급 등이 부족하다, 달리다. Have you ever borrowed money. 돈을 빌려본 적이 있나 ; have + p.p. = 현재완료 경험용법. one of my classmates 동기생 중 한 사람. classmate [klǽsmeit] 동급생, 동창생, 급우

Situation 109
Borrow from Peter to pay Paul

A : I've lent money to my classmates many times. Sometimes I pressed them for the money. They say they have to borrow unavoidably from Peter to pay Paul. Have you ever lent money to anyone?

B : Yes, I have but not much. My father always says, "Neither a borrower nor a lender be."

A : I'm not in debt at the moment. Do you owe anyone any money?

B : No, I'm not.

A : Do you have a credit card?

B : Yes, I do. They provide better service to holders of credit cards.

Check Point

borrow from Peter to pay Paul 빚을 갚기 위해 또 다른 빚을 지다. I've lent money 돈을 빌려 준 적이 있다; have + p.p. = 경험용법. lend [lend] lend-lent-lent 빌려주다(내 것을 남에게). borrow [bárou] 빌려오다; borrow trouble 쓸데없는 걱정을 하다. press A for B A에게 B를 재촉하다(강요하다, 조르다). press [pres] 내리 누르다, 옷 등을 다리다, 눌러 붙이다, 재촉하다, 강요하다, 조르다, 간청하다, 억지로 시키다. unavoidable [ʌnəvɔ́idəbl] 불가피한, 피하기(모면하기) 어려운, 무효로 할 수 없는. unavoidably [ʌnəvɔ́idəbli] 불가피하게. Have you ever lent money to …에게 돈을 빌려줘 본적이 있나?; have + p.p. = 경험용법. Neither a borrower nor a lender be 빌리는 사람도 빌려주는 사람도 되지 마라. neither~ nor~ 상관 접속사로 …도 …도 아니다(않다). both~ and …에 대응하는 부정표현. be in debt

상황 109
빚을 갚기 위해 또 다른 빚을 지다

A : 나는 나의 동기생들에게 여러 번 돈을 빌려준 적이 있습니다. 때때로 나는 그들에게 돈을 갚으라고 재촉을 했습니다. 그들은 빚을 갚기 위해서 또 다른 빚을 져야만 한다고 말합니다. 당신은 누군가에게 돈을 빌려줘 봤습니까?

B : 네, 빌려줘 봤습니다. 그러나 그다지 큰돈은 아닙니다. 나의 아버님께서는 늘 빌리지도 말고 빌려주지도 말라고 말씀하십니다.

A : 나는 당장은 빚이 없습니다. 당신은 누군가에 얼마의 돈을 빚지고 있습니까?

B : 아니요, 그렇지 않습니다.

A : 당신은 크레디트 카드를 가지고 계십니까?

B : 그네, 그렇습니다. 사람들은 크레디트 카드를 소지자들에게는 보다 나은 대우(서비스)를 해 줍니다.

Check Point

to 사람 : 남에게 빚(신세)를 지고 있다. owe [ou] 빚지고 있다, 지불할 의무가 있다, 의무 등을 지고 있다, 은혜를 입고 있다, 명예·성공 등을 …에 돌리다, …의 덕택이다. provide better service 더 좋은 서비스를 해주다. holders of …의 소지인, 보유자, 소유주 ; I owe much to you. 당신에게 많은 신세를 지고 있다. Money often makes the man. 돈만 있으면 개도 명첨지라. Money changes hands. 돈은 돌고 도는 것. Money makes the world go. 돈만 있으면 귀신도 부릴 수 있다. a soul above money 돈으로 매수 안 되는 사람. spend money like water 돈을 물 쓰듯 하다. beget [bigét] 생기게 하다, 아버지가 자식을 보다. Money begets [makes] money. 돈이 돈을 낳는다, 돈이 돈을 번다. Money talks in this world 돈이 행세하는 세상이다.

Situation 110
Coffee can keep you awake when you're driving

A : I think coffee is a kind of drug.
B : What makes you say so?
A : It has important effects on your body. Some of the effects are good and some are not. Coffee can keep you awake when you're driving or working or on duty.
B : But coffee can also keep you awake at night when you do want to sleep. Some people feel too nervous when they drink coffee.
A : That's right. But other people feel more alive when they drink coffee, so they can work better. Do you think coffee can help your stomach after a big meal?
B : Yes, it can help my stomach but if you drink too much coffee it can cause a stomachache.

Check Point

keep you awake 너를 자지 않게(눈을 뜨도록, 정신차리도록) 유지한다. keep [ki:p] (어떤 상태를) 유지하다 ; 목적격 보어와 함께 [어떤 상태·관계·위치에] 두다, 하여 두다, 유지하다. a kind of 일종의. What makes you say so? 여기서 make는 …에게 …하게 하다. have [has] important effects on …에 중대한 효과(영향)를 나타내다(미치다). on [ɔn, ɑn] 영향을 받는 대상 앞에 씀. effect [ifékt] 결과, 효과, 영향, (법률 등의) 효력, (약 등의) 효험, 효능, [the·that과 함께] 취지, 의미. be on duty 당번 근무 중이다 ; off duty 비번의, on duty 당번으로. When you do want to sleep : 여기서 do는 동사원형 앞에 쓰여 강조의 뜻으로 정말의 뜻. feel too nervous 너무 신경과민 하다. nervous [nə́:rvəs] 신경(성)의, 신경에 작용하

상황 110
커피는 당신이 운전할 때 잠이 안 오게 할 수 있다

A : 나는 커피가 일종의 약이라고 생각합니다.

B : 왜 그렇게 말씀하십니까?

A : 커피는 사람들의 몸에 중대한 영향(효과)을 미칩니다 (나타냅니다). 일부 영향은 좋고, 일부는 좋지 않습니다. 커피는 사람들이 운전을 하거나 일을 하거나 당번 근무를 할 때 잠이 오지 않게 할 수 있습니다.

B : 그러나 커피는 사람들이 밤에 꼭 자고 싶을 때 잠이 오지 않게도 합니다. 어떤 사람들은 커피를 마실 때마다 너무 침착성이 없어집니다.

A : 그 말이 맞습니다. 그러나 다른 사람들은 그들이 커피를 마실 때마다 활발해져서 일을 더 잘 할 수 있습니다. 당신은 커피가 식사를 많이 한 후에 사람들의 위에 효과가 있다고 생각하십니까?

B : 네, 커피는 위에 효과가 있습니다. 그러나 만일 너무 많이 마시면 그것이 복통의 원인이 될 수도 있습니다.

Check Point

는, 신경질의, 신경과민의, 흥분하기 쉬운, 안절부절 못하는, 침착성이 없는, 안달복달하는. feel more alive 더 활발해지다. help your stomach 위에 도움을 주다, 위에 도움이 된다. help [help] 돕다, 거들다, …에 도움이 되다, 나누어주다, 힘이 되다, 보탬이 되다, 조력(원조)하다. cause a stomachache 복통을 일으키다, 복통의 원인 되다. be caused by …에 기인하다. awake [əwéik] a. 자지 않고, 눈을 뜨고, 정신 차리고. make [meik] [사역의 뜻으로] …에게 …하게 하다, 시키다 ; make + 목적어 + 동사원형. do [du] [동사원형 앞에 쓰여 강조의 뜻으로] 꼭, 정말, …니까, …래두 ; Do come here. 이리오라니까. alive [əláiv] 활발한, 활동하는, 떼지어, 우글거려, 충만하여, 살아있는, 생생하여

Situation 111
Such food usually has fattening things in it

A : I'm afraid I'm too fat.

B : Do you like "fast food?"

A : Yes, I like "fast food" like hamburgers and ice cream.

B : Why don't you try eating less? Such food often has fattening things in them.

A : I think I'll try eating less. I often eat little snack between regular meals. Does extra food add extra fat on the body?

B : Yes, they do.

Check Point

often have fattening things 흔히 살찌우는 물질이 있다. fattening [fǽtniŋ] [보통 pl.] 물질, 특히 음식물, 소지품, 법적 재산, 의복, 외출복. I'm afraid 말씨를 부드럽게 하는 데 쓰여서 : 유감이지만 …이라고 생각한다, 유감으로 생각하다, 아무래도. fast food [fǽstfúːd] (햄버거·통닭구이 등의) 간이(즉석) 음식. Why don't you try + 동사ing : 시험삼아 …해 보는 게 어때요(…하지 안겠어요). Such food 그런 음식들. fattening things 살찌게 하는 물질. fattening 살찌게 하는. things [보통 복수로] 물질, 특히 음식물. I think I'll try + 동사ing : 나는 시험삼아 …해 볼 생각이다(시도해 볼 생각이다). snack [snæks] 간단한(가벼운) 식사, 간식, 스낵, 한입, 소량, 몫. vi. 가벼운

상황 111
그런 음식은 그 안에 보통 살찌우는 물질이 들어 있다

A : 아무래도 나는 너무 비만한 것 같습니다.

B : 당신은 즉석 음식을 좋아하십니까?

A : 네, 나는 햄버거나 아이스크림 같은 즉석 음식을 좋아합니다.

B : 덜 드시도록 해 보지요. 그런 음식에는 흔히 살찌게 하는 물질이 있습니다.

A : 덜 먹도록 할 생각입니다. 나는 자주 정식 식사 사이에 간식을 좀 합니다만 그런 가외의 음식들이 몸에 지방을 추가시켜 줍니까?

B : 네, 그렇습니다.

Check Point

식사를 하다. between regular meals 하루 세 번 식사 사이에. extra food 가외 음식. add [æd] vt. vi. 증가하다, 더하다, 첨가하다, 보태다, 추가하다, 둘 이상의 것을 합치다, 합계하다, 취기원고, 기사. extra fat 특별한 비만. add~ on …을 덧붙이다, 보태다. to add to this [보통 문두에 써서] ~에 더하여, 그 외에 또. Why don't you~? 《구》 [제안·권유 등에 쓰여] …하면 어때요, …하지 않겠어요? ; 친한 사이에 쓰이며, 손윗사람에게는 쓰지 않음. 생략형은 Why not? Why so? 왜 그런가, 어째 그런가. add up 《구》 이해가 가다, 합계하다, 계산이 맞다. add up to 합계 …이 되다, 《구》 요컨대 …이라는 뜻이 되다, …을 의미하다.

Situation 112
If my heart works harder

A : What report did the doctors write about the effects of too much fat?

B : If you're fat, your heart has to work harder.

A : If my heart works harder, what will happen to me?

B : You may have a heart attack or other heart problems.

A : Do you think I may have diabetes?

B : Yes, extra fat can also change the amount of sugar in your blood. That can cause diabetes. If you're too fat, you may have high blood pressure or even cancer.

Check Point

heart [hɑərt] 심장, 염통, 마음, 가슴, 심정, 기분, 흉부, 애정, 동정심, 용기, 냉혹, 무정함, 중심, 핵심, 급소, 본질, 사랑하는 사람. work harder 더 열심히 일하다, 더 열심히 공부하다. work [wərk] 공부하다, 일하다, 작업하다, 근무하다, 직장, [기계·기관 등이] 움직이다, 운전되다. too much (for one) 버거운 것, 도저히 감당할 수 없는 것. hard [hɑərd] hard-harder-hardest 힘껏, 열심히, 단단한, 굳은, 굳게, 어려운, 엄한, 지나치게. What report 어떤 보고서, 어떤 조사나 연구의 보고(서). write about …에 관해서 쓰다. the effects of too much fat 버거운 비만의 영향. run to fat 살이 너무 찌다. fat [fæt] a. 살찐, 뚱뚱한, 비만(비대)한. get fat 뚱뚱해지다, 살찌다. n. 지방, 비계, 기름기, 비만, 군살. become [bikʌ́m] …이(가) 되다, …에 어울리다. become of [의문사 what(ever)를 주어로] …이 어찌되는가? ; What has become of him? = What has happened to him? 무슨 일이 그에게 일어났을까? 그는 어떻게 되었을까 《구》 어디 갔을까. heart attack [hɑərt ətǽk] 심장마비(heart failure), 심장발작. heart problems 심장문제, 심장병. Do

상황 112
만일 나의 심장이 지나치게 움직이면

A : 박사들은 버거운 비만에 대하여 어떤 보고서를 썼습니까?

B : 만일 사람들이 비만하면 심장은 격렬하게 움직입니다.

A : 만일 나의 심장이 지나치게 움직이면 나는 어떻게 됩니까?

B : 심장마비나 그밖에 다른 심장병을 경험할 찌도 모릅니다.

A : 당신은 제가 당뇨병을 갖을지도 모를 거라고 생각하십니까?

B : 네, 여분의 비만은 당신의 혈액 속에 있는 당의 양을 변화시킬 수도 있습니다. 그것이 당뇨병의 원인이 됩니다. 만일 당신이 너무 비만하면, 고혈압 또는 암까지도 걸릴지 모릅니다.

Check Point

you think I may …당신은 내가 …할 수도 있다고 생각하십니까; may(가능) …할 수도 있다, may(추측) …일지도 모르다. have diabetes [hæv daiəbíːtiːz] 당뇨병에 걸리다. extra fat [ekstrə fǽt] 특별한 비만, 여분의 군살. the amount of …의 양, …의 총액. any amount of 아무리 많은 …이라도. in amount 양으로. sugar [ʃúgər] 당, 설탕, 설탕 한 개, 한 숟가락, 겉치레 말, 감언, 달콤한 말, 뇌물, 돈, 여보, 당신. cause [kɔːz] 원인. cause and effect 원인과 결과; You're the cause that I cut my finger. 자네 때문에 나는 손가락을 베었네. too fat 너무 살찐, 너무 뚱뚱한, 너무 비대한. you may have 당신은 …가 걸릴 수도 있다, 당신은 …가 걸릴지도 모른다. high blood pressure 고혈압. even [íːvən] …까지도, 조차도, 더욱(더), 그러기는커녕, 오히려, 평평한, 평탄한, …과 같은 높이로. cancer [kǽnsər] 암, 암종, 악성 종양, 사회의 병폐. vt. 암처럼 침해하다. sugar [ʃúgər] (초조·실망 등을 나타내어) 제기랄! 빌어먹을! 설탕을 치다, 설탕을 쳐 달게 하다. 《구》 비위 맞추다, 겉꾸리다, 얼버무리다, 저주하다.

Situation 113
Do you like computers?

A : Do you like computers?

B : Sure. I like the way computers hum and sing when they're working. They have lights and pretty pictures, you know.

A : Do you think computers are helpful in many ways?

B : Yes, of course. They can work with lots of information at the same time and keep them for a long time.

A : Do you know that there're special computers for factories?

B : Yes, they tell the factory machines what to do.

Check Point

helpful [hélpfəl] a. 도움(소용)이 되는, 유익한, 편리한(useful) 《to》. ~ly ad. **in many ways** 여러 가지로, 여러 가지 점에서(= in some ways), 어떤 점에 있어서는. **sure [ʃuər]** [의뢰·질문의 대답에 써서] 좋고 말고, 물론. **way [wei]** (…한) 점, 사항. **the way 주어 + 동사** : 주어가 동사하는 점(방법). **I like the way** 나는 그 점이 마음에 든다, 나는 그 특정한 방법(수단, 길)의 마음에 두다. **hum and sing** 윙윙하고 노래하고. **hum [hʌm]** [벌, 팽이, 기계 등이] 윙윙거리다, 콧노래를 부르다, 사업 등이 경기가 좋다. vt. 우물우물 말하다, (노래를) 콧노래를 부르다. **When they're working** 그것들이 운전될 때(움직일 때). **work [wərk]** [기관·기계 등이] 움직이다, 운전되다. **lights [laits]** 빛, 광선, 밝음, 일광, 대낮, 새벽, 광명, 발광체, (컴퓨터류

상 황 113
컴퓨터를 좋아하십니까?

A : 컴퓨터를 좋아하십니까?

B : 좋아하고 말고요. 그것들이 작동할 때 콧노래를 부르는 점이 좋습니다. 불도 들어오고 예쁜 그림도 나오고요.

A : 컴퓨터가 여러 가지로 도움이 된다고 생각하십니까?

B : 네, 물론입니다. 그것들은 동시에 많은 정보를 다룰 수 있으며 오랫동안 보관할 수 있습니다.

A : 당신은 공장에 쓰이는 특수 컴퓨터를 아십니까?

B : 그네, 그것들은 공장기계들에게 해야 할 것을 명령하지요.

Check Point

의) 표시등. They can work with~ 컴퓨터들은 …을 다룰 수 있다; work with …을 다루다. keep them for a long time 그것들은 오랫동안 유지한다; them은 정보. Do you know there're …가 있다는 것을 알고 있습니까? special computers for …에 쓰이는 특수 컴퓨터. factory [fǽktəri] 공장, 제조소(works) ; an iron factory 철공소. 소규모의 것은 workshop이라고 함. they tell 그것들(컴퓨터들)은 분부한다(명령한다, 일러준다, 주의시켜 준다). tell + 목적어 + what to do 목적어가(기계들) 할 바를 명령(분부·주의) 한다. What to do = What they should do 그것들(기계들)이 무엇을 해야 할 지를(할 것, 할 바). hum[hʌm] n. 윙윙(소리), 멀리서 들리는 잡음, 와글와글, (라디오·재생장치)의 잡음.《영》(주저·불만 등을 나타내는) 홍.《속어》악취.

Situation 114
What will happen when computers break down?

A : Do you think computers can cause problems.

B : Yes, computers are machines, you know, and machines can break down.

A : What will happen when computers break down?

B : They may erase information or they may stop doing anything at all.

A : Do you think computers may be bad for your health?

B : Yes. Some doctors say they may be bad for your health. You'd better not work with computers all day.

Check Point

What will happen when 주어 + 동사? …가 …때에 무슨 일이 생기나. can cause problems 말썽을 일으킬 수 있다, 말썽의 원인이 될 수 있다. cause [kɔːz] vt. 일으키다, …의 원인이 되다, …으로 하여금 …하게 하다. problem [prábləm] 문제, 의문, 난문제, 문제아, 다루기 어려운 사람, 골칫거리. a. 문제가 많은, 지도하기 힘든. machine [məʃíːn] 기계, 기계장치, 재봉틀(= sewing machine), 인쇄기계(press 미국). break down [breik dáun] 고장나다, 파괴하다, 압도하다, 진압하다. can [k(ə)n, kæn] …이 있을 수 있다, 할 수 있다, 하여도 좋다, [부정문에서] …일(할)리가 없다, [의문문에서] 도대체 …일까. may [mèi, méi] [가능을 나타내어] …할 수 있다, …일지도 모르다, …해도 좋다, [의문문에서] …일까. erase information 입력된 정보를 없애다.

상황 114
컴퓨터가 고장나면 무슨 일이 생깁니까?

A : 당신은 컴퓨터들이 말썽을 일으킨다고 생각하십니까?

B : 네, 아시다시피 컴퓨터는 기계입니다. 그리고 기계는 고장이 날 수 있지요.

A : 컴퓨터가 고장이 나면 무슨 일이 생길까요?

B : 정보들을 씻은 듯이 잊어버리거나 모든 기능이 정지 될지도 모릅니다. [정지될 수 있습니다]

A : 당신은 컴퓨터가 건강에 나쁘다고 생각하십니까?

B : 네, 일부 박사들은 컴퓨터가 건강에 나쁠 수도 있다고 합니다. 하루 종일 컴퓨터와의 씨름은 하지 않는 것이 좋습니다.

Check Point

erase [iréiz] [글자 등을] 지우다, 문질러 지우다, 닦아서 지우다, 삭제하다, 씻은 듯이 잊어버리다. stop + 동명사(동사ing) …하기를 중지하다. at all [ət ɔ́ːl] [부정문에서] 조금도(…아니다), [의문문에서] 조금이라도, 도대체, 이왕이 면. be bad for~ health 건강에 나쁘다. You'd better~ 너는 …하는 것이 낫다(좋다). work with computers 컴퓨터를 다루다, 컴퓨터를 대상으로 하다. work [wəːrk] 노동하다, 일하다, 노력(공부)하다, [기관·기계 등이] 움직 이다, 운전되다. n. 일, 직업, 생업, 직장. all day(long) = all the day 진종 일, 하루 종일. work with (일등에서) …을 다루다, …을 대상으로 하다. at all [조건문에서] 이왕, 적어도 ; If you do it at all, do it well. 이왕 할 바 에야 잘 해라.

Situation 115
What do students need the computers for?

A : Who use the computers?

B : Computers are used for all kinds of work. So scientists, mathematicians, economists, business people, doctors, writers and even students use computers.

A : What do students need the computers for?

B : They use computers to help in their studies.

A : Do you use a computer at home?

B : Yes, I use one to help my family make plans and pay bills.

Check Point

What do + 주어 + need + 목적어 + for? 주어는 목적어(사물)가 무슨 목적 (용도)에 필요한가. be used for …에 쓰이다, …목적에 이용되다. all kinds of work 모든 종류의 연구(작업·공부·일). scientist [sáiətist] (자연) 과학자, 과학연구자. [S~] 최고의 치료자로서의 그리스도, 신앙요법(Christian science). mathematician [mæθəmətíən] 수학자. economist [i(:)knάəmist] 경제학자. 《영·미古》경제가, 절약가 《of》. in their studies 그들의 연구(공부)에. in [in, ən] 안(속)에, …에서, …에 있어서, 쪽에(으로, 으로부터) [범위를 나타내어] …에 있어서, 안(속)에. make plans for …의 계획을 세우다. pay bills = pay a bill 어음으로 지급하다, 청구서·계산서의 돈을 치르다. bill [bil] 계산서, 청구서, 삐라, 벽보, 포스터. 《구》사람의 코. paste up a bill

상 황 115
학생들은 컴퓨터가 무슨 목적에 필요합니까?

A : 누가 컴퓨터를 이용합니까?

B : 컴퓨터는 모든 종류의 일에 사용됩니다. 그래서 과학자들, 수학자들, 경제학자들, 사업하는 사람들, 의사들, 작가들 그리고 학생들까지도 컴퓨터를 이용합니다.

A : 학생들은 컴퓨터가 무슨 목적에 필요합니까?

B : 그들은 공부(연구)에 도움을 주기 위해 이용합니다.

A : 집에 컴퓨터가 있습니까?

B : 네, 하나 쓰고 있습니다. 식구들이 계획을 세우거나, 돈을 치루는데 도움을 주기 위해서 이용하고 있습니다.

Check Point

광고용 벽보를 붙이다. **business people** 기업하는 사람들. **writers** 작가들. **help + 목적어 + to 부정사[원형부정사]** :…가 …하는 것을 돕다. **help [help]** 돕다, 거들다, …에 도움이 되다, 나누어주다. **cry for help** 도와(구해) 달라고 외치다. **help oneself to** 마음대로 집어먹다, 착복하다, 횡령하다, 마음대로 취하다. **Every little helps.**《속담》하찮은 것도 제각기 쓸모가 있다. **pay down**《구》월부 등의 계약금을 지불하다. **pay in** 은행에 돈을 불입하다. **pay out** 부채를 갚다, 화풀이하다, 단단히 혼내주다. **pay over** …에 납부하다. **Who breaks pays.** 나쁜 일을 하면 벌을 받는다. **pay up** 완전히 청산하다, 전액을 불입하다. **pay back** (돈을) 돌려주다, 갚다. **pay as you go** 외상을 하지 않고 현금을 지불하다.

Situation 116
Travel is fun and exciting

A : Do you like to travel?

B : Yes, of course. Traveling around the world is my long cherished desire. Travel is fun and exciting.

A : When do you think you can travel around the world?

B : Well, if things would work out the way I wanted to, I think I can travel next year.

A : Just for your information, there're three matters you should remember when you travel.

B : What are three matters?

Check Point

travel [trǽvəl] 여행하다, 순회판매 하다, 외판 하다, 주문 받으러 나가다, 움직여 가다. fun [fʌn] 장난, 놀이, 희롱, 농담, 큰 소동, 격론. a. 즐거운, 재미나는. vi. 《구》 장난하다, 농담하다. exciting [iksáitiŋ] 흥분시키는, 자극적인, 손에 땀을 쥐게 하는, 피끓는, 약동하는. Do you like to + 동사원형 : 너는 (당신은) …하는 것을 좋아하니. traveling around the world 세계 일주 여행한다는 것은. long cherished desire 오랫동안 품어온 욕망, 묵은 소원. things [θiŋz] 사정, 형편. cherish [tʃériʃ] 소망·원한·신앙 등을 품다, 어린아이를 소중히 하다, 귀여워하다, 소중히 기르다. cherished 품은. desire [dizáiər] n. 욕구, 욕망, 정욕. vt. 몹시 바라다, 욕구 하다, 원하다, 희망하다. if things would 만일 형편(사정)이 …한다면. things 사태, 정세, 사정, 형편. all things 온갖 것, 만물, 우주 ; ~and things 《구》 …등. work out 계획 등이 잘 되어 가다, 문제가 풀리다, 합계가 나오다, 점점 나오다, 금전 등이

상황 116
여행은 즐겁고 신난다

A : 여행하시는 걸 좋아하십니까?

B : 네, 물론입니다. 세계 일주 여행이 나의 오래 묵은 소원입니다. 여행은 즐겁고 신바람 납니다.

A : 언제쯤 당신은 세계 일주 여행을 할 수 있다고 생각하십니까?

B : 글쎄요. 만일 형편이 뜻대로 풀린다면 내년에 할 수 있다고 생각합니다.

A : 단지 참고가 되시도록 말씀드리면, 여행하실 때 기억해 두셔야 할 세 가지 사항이 있습니다.

B : 세 가지 사항이 무엇입니까?

Check Point

산정 되다. the way I wanted to 내가 원했던 방향. Just for your information 참고삼아 말씀 드립니다. information [infərméiʃən] 《법》 범죄신고, 고발 (charge), 고소, 밀고, 지식, 통지, 정보, 통보, 보고. There're three matters 세 가지 사항이 있다. you should remember 당신은 기억해야 한다, 당신은 잊지 말고 …해야 한다. remember [rimémbər] 잊지 않고 …하다, 생각해 내다, 기억하다. work out 결국 …이 되다, [권투선수가] 연습하다, 훈련하다, 운동하다. [문제를] 풀다, 애써서 성취하다, 제거하다, 쫓아내다, 산출하다, 계획 등을 완전히 세우다. [광산을] 다 파내다, 빛을 일하여 갚다. [도로세 등을] 노력을 제공하여 바치다, …을 노력하여 이해하다. 《구》 사람의 정체 (찬 모습)를 알다. fun and games 신나는 놀이, 기분전환, 《구》 아주 간단한 일, 성애행위, 성교. like fun 《구》 한창, 재미나게, 연방. have fun 재미있게 놀다, 흥겨워하다. It's poor fun to + 동사원형 : …하는 것은 재미가 없다.

Situation 117

Relax as many hours as you can

A : Travel is not fun or exciting if you get sick. So if you want to stay healthy, first, you need to relax as many hours as you can, second, you need to get enough sleep and finally, if you want to stay healthy, you have to eat well.

B : Thank you for your information.

A : What kind of food do you think my body need?

B : Your body needs fresh fruit and vegetables to say nothing of some meat, milk and cheese.

Check Point

travel [trǽvəl] 여행하다, 여행(하기). [보통 pl.] 원거리 여행, 외국 여행, 만유. 《구》 황급히(성큼성큼) 걷다. fun [fʌn] a. 즐거운, 재미나는. vi. (funned ; funning) 《구》 장난하다, 농담하다. exciting [iksáitiŋ] 신나게 재미있는, 흥분시키는, 자극적인, 손에 땀을 쥐게 하는, 피끓는. stay [stei] 어떤 상태에 머무르다. …인 체로 있다. relax [rilǽks] vt. (긴장·힘 등을) 늦추다(loosen) ; 힘을 빼다. vi. (긴장·힘·추위 등이) 풀리다, 느슨해지다, 사람이 정신적 긴장을 풀다. as~ as one can 될 수 있는 대로 = as~ as possible. as many hours as you can 될 수 있는 대로 많은 시간을. first [fərst] [문두에 써서] 우선 첫째로, 맨 먼저. [동사 앞에 써서] 처음으로 ; 첫째의, 최초의 맨 먼저의. second [sékənd] ad. 제2로, 둘째 번으로, 다음으로, 2등으로. [pl.] 더 청해서 먹는 음식, 두 번째로 나오는 요리. need to + 동사원형 :…할 필요가

상황 117
될 수 있는 대로 많은 시간 심신을 편안하게 하라

A : 여행은 당신이 만일 병이 나면 즐겁고 신나지 않습니다. 만일 건강을 원하시면, 첫째, 될 수 있는 대로 많은 시간 동안 심신을 편하게 할 필요가 있고, 둘째, 충분히 잠을 자고 그리고 끝으로 건강한 상태를 원하시면 식사를 잘 해야 합니다.

B : 좋은 말씀 감사합니다.

A : 당신은 나의 육체가 어떤 종류의 음식을 필요로 한다고 생각하십니까?

B : 당신의 육체는 상당한 고기, 우유 그리고 치즈는 말할 것도 없거니와 신선한 과일과 야채 등을 필요로 합니다.

Check Point

있다, …해야 하다, 하지 않으면 안되다. get enough sleep 충분히 자다. finally [fáinəli] 최후로, 마침내, 종내(lastly), 드디어, 결국, 최종적으로, 결정적으로. stay healthy 언제까지나 건강한 체로 있다. for your information 참고가 되시도록, 당신에게 참고적으로 말씀드립니다. Thank you for~ …에 대해 감사하다. Thank you for the coffee. 커피 잘 마셨습니다. What kind of… 무슨 종류의. vegetables [védʒətəbl] 식물(plant). [보통 pl] 야채, 푸성귀, 남새, 채소, 무기력한 사람, 식물인간. a. 식물의. to say nothing of …은 말할 것 없거니와. travail [trəvéil] 산고, 진통, 진통하다, 산고를 겪다, 노고, 수고. in travail 산기가 있어, 진통 중에. stay [stei] 《stay + 보어(형용사 보어)》 (어떤 상태에) 머무르다, …인 체로 있다. stay young 언제까지나 젊다. stay glued 언제까지나 느려 붙어 있다(TV 등을 보면서).

Situation 118
You mean that…

A : Are there many people who get sick on their travels?

B : Yes, there are.

A : I didn't know that. I don't think I'll get sick on my travel.

B : You may think that way. But for many people, that is what happens. You'd better remember three matters I told you.

A : You mean that, if I want to enjoy my travel, I must take good care of myself, give my body good rest, get enough sleep and eat nice, healthy food?

B : You can say that again.

Check Point

You mean that~ …이란 말인가요, …한 의미로 말하는 겁니까. many people who~ …한 많은 사람들. get sick = get ill, fall sick, fall ill 병에 걸리다. feel sick [ill] 기분(안색)이 나쁘다. on [ɔn, ɑn] [운동의 진행] …의 도중에. on my travel 여행 중에. I don't think I'll 나는 …것으로는 생각하지 않습니다. may [mèi, méi] …일지도 모른다, …해도 좋다, …할 수 있다, [의문문에서] …일까. that way 그런 식으로, 저쪽으로, 《미속어》 반해서, 좋아서 ; They're that way. 그들은 뜨거운 사이다. that is what happens. 그런 일이 일어나고 있다. You'd better. 너는 …하는 편이 좋다(낫다). remember [rimémbər] 잊지 않고 …하다, 생각해 내다, 기억하다. enjoy my travel 여행을 즐겁게 하다. enjoy [indʒɔ́I] 즐겁게 …하다, 즐기다, 향락하다.

상황 118
…하다는 의미로 말씀하시는 겁니까?

A : 여행 중에 병나는 사람들이 많습니까?

B : 네, 많습니다.

A : 그 일을 미처 몰랐습니다. 나는 나의 여행 중에 병이 날 것 같지 않습니다.

B : 그렇게 생각 하실지도 모릅니다. 그러나 그런 일이 많은 사람들에게 일어나고 있습니다. 당신은 제가 일러드린 세 가지를 기억해 두시는 게 좋을 겁니다.

A : 당신은 내가 만일 여행을 재미있게 하기 원하면 자신을 잘 돌보고, 몸을 쉬게 하고, 많이 자고, 맛있고, 건강에 좋은 음식을 먹어야 한다는 의미로 말씀하시는 겁니까?

B : 맞았습니다. [바로 그 겁니다.]

Check Point

take good care of~ self 몸조심하다. give~ good rest …를 푹 쉬게 하다. get enough sleep 충분히 자다. nice [nais] 맛있는, 좋은, 괜찮은, 예쁜, 훌륭한, 잘하는, 재미있는, 미묘한, 어려운, 수완을 요하는. healthy food 건강에 좋은 음식, 건강식품, 자연식품 = health food. healthy [hélθi] 건강한, 건전한, 건강에 좋은, 위생적인, 도덕적으로 건전한, 유익한(salutary). What I say is~ 나의 의견은 …이다. You can say that again! 맞았어, 바로 그거야 = You(You've) said it. health wise [hélθ waiz] ad. 《구》 건강(유지)을 위해. that way [저쪽으로] You go that way to elevator. 승강기는 저쪽입니다. [반해서, 좋아서] I'm that way about icecream. 아이스 크림이라면 사족을 못 쓴다.

Situation 119
I can imagine. That's quite possible

A : Are you American or Englishman?

B : I'm Englishman.

A : Oh, you are. To my shame, I can't distinguish Englishman from American. Both speak English, you know.

B : I can imagine. That's quite possible.

A : May I ask you a few personal questions?

B : Sure.

Check Point

imagine [imǽdʒin] 미루어 생각하다, 상상하다, 생각하다, 어떤 상황이나 생각 등을 마음에 떠올리다. I can imagine. 알만하다. quite possible 있을 수 있는. quite [kwait] 아주, 완전히, 다소간, 꽤, 상당히. possible [pɑ́səbl] 일어남직한, 있음직한, 어울리는. 《구》그럴싸한, 상당한, 그런 대로 괜찮은. Englishman [íŋgliʃmən] 영국인 남자. Englishwoman [íŋgliʃwùmən] 영국여자. To my shame 부끄러운 말이지만. shame [ʃeim] 수치, 치욕, 부끄러움. vt. …에게 창피를 주다, 부끄러워하게 하다. distinguish A from B A와 B를 분간하다. distinguish [distíŋgwiʃ] vt. 구별하다, 식별(분간)하다(discern), 구분하다, 분류하다. vi. 구별하다. both [bouθ] a. 양자의, 양쪽의, 쌍방의.

상황 119
알만합니다. 그건 있을 수 있는 일입니다

A : 미국 사람이신가요, 혹은 영국 사람이신가요?

B : 영국 사람입니다.

A : 아, 그러시군요. 부끄러운 말이지만, 영국 사람과 미국 사람을 구분을 할 수가 없군요. 아시다시피 양쪽 다 영어로 말씀하시니까요.

B : 알만 합니다. 그야 있을 수 있는 일이지요.

A : 사적인 질문을 몇 가지 해도 되겠습니까?

B : 하시고 말고요.

Check Point

pron. [복수취급] 양자, 양쪽, 쌍방. May I ask you 당신에게 부탁해도(물어도) 됩니까. a few [ə fjuː] [긍정적인 용법으로] 조금은 있는, 다소의, 약간의. personal questions [pə́ːrsənl kwéstʃən] 사적인 인물. become personal 《구》 사람·이야기 등이 개인적인 일에 미치다, 인신공격을 하다. sure [ʃuər] [의뢰·질문의 대답에 써서] 좋고 말고요, 물론. [Thank you에 대하여] 천만에 말씀, 뭘요. sure enough 《구》 과연, 반드시, 정말로, 확실히. well, to be sure! = Well, I'm sure. 이런 원! Be sure and + 동사원형 [명령법으로] 《구》 반드시(틀림없이) …하여라.

Situation 120
Are English doctors, dentists and hospitals free?

A : I understand, in America, each person pays for their own medical care. Is medical care different in England?

B : Yes, it is. Our medical care is national. That means our government pays for all medical care.

A : You mean everyone in England gets medical care, even the poor people.

B : That's right.

A : Are English doctors, dentists and hospitals free?

B : Of course. They're free.

Check Point

doctor [dáktər] 의사, 박사, 의학박사. [보통 수식어와 함께]《구》수리하는 사람; a car doctor. dentist [déntist] 치과의사. pay for [pei fɔər] 대금 등을 지불하다. their own 그들 자신들의. medical care [médikəl kɛər] 의료보호, 의료책임, 의료돌봄, 의료보살핌. mean [miːn] …하다는 말이다, …하다는 말인가요, 의미하다, …의 뜻이다, …의 뜻으로 말하다. medical [médickəl] 의학의, 의료의, 의사의, 의약의. care [kɛər] 걱정, 근심, 주의, 조심, 배려, 돌봄, 보살핌, 보호, 관심사, 책임, 볼일. [pl. 걱정거리]. different [dífərənt] 딴, …와 다른, 별개의, 같지 않은, [복수명사와 함께] 갖가지의. national [nǽ-ʃnəl] 국민의, 국가의, 국가적인, 국유의, 국립의, 국정의. That means~ 그 말은 …다는 말이다. mean [miːn] a. 뒤떨어진, 비열한, 초라한, n. [pl.] [단

상황 120
영국의사들, 치과의사들 그리고 병원들은 무료입니까?

A : 나는 미국에서는 누구 나가 자신들의 병원비는 자신들이 지불한다고 들어서 알고 있습니다.

B : 네, 그렇습니다. 우리의 의료는 국가 책임입니다. 그 말은 정부가 모든 병원비를 지불한다는 말입니다.

A : 영국에서는 가난한 사람까지도 누구나 의료혜택을 받는다는 말씀인가요?

B : 맞습니다.

A : 영국의 의사들, 치과의사들 그리고 병원들이 무료입니까?

B : 물론입니다. 다 무료입니다.

Check Point

수·복수취급] 방법, 수단, 자력, 재산, 수입. government [gʌ́vərnmənt] 정부, 내각, 국가, 영토, 정치, 시정, 통치, 지배(권), 행정권. everyone [évriwʌ̀n] 모두, 누구나. [èvriwʌ́n] [특히 one의 뜻을 강조하여] 이것, 저것, 모두, 어느 것이나. get medical care 의료혜택을 받다. even [íːvən] …조차(도), 더욱 (더), (그러기는커녕) 오히려. That's right. 그 말씀 맞습니다. free [friː] 속박이 없이 자유로운, 장애물이 없이 자유로운, 비어 있는, 무료의. free and easy 스스럼없는, 터놓은, 마음 편하게, 유유히, 대충. free from …이 없는, …을 면한. for free 《구》 무료로, 공짜로(for nothing). feel free to~ [대개 명령형으로] 마음대로 …해도 좋다. get free 떠나다, 면하다, 벗어나다 《of》

Situation 121
What do the English drink in the morning?

A : What do the English eat for breakfast?

B : We have fruit juice, cereal and then eggs and toast. Sometimes we eat some meat for breakfast. What do you eat for breakfast?

A : We eat rice and soup, kimchi, bean curd bean sprouts and laver. Then we drink fermented rice punch called "Sikhai."
What do the English drink in the morning?

B : We drink tea in the morning. We usually don't eat sweet things for breakfast.

A : There're some difference between American and English breakfasts. Americans prefer coffee and they like sweet bread or coffee cake.

Check Point

the English [복수취급] 영국 사람, 영국 국민, 영국군. for breakfast 아침 식사로. cereal [síəriəl] 곡물식품(아침으로 먹는 오트밀, 콘 프레이크 등), 곡식의, 곡류의. fermented [fə́ːrmentid] 발효시킨. ferment [fə́ːrment] 술등을 발효시키다, 감정 등 끌어 오르게 하다, 자극하다, 정치적 동란을 불러일으키다. vi. 발효하다, 감정이 끌어 오르다, 흥분하다. n. 효소, 발효, 소란, 소요; in a ferment 대소동이 일어나서, 동요하여. bean curd [biːn kəːrd] 두부. bean sprouts [biːn spraut] 콩나물. laver [léivər] 파래, 바닷말, 김. punch [pʌntʃ] 펀치(술·설탕·우유·레몬·향료를 넣어 만드는 음료). called [kɔːld] 불리 우는. call box 《미》경찰연락·화재 신고용 비상전화, 영국의

상황 121
영국 사람들은 아침에 무엇을 마십니까?

A : 영국 사람들은 아침 식사로 무엇을 먹습니까?

B : 과일 쥬스, 곡물식품 그리고 나서 계란과 토스트를 먹습니다. 때로는 조반식사로 고기도 좀 먹습니다.
조반 식사로 무얼 드십니까?

A : 우리는 밥과 국, 김치, 두부, 콩나물 그리고 김을 먹습니다. 그리고 나서 식혜라는 것을 마십니다.
영국 사람들은 아침에 무얼 마십니까?

B : 우리들은 아침에 차를 마십니다. 우리는 보통 조반 식사에 단 것은 먹지 않습니다.

A : 미국과 영국의 아침 식사에는 차이가 좀 있군요. 미국인들은 커피를 더 좋아하고 단 빵이나 커피 케익을 좋아합니다.

Check Point

공중전화 박스. sweet things [swiːt θiŋz] 단음식물, 단 물질. difference [dífərəns] 차이, 차이점, 다름, 상위, [종종 pl.] 의견차이. [a~] 차액, 주가변동의 차이. between A and B A와 B 사이에. prefer [prifə́ːr] 오히려 …을 좋아하다, 권리·요구 등을 법원에 제기하다, 우선권을 주다. 《문어》 등용하다, 발탁하다. coffee cake 아침 식사에 먹는 과자 빵. curd [kəːrd] 굳은 식품. [종종 pl.] 굳어진 우유, 응유, 식용꽃. sprout [spraut] 눈, (새)싹(shoot), 움 《구》 젊으니, 청년. vi. 싹트다, 나기 시작하다, 감자 등이 싹을 내다. put through a course of sprouts 《구》 맹훈련하다, 혼내다.

쉬어 가기

우리말 속담을 영어로

- 금강산도 식후경
  → The sparrow near a school sings the primer.
- 김칫국부터 마신다
  → Don't count your chickens before they hatch.
- 누워서 떡 먹기
  → It's piece of cake.
- 바늘 도둑이 소 도둑 된다
  → He that will steal a pin will steal an ox.
- 세 살 버릇 여든까지 간다
  → What's learned in the cradle is carried to the grave.
- 소 잃고 외양간 고친다
  → Mend the barn after the horse is stolen.
- 시작이 반이다
  → Well begun, half done.
- 천생연분
  → Match made in heaven.

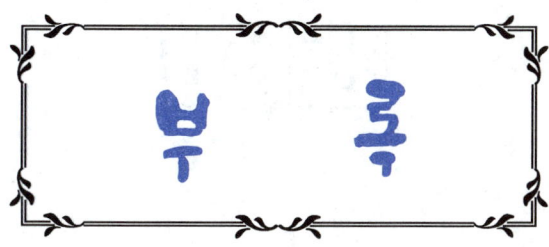

부록

GET

- A car makes it easier to get about.
  차가 있으면 돌아다니기에 편리하다.
- Accelerate and get before that car.
  속력을 내어 저 차를 앞질러라.
- Apologizing won't get you out of your punishment.
  변명했다고 해서 벌을 면할 수 없다.
- Are you getting to me to bribe me with money?
  돈으로 매수하려고 나에게 다가옵니까?
- Are you getting to me to threaten me?
  나를 협박하려고 다가오는 겁니까?
- Can you get past?
  눈에 안 띄고 마칠 수 있나?
- Can you get up to that car?
  저 차를 따라 미칠 수 있나요.
- Did you get through college?
  대학은 나오셨습니까?
- Did you get through the driving test?
  운전 시험에 합격했나?
- Do you get behind the trouble?
  그 사건·불화의 속내를 환히 아십니까?

- Do you get on to what I said.
  내가 말했던 것이 이해가 가기 시작하는가?
- Do you get on with your wife?
  부인과는 마음이 맞습니까? (사이 좋게 지냅니까?)
- Do you get to our classmates?
  ㉠ 우리 동창생과 잘 연락이 되나?
- Does your wife get on with your mother?
  부인은 시어머니와 잘 해 나가고 있나요?
- Don't get behind your responsibility.
  당신의 책임을 회피하지 마라.
- Don't get her into trouble.
  그녀를 성가시게 하지 마라. ㉠ 임신시키지 마라.
- Don't get him going.
  ㉠ 그를 자극하지 마라. (골 나게 하지 마라)
- Don't get in my way.
  나의 방해가 되지 마라.
- Don't get in with bad boys.
  불량 소년들과 어울리지 마라. (친해지다, 사귀다)
- Don't get me across.
  ㉠ 나를 짜증나게 하지 마라. (골나게 하지 마라)
- Don't get me down.
  나를 낙심시키지 마라.
- Don't get me wrong.
  나를 오해하지 마시오.
- Don't get on at me.
  나에게 귀찮게 잔말 마라.

GET

- Don't get off to sleep.
  잠들지 마라!
- Don't put the wind up me.
  ㉠ 사람 깜짝 놀라게 하지마. (불안하게 하지마)
- During my illness I got behind in my school work.
  병을 앓고 있는 동안에 학교 공부가 뒤졌다.
- Get a baby off [to sleep].
  한 아기를 잠 재우시오.
- Get a blow [punch] in.
  제대로 한방 먹여라.
- Get a doctor in.
  의사를 불러 주시오.
- Get a letter off by express.
  편지를 속달로 붙이시오.
- Get across the river.
  강을 건너가시오.
- Get ahead and do it.
  어물어물하지 말고 해라.
- Get at the root of the problem.
  문제의 핵심을 파악하시오.
- Get back a little.
  조금 뒤로 물러나라.
- Get behind the trouble.
  그 문제를 해명하세요.
- Get cracking.
  ㉠ 서두르세요. 신속히 시작하라.

- Get everything ready.
  만반의 준비를 갖추시오.
- Get him around to us.
  우리의 쪽으로 인도(따르게) 하시오.
- Get him in.
  그를 끌어넣어라. (당선시켜라, 입학시켜라, 참가시켜라)
- Get him on the train.
  열차에 태우시오.
- Get him out.
  그를 구해 내라. (구해내서 도망시켜라)
- Get hold of it.
  그것을 잡아라(쥐어라, 붙들어라). 장악하여 손에 넣다.
- Get hold on yourself.
  당황하지 말고 침착하시오.
- Get into a habit of reading.
  책 읽는 습관을 붙여라.
- Get into the bus.
  버스에 들어가십시오. (타세요)
- Get it off [by heart].
  암송·암기하시오.
- Get it on.
  그걸 몸에 걸치시오. (그걸 신으시오. 그걸 씌우세요)
- Get me room 365, please.
  365호실로 연결해 주십시오.
- Get me that book.
  저 책 좀 집어다오.

- Get off the grass.
  잔디밭에 들어가지 마시오.
- Get off the word by heart.
  그 말을 암기해라.
- Get off [with you]!
  꺼져, 말도 안돼, 집어치워.
- Get on the ball.
  빈틈없이 하라. 주의 깊게 하라.
- Get one's hand dirty.
  손을 더럽히다.
- Get our children off to school.
  아이들을 학교로 떠나보내시오.
- Get out of here!
  썩 나가!
- Get out of it!
  ㊪ 허풍 떨지마. (거짓말아)

- Get out of the bad habit.
  그 악습을 버려라.
- Get out of the car.
  차에서 내려라.
- Get out of those wet clothes.
  젖은 옷을 벗어라.
- Get out of your room.
  방에서 나와라.
- Get over to the other side.
  저쪽으로 건너가라.
- Get the baby on to the bicycle.
  아기를 자전거에 태워라.
- Get the boy back home.
  그 소년을 집으로 데려다 주시오.
- Get the dog out of the room.
  개를 방밖으로 내보내 주시오.
- Get the food to the boys on the rock.
  바위 위에 아이들에게 음식을 날러 주시오.
- Get the passengers off the bus.
  승객들을 하차시키시오.
- Get the picture down.
  그 그림을 내리시오.
- Get the report in.
  그 보고서를 제출하시오.
- Get the work in.
  그 일을 소정 시간에 맞춰라.

GET

- Get the youngest away to the country.
  막내를 시골로 내려보내시오.
- Get them in with our children.
  우리 애들과 친하게 지내게 하시오.
- Get this thorn [your bad tooth. this stain] out.
  이 가시(충치, 얼룩)를 빼내라.
- Get up your role.
  너의 역을 익히도록 하라.
- Get up!
  ㊚ (말에게) 이랴! 끌끌!
- Get with his words.
  그의 말에 주목해라.
- Get with it.
  일을 착수해라.
- Get you [him, her, them]!
  ㊚ 같잖군! (자랑, 이야기 등에 대한 경멸적 응답)
- Get your ring off.
  반지를 빼시오. (overcoat)
- Get yourself together.
  ㊀ 자제하라.
- Get yourself up.
  몸차림하라, 몸치장을 해라.
- Get [catch · lay · seize · take] hold of [on] the matter.
  그 사건을 파악하라.
- Have these shirts got up.
  셔츠를 곧 입을 수 있게 당부하라.

- Have you got your grammar lesson perfectly?
  문법은 완전히 익혔느냐?
- He could not get through to his father.
  부친에게 연락을 취하지 못했다.
- He drew his gun and told us to get [git].
  총을 빼들고 썩 꺼지라고 했다.
- He gets about a good deal.
  그는 여행을 많이 한다.
- He got a bad fall.
  그는 심하게 넘어졌다.
- He got his wrist broken.
  그는 손목을 부러 드렸다.
- He got his.
  그는 벌을 [치명상을] 받았다.
- He got in the train.
  그는 열차에 탔다.

GET

- He got in.
  그는 선출(당선) 됐다. (시험에 붙어 입학했다)
- He got off on the wrong foot.
  그는 첫출발을 잡쳤다. (처음부터 실패했다)
- He got off on [started in on] gambling.
  노름에 발을 들여놓았다.
- He got on to the president.
  그는 대통령에 당선됐다. (임명됐다)
- He got on [onto] the girls for not keeping their rooms clean.
  그는 방을 깨끗이 하지 않은 일로 소녀들을 나무랐다.
- He got over with his business.
  ㉠ 그는 사업에 성공했다.
- He got the chop.
  그는 해고당했다.
- He got to be popular with the family.
  가족들의 인기를 모으게 되었다.
- He is a very hard man to get next to.
  접근(가까이) 하기 어려운 사람이다.
- He is getting along [in years].
  노경에 다가서고 있다. (지나다, 늦어지다)
- He is getting on with his studies.
  그의 연구는 진척되어 있다. (척척 진행하고 있다)
- He is getting on [toward] seventy.
  그는 이른 살에 다가가고 있다.
- He managed to get out a few words of thanks.
  겨우 두 서너 마디 사례의 말을 했다.

- He wanted to get out of his homework [attending the meeting].
  그는 숙제를 안하고 [모임에 안나가고] 넘기고 싶었다.
- He'll get ahead in any business he goes into.
  그는 어떤 일을 하더라도 성공할 것이다.
- He'll get even with you.
  그는 너에게 복수(보복) 할 것이다.
- He'll get his [hers].
  그는 벌을 받을 것이다.
- He's drunk ; We'd better call a taxi and get him home.
  그 사람 곤드레가 되었으니 택시를 불러 집에까지 바래다 주는 편이 낫겠다.
- He's getting about again.
  그는 병이 나서 일상 생활로 돌아갔다.
- He's getting off easily.
  그는 편하고 쉽게 지내고 있다.
- He's getting off with Miss Kim.
  그는 김양과 친해지고 연애관계에 빠지고 있다.
- He's getting old.
  그는 늙어가고 있다.
- He's getting on in the world.
  그는 출세하고 있다.
- He's getting on in years.
  점점 늙어 간다.
- Her tears got me.
  그녀의 눈물에는 두손들었다.

- His counsel got him off [with a fine].
  변호사의 수고로(벌금만으로) 방면되었다.
- His counsel got him off.
  변호사가 그를 무죄로 해 주었다.
- His honesty got to our class. Honesty pays.
  그의 정직함이 학급에 감명을 주었다. 정직해서 손해 없다.
- How are you getting along with your English?
  공부는 잘 진척되고 있는가?
- How are you getting on with your study of English?
  영어 공부는 착착 진척시키는가?
- How are you getting on?
  어떻게 지내십니까?
- How can we get around those regulations?
  어떻게 하면 그 규칙을 피할 수 있을까?
- How did the story of her marriage get about?
  어떻게 그녀의 결혼 풍문이 퍼지게 되었는가?
- How is he getting along with his wife?
  그는 부인과의 사이가 어떤가?

- How is he getting on with his work?
  그는 일을 잘 진척시키고 있나?
- How much did you get out of the deal?
  그 거래에서 얼마나 이득을 보았나?
- I always get about.
  나는 늘 일에 힘을 쏟는다.
- I can't get you.
  무슨 말씀인지 잘 모르겠습니다.
- I cannot get the key in the hole.
  열쇠가 구멍에 안 들어간다.
- I could get away with it.
  나는 그것을 잘 해낼 수 있었다. (벌을 받지 않고 해냈다)
- I could get nothing out of him.
  그에게서 아무 것도 알아내지(한 푼도 받아내지) 못했다.
- I didn't do too well on the exam, but I think I got by.
  시험을 그다지 잘못 봤지만 그럭저럭 성공한 것 같다.

GET

- I didn't get the money back.
  그 돈이 돌아오지 않았다.
- I don't want to get behind.
  공부에서 뒤지고 싶지 않다.
- I don't want to get in.
  말려들고 싶지 않다.
- I get into sports.
  스포츠를 즐깁니다.

- I get it on the [my] brain.
  나는 그 일이 언제나 머리에서 떠나지 않는다.
- I got a kick [thrill] out of it.
  그것에 쾌감을 느꼈다.
- I got after my sister for being late.
  늦었다고 여동생을 꾸짖었다. (나무랬다)
- I got against his suggestion.
  ㉠ 그의 제안에 반대했다.
- I got ahead of my debt.
  나는 빚을 면했다. (빚을 갚아 버렸다)

- I got anxious.
걱정이 되었다.
- I got caught in the rain.
비를 만났다.
- I got down on you.
나는 너에게 적의를 품었었다. ⓢ 꾸짖다.
- I got him to prepare for our journey.
그에게 여행 준비를 시켰다.
- I got him with the first shot.
한방으로 그를 맞혔다.
- I got it into my heart that it's a paying business.
수지 맞는 사업이라고 확신하게 됐다.
- I got it over (and done) with.
㉠ 나는 그 귀찮은 일을 끝내 버렸다.
- I got my luggage [baggage] through a custom house.
나의 수하물을 통관시켰다.
- I got my wind up.
ⓢ 나는 분개했었다. (울컥 했었다)
- I got off easy.
나는 가벼운 벌로 면했다.
- I got off with [for] a slight fine.
가벼운 벌만으로 모면했다.
- I got on to Mr. Brown yesterday.
나는 어제 브라운 씨에게 전화로 연락했다.
- I got out of bed on the wrong side.
일어난 뒤 기분이 언짢았다.

GET

- I got rattled. [I became nervous and confused]
  나는 당황했었다.
- I got there.
  ㉠ 나는 목적을 달했다. (성공했다)
- I got this ticket off Bill.
  이 표를 빌에게서 입수했다.
- I got to come.
  겨우 오게 되었다.
- I got to remembering those good old days.
  그리운 그 옛날을 추억하기 시작했다.
- I hear you get low.
  마리화나 피운다더군.
- I hear you get more ass than a toilet seat.
  풍부한 성생활을 한다더군.
- I hope it'll get somewhere.
  그것이 효과가 있기를 바란다. (잘 되어 가기를, 성공하기를)
- I hope we'll get along well.
  앞으로 잘 협조합시다. (마음이 맞도록 합시다)
- I hope you'll get over soon.
  곧 병에서 회복되기를 바랍니다.
- I just can't get over Jane's cheek [Jane behaving like that].
  재인의 뻔뻔스러움, 그 같은 행동은 못 봐 주겠어.
- I like to get things done quickly.
  나는 일을 빨리 빨리 해치우는 것을 좋아한다.
- I must get my hair cut.
  이발을 해야겠다.

- I neither give a bribe nor take a bribe.
  나는 뇌물을 주지도 받지도 않는다.
- I soon got up to the car.
  나는 이내 그 차를 따라 붙었다. (뒤 따라 잡았다)
- I think I'll get done with my homework.
  ㉠ 숙제를 해 버릴 생각이다. (마칠, 끝낼)
- I want to get away from it all.
  ㉠ 걱정(잡일)에서 벗어나고 싶다.
- I want to get in with you.
  너와 친해지고 싶다. (한 패가 되고 싶다)
- I want to get into that club.
  그 클럽의 회원이 되고 싶다. (동아리, 패에 끼다)
- I want to get my work finished by noon.
  일을 정오까지 해 치우고 싶다.
- I want to get off with Miss Kim.
  (이성과) 나는 김양과 친해지고 싶다.
- I'll get back at [on] the thief.
  그 도둑에게 보복하겠다.
- I'll get him around.
  (나에게 유리하도록) 설득하겠다. (움직이겠다)
- I'll get him on the phone.
  그에게 전화로 연락을 할께.
- I'll get him to go with us.
  그에게 우리와 같이 가도록 설득하겠소.
- I'll get off my car.
  내 차를 처분(매각) 하겠다.

GET

- I'll get over to see you sometime next week.
  내 주에 보러 가겠네.
- I'll get up the ladder.
  내가 사다리를 오르겠다.
- I'll get you a highball.
  하이볼을 가져오도록 하겠네.
- I'll get [your hat] my hat.
  모자를 가져오겠다.
- I'll help you [to] get dinner.
  식사준비를 돕겠습니다.
- I'll make my party good.
  나의 주장을 관철하겠다. (입장을 좋게 하겠다)
- I'll never get to sleep till this pain leaves me.
  이 아픔이 멎을 때까지 좀처럼 잘 수 없을 거다.
- I'm trying not to get above myself.
  자만하지(우쭐하지) 않도록 노력한다.
- I'm trying to get on my students.
  나는 나의 학생을 향상시키려 노력하고 있다.
- I've got plenty of time.
  시간은 많이 있다.
- I've got the thing off my chest.
  ⓢ 마음속에 있던 말을 해버려서 시원하다.
- I've got to dismiss her.
  그녀를 해고하지 않으면 안 된다.
- I've got to write a letter.
  편지를 써야 한다. (ⓢ에서는 **have**가 없어지고 **got**만

GET

- If we all get behind him, he'll win the election.
  만일 우리 모두가 그를 지지하면 그는 선거에 이길 것이다.
- Is he getting along with his wife?
  사이가 좋은가?
- It get's me up.
  그것은 내 신경을 흥분시킨다. (나를 긴장시킨다)
- It gets on my nerves. [It gives me the nerves]
  그것이 나의 신경을 건드린다. (그것이 나를 짜증나게 한다)
- It is difficult for him to get around without a cane.
  그는 지팡이 없이 다니기 힘들다.
- It took me a long time to get over my cold.
  감기가 좀처럼 낫지 않았다.
- It was her English that got her through.
  그녀는 영어의 힘으로 합격하였다.
- It's getting on for [to, toward] midnight.
  한밤중이 되려고 한다.
- It's getting on in business.
  사업이 번창하고 있다.
- It's time for me to be getting along.
  이젠 가 봐야겠습니다.
- John, get down off the desk.
  존, 책상에서 내려와.
- Koreans are trying to get out from under.
  닥친 위난을 피하기 위해 노력하고 있다.
- Let me got my wind.
  숨 좀 돌리자.

- Let's get back to the original question.
  처음 문제로 돌아갑시다.
- Let's get down to work.
  자, 일에 착수하자. (차분히)
- Let's get going.
  ㉠ 출발합시다. (서두릅시다)

- Let's get going.
  슬슬 가 보자.
- Let's get together today.
  오늘 모입시다. (의논합시다)
- Let's get to studying.
  공부하기 시작합시다.
- May I get a word in?
  한 말씀해도 좋습니까? (넣다, 말로 끼어 들다)
- May I get down, mother?
  엄마 이제 가도 좋아? (식탁을 물러갈 허락을 구할 때)

- No one shall get round the law.
  누구든 법규를 지키도록 하겠다.
- Now, I've got you.
  자, 어때 항복하지.
- One of the jury had been got at.
  배심원의 한 사람이 매수돼 있었다.
- One of the prisoners got away.
  죄수 하나가 달아났다.
- Please get down.
  몸을 굽히세요. (무릎을 꿇으세요)
- Please get in [into] my car.
  내 차에 타세요. (몸을 굽히고 올라탈 때)
- Please let me get by.
  좀 통과시켜 주세요. (곁을 지나가게, 빠져나가게)
- Put a person where to get off.
  아무를 비난하다. (아무에게 분수를 알게 하다)
- She couldn't get [her point] across to the audience.
  그녀의 취지가 청중에게 통하지 않았다.
- She gets herself up every day.
  그녀는 정성 들여 몸치장을 한다.
- She gets it on her English lesson.
  그녀는 영어 학습에 열심이다. (크게 즐긴다)
- She gets up before a looking glass every day.
  그녀는 매일 거울 앞에서 의복(머리)을 치장하고 매만진다.
- She got herself up beautifully [like a duchess].
  예쁘게 [공작부인처럼] 차려 입었다.

- She got something on you.
  ㉠ 그녀는 너에게 불리한 정보를 입수했다. (너의 약점을 잡았다)
- She got to like him.
  그녀는 그가 좋아졌다.
- She has got it [all] together.
  그녀는 풍만하다.
- She knows how to get round her father.
  그녀는 아버지를 구워삶는 방법을 알고 있다.
- She never got over her son's death.
  그녀는 아들의 죽음이 잊혀지지 않았다.
- She puts you where to get off.
  그는 너를 비난한다.
- She was got up as a fairy.
  선녀처럼 차리고 있었다.
- Sometimes I get together my thoughts.
  ㉠ 때때로 나는 생각이나 일을 잘 정리한다.
- Strong government is needed.
  강력한 통치가 필요하다.
- Students get up against our government.
  학생들은 정부와 대립한다.
- Such an idle life won't get you anywhere.
  ㉠ 그런 나태한 생활로는 도저히 성공 못한다.
- Tell him where he gets [where to~] off.
  그에게 분수를 알게 하세요.
- Tell Mr. Kim where he gets [where to~] off.
  김씨를 타이르세요.

- The baby tried to get at the doll.
  아기는 인형을 잡으려고 손을 뻗었다.
- The blow got him in the mouth.
  그는 입을 강타 당했다.
- The boat got in on time.
  배는 정각에 입항했다.
- The books were locked up and I couldn't get at them.
  책장이 문이 잠겨 있어 책을 꺼낼 수 없었다.
- The business got paying.
  사업의 수지가 맞기 시작했다.
- The children got the measles.
  아이들은 홍역에 걸렸다.
- The fire was soon got under.
  화재는 곧 진화되었다. (진압하다, 끄다)
- The fire [the wind · the sea] is getting up.
  불이 격해지고 [거칠어지고] 있다.
- The horse got over the distance in ten seconds.
  말은 그 거리를 10초에 달렸다. (어느 거리를 가다)

- The news get him down.
그 뉴스는 그를 실망시킬 것이다.
- The nun has got out of hand.
수녀는 힘겹게 되었다.
- The play didn't really get me.
그 연극은 도무지 나를 사로잡지 못했다.
- The police got a confession out of him.
경찰은 그를 자색 시켰다.
- The policeman got after the thief.
경찰관이 도둑을 쫓았다. (추적했다)
- The prisoner got up. (㊂ get up and go)
그 죄수는 출옥했다. (㊂ 형기를 마치고)
- The secret got out at last.
그 비밀을 끝내 새어 버렸다. (들통났다)
- The soldiers got over the fence.
군인들은 담을 뛰어 넘었다.
- The train gets in at noon.
기차는 정오에 도착한다.
- The train got off the track.
그 열차는 탈선했다.
- There's scarcely enough room for the car to get by.
빠져나갈 여지가 거의 없다.
- They got hurt.
그들은 부상당했다.
- They got to words again.
그들은 또 논쟁을 시작했군.

GET

- They got up a group.
  그들은 한 집단(모임)을 만들었다.
- This is your chance to get in on a good thing and make a fortune.
  멋진 사업에 참여하여 한밑천 잡을 기회다.
- This problem gets me.
  이 문제에는 손들었다.
- Tom has got ahead of all the other boys in his class.
  탐은 반에서 선두를 달리고 있다.
- Try to get around difficulties for money.
  돈의 어려움을 이겨내도록 노력하시오.
- Try to get it [all] together.
  ㉠ (실력을 발휘하여) 잘 해 내도록 해라.
- Try to get with it.
  ㉠ 유행에 뒤지지 않도록 해라. (유행을 타다) ㉡ 단단히 주의하라.
- Try to have got English down to a fine art.
  영어를 완전히 마스터하도록 해라.
- We can get 7 TV channels.
  TV로 7개 채널을 수상할 수 있다.
- We can't get along without money.
  돈 없이는 살아 갈 수 없다.
- We could get the engine to start properly.
  겨우 엔진을 제대로 시동시킬 수 있었다.
- We get along badly.
  우리는 협조하지 않는다. (마음이 맞지 않다)

- We got married over thirty years ago.
  우리는 결혼한 지 30년이 넘는다.
- We got off before daybreak.
  우리는 날이 새기 전에 떠났다(출발하다).
- We got our roof blown off in the gale.
  강풍에 지붕이 날라 갔다.
- We got the car across the river.
  우리는 차를 강 건너로 건넸다.
- We got the clock going.
  우리는 시계를 가게 했다.
- We got together.
  우리는 의견이 일치했다.
- We got up to page 10 last lesson.
  지난 시간에는 10페이지까지 했다.
- We soon go up to others.
  우리는 앞선 사람들을 이내 따라 잡았다.
- We'll get lunch at the inn?
  여인숙에서 점심을 먹도록 하자.
- We're getting near Christmas.
  크리스마스가 다가오고 있다.

- What an ugly face she's got!
  얼굴도 추하게는 생겼다.
- What do you get into?
  당신은 무엇을 즐기십니까?
- What got you there?
  거기 있는 게 뭐냐?
- What has got his petition?
  그의 청원(탄원·진정)은 어떻게 됐나?
- What has got into her?
  왜 그녀는 그런 행동을 했을까? (생각·열의에 사로잡다)
- What has got my request?
  나의 부탁은 어떻게 됐습니까?
- What is he getting at?
  그는 무얼 말하고 싶은 건가?
- When can I get out from under?
  언제 싫은 일에서 손을 뗄 수 있을까?
- When can you get out from under?
  꾼 돈을 언제 갚을 수 있나?
- When did you get on?
  ㉠ 언제 처음으로 마약을 맞았습니까?
- When shall we get up a picnic?
  언제 소풍계획을 짜지?
- When will you get up to your house warming party?
  언제 집들이 파티 할 꺼야.
- When will we get together?
  언제 모일까?

GET

- Where can I get it repaired?
  어디에서 수리할 수 있을까?
- Where can it have got to?
  그건 대체 어떻게 되었을까?
- Would you get a bottle of beer from a refrigerator for me?
  냉장고에서 맥주 한 병 갖다 주시겠어요.
- You can't cheat him and get away with it.
  그 녀석을 속여 낸다는 건 무리야.
- You can't get it away because it's nailed.
  못질이 되 있어 떼어낼 수가 없다.
- You cannot get out of that.
  너는 그것을 모면할 길이 없다.
- You get ahead of me.
  너는 나보다 낫다. (너는 나를 앞지른다)
- You get on to the bus.
  너는 버스에 타라.
- You get what's coming [to you].
  당연한 갚음을 받으시는 겁니다.
- You go get through with him.
  네가 가서 해 치워라.
- You got through with it?
  그것을 끝마쳤냐?
- You might get into bad habits.
  나쁜 버릇에 물들지(빠질지) 모른다.
- You'd better get it over and make a [or take a]

fresh start.
(슬픔·쓰라린 경험 따위)를 잊고 다시 새로 시작하는 거야. (~것이 낫다)

- You'd better get up and go [get].
  ㉮ 분발하기 시작하는 게 좋겠다. (척척 움직이기 시작했다)
- You'll get down on Japanese.
  너는 일본 사람들을 싫어하게 될 꺼야.
- You'll get it.
  ㉮ 벌받을 것이다. (꾸지람을 들을 꺼다, 살해 될 것이다)
  ㉯ 이해할 꺼다.
- You'll get off for speeding.
  속도 위반의 벌을 받을 것이다.
- You've got to know that danger threatens.
  위험이 임박해 있음을 알아야 한다.
- Your secret might get out soon.
  너의 비밀이 곧 들통날지도 모른다.

HAVE

- All you have to do is [to] wait patiently.
  참을성 있게 기다리기만 하면 된다.
- Bill had a man rob him last night.
  빌은 지난 밤 어떤 사나이로부터 돈을 빼앗겼다.
- By the time you come back, he will have written the letter.
  네가 올 때까지는 그는 편지를 다 써 버렸을 것이다.
  (미래완료)
- Did she have the impudence to answer back?
  그녀가 건방지게도 말대꾸를 했는가?
- Did you have a good time [a much fun]?
  재미있었습니까?
- Do they have much snow in Boston in winter?
  보스턴에는 겨울에 눈이 많이 옵니까?
- Do you have any doubts about it?
  그것에 관해 무언가 의문이 있나?
- Do you have any money with [on, about] you?
  돈 가지신 것 있습니까?
- Do you have anything on this evening?
  오늘 저녁에 약속이 있는가?

HAVE

- Do you have anything to do with the matter?
  너는 그 사건에 무슨 관련이 있는가?
- Do you have butter on your toast?
  토스트에 버터를 바르시겠습니까?
- Do you often have colds?
  감기에 잘 걸립니까?
- Don't have me on.
  나를 곤란하게 하지마. (건드리지마)
- Don't tell me you've going to have him up?
  너 설마 그를 고소하려는 건 아니겠지.
- Go and have a lie-down.
  가서 누우시오.
- Go and have a wash.
  가서 씻어라.
- Have a bad night.
  잠 못 이루는 밤을 지내다.

HAVE

- Have a bad time.
  혼나다.
- Have a care!
  조심하시오!
- Have a cigarette.
  한 개피 피우시죠.

- Have a good time!
  재미있는 시간 보내라!
- Have a nice day. = Have a nice trip. = We're having a good time. = I had a good [bad] time.
  즐거운 시간을 보냈다.
- Have all the windows open.
  창문을 다 열어 두시오.
- Have an earthquake.
  지진이 있다.

- Have him back.
  돌아가도록 하시오.
- Have him come home early.
  일찍 귀가토록 하시오.
- Have him do it.
  그에게 그것을 하게 하라.
- Have him in.
  들어오도록 하시오.

- Have him off.
  가도록 하시오.
- Have him out.
  나가도록 하시오.

- Have him over [in].
  그를 초대하시오. 집으로 오게 하시오.
- Have him up.
  판사 앞에 출두시키시오. (그들 고소하시오)
- Have it your own way.
  아무렇게나 멋대로 하시오.
- Have oneself a time.
  ㊧ 재미를 보다.
- Have pencil and paper near you.
  곁에 연필과 종이를 준비해 두어라.
- Have some consideration for others.
  남에게 동정심을 보이시오.
- Have the kindness to help me.
  부탁이니 좀 도와주세요. (정중한 명령 표현)
- Have we got to walk?
  걷지 않으면 안 되는가?
- Have you done it? Yes, I have.
  그것을 해치웠는가? 네, ~.
- Have your nails clean.
  손톱을 깨끗이 해 두어라.
- Have your work done by noon.
  정오까지는 일을 다 끝내 주시오.
- He asked her to have him.
  그녀에게 결혼해 달라고 요청했다.
- He had a letter [a telephone call] from his mother.
  편지를 [전화를] 받았다.

HAVE

- He had his arm around her shoulders.
  그는 그 여자의 어깨에 팔을 감고 있었다.
- He had his back to me.
  그는 등을 이쪽에 돌리고 있었다.
- He had his head cut off.
  그는 참수되었다.
- He had his shoes shined.
  그는 구두를 닦았다.
- He had his wallet stolen.
  돈지갑을 소매치기 당했다.
- He had the cheek to call me a fool.
  그는 뻔뻔스럽게도 나를 바보라고 했다.
- He had the kindness to tell me the way.
  (= He was kind enough to tell me the way.)
  그는 친절하게도 길을 가르쳐 주었다.
- He had the sun at his back.
  그는 등에 햇살을 받고 있었다.
- He had us all laughing.
  그는 우리 모두를 웃겼다.
- He has a great many cares.
  그에게는 근심이 많다.
- He has a hat on.
  그는 모자를 쓰고 있다.
- He has a kind boss.
  그에게는 친절한 상사가 있다.
- He has a large family to support.
  그는 많은 부양가족이 있다.

- He has a large fortune.
  그는 재산가이다.
- He has a large room to himself.
  그는 큰방을 독차지하고 있다.
- He has been had over the bargain.
  거래에서 속았다.
- He has no fear of death.
  그는 죽음을 조금도 두려워하지 않는다.
- He has no mathematics.
  그는 수학을 전혀 모른다.
- He has something to do with it.
  그는 그 일에 어느 정도 관계가 있다.
- He has the ability [no authority] to do that.
  그는 그것을 할 능력이 있다.
- He has [bears, holds] a grudge against me.
  그는 내게 원한을 품고 있다.
- He has [got] the nerve to come uninvited.
  그는 뻔뻔스럽게도 초청을 받지 않았는데도 온다.
- He is had up.
  그는 당국에 고소 당한다.
- He will have everything his own way.
  뭐든지 자기 생각대로 하려고 한다.
- He will have it that he is innocent.
  그는 무죄를 주장하여 굽히려 들지 않을 것이다.
- He will have to do it himself.
  자기 스스로 하지 않을 수 없을 꺼다.

HAVE

- How do you have your steak?
  스테이크를 어떻게 드십니까?
- I can't have you playing outside with a bad cold.
  독감에 걸려 있으면서 밖에서 놀면 안 된다.
- I didn't have enough sleep last night.
  간밤에는 잘 자지 못했다.
- I don't have you idle.
  너를 놀려두지 않는다.
- I don't know what she has against me.
  그 여자가 내게 무슨 원한이 있는지 모른다.
- I got a right to know, haven't I?
  나도 알아야 할 권리가 있으니까요?
- I had a funny dream last night.
  간밤 야릇한 꿈을 꾸었다.
- I had a letter written for me.
  편지 한 통을 대필해 받았다.
- I Had a new suit made last month.
  지난 달 새 양복을 맞췄다.
- I had a shock.
  충격을 받았다.

HAVE 301

- I had him in that argument.
그 토론에서 그를 막 몰아세웠다.
㉠ 경기·토론 등에서 지우다.
- I had him in that discussion.
그 토론에서 그 사람을 끽소리 못하게 했다.
- I had my car in a ditch.
나는 차를 도랑에 쳐 박았다.
- I had my composition corrected by our teacher.
작문을 고쳐 받았다.
- I had my hat blown off.
모자를 바람에 날렸다.
- I had my salary raised.
봉급을 올려 받았다.
- I had my secretary typewrite the draft.
비서에게 원고를 타자 시켰다.
- I had no food since morning.
아침부터 쭉 아무 것도 안 먹었다.
- I had [I'd] done it.
그것을 다 해버렸었다. (과거완료)

HAVE

- I have a headache coming on.
  머리가 아프기 시작한다. (두통이 나기 시작한다.)
- I have a letter to write.
  편지 쓸 일이 있다.
- I have a new suit made to order.
  새로 맞춘 양복을 갖고 있다.
- I have an idea.
  나에게는 좋은 구상이 있다.
- I have an objection to it.
  나는 그것에는 반대다.
- I have been had.
  속아넘어갔다.
- I have drink of water.
  나는 물을 (한잔) 마신다.

- I have English lessons.
  나는 영어 수업을 받는다.
- I have had it.
  ㉠ 이제 틀렸다.
- I have had the lecture.
  그 강의에 질렸다.
- I have it by heart.
  그것을 외우고 있다.
- I have it in for you.
  ㉠ 나 너에게 원한을 품고 있다.
  (원수를 갚으려고 벼르고 있다)
- I have never had that happen to me.
  그런 일을 당한 적이 없다.

- I have no doubts whatever of that.
  그것에 대해서 아무 의심도 가지고 있지 않다.
- I have no fear.
  무섭지 않다.
- I have no news.
  소식이 없다.
- I have pity on him.
  나는 그 사람을 동정한다.
- I have several problems troubling me.
  몇 가지 문제로 골치를 앓고 있다.
- I have sex with her.
  성교하다.
- I want to have [keep] a dog.
  나는 개를 애완용으로 기르고 싶다.
- I want you to have this room clean and tidy.
  이 방을 깨끗이 정돈해 주기 바란다.
- I was badly had when I just missed the train.
  열차를 놓치고 몹시 곤란했었다.
- I won't have her being so rude.
  그녀가 그렇게 무례하게 나오는 것을 용납할 수 없다.
- I won't have her talk to me like that.
  그녀가 그렇게 말하는 것을 용납할 수 없다.
- I won't have such a conduct.
  이런 행위는 용납할 수 없다.
- I won't have you feel miserable.
  자네로 하여금 비참한 감이 돌게 하지 않겠네.

HAVE

- I won't have you going out.
  네가 외출해서는 곤란하다.
- I won't have you saying such things about my sister.
  내 누님을 네 따위가 그런 식으로 말하도록 내버려두지 않겠다.
- I would have you know that I'm ill.
  내가 앓고 있는 것을 꼭 좀 알아주었으면 하네.
- I wouldn't have you do that.
  그것을 너에게 시키고 싶지 않다.
- I'd like to have my steak rare.
  덜 구운 것이 좋아요.
- I'd like to have you back.
  당신을 답례로 초대하고 싶습니다.
- I'll have a holiday in July.
  휴가를 얻다.
- I'll have him a good teacher in future.
  장차 훌륭한 선생님으로 만들겠다.
- I'll have it out of her.
  그녀에게 원수를 갚겠다. (그녀에게 벌을 받게 하겠다)
- I'll have it out.
  내가 그 일을 처리한다.
- I'll have my hair cut.
  이발하겠다.
- I'll have that white dress.
  그 흰색 드레스로 하겠습니다.
- I'll have the sofa in the room.
  방에 다 소파를 놓을 것이다.

HAVE

- I'll let you have the camera for twenty dollars.
  그 카메라를 20달러에 넘겨주지.
- I'm afraid you've been had.
  ㉠ 아무래도 속으신 것(당하신 것) 같군요.
- I'm afraid you've been had over your bargain.
  너는 물건을 속아 산 것 같다.
- I'm having an operation next week.
  내주에 수술을 받는다.
- I'm having trouble with the computer.
  나는 컴퓨터에 애를 먹고 있다.
- I'm not having singing here.
  여기서 노래하는 것을 용납할 수 없다.
- I've done it.
  그것을 했다. (현재완료)
- I've finished it.
  끝냈다.
- I've hit it.
  때렸다.
- I've no idea what she means.
  그녀의 말뜻을 알 수가 없다.
- I've taken it.
  얻었다.
- I've [got] a pain in the stomach.
  (= I've got a stomachache.)
  위가 아프다.
- If I had been there.
  만일 그 곳에 내가 있었더라면…

HAVE

- If you brew beer privately, you'll be had up.
  맥주를 개인이 빚으면 고발당한다.
- If you make such a noise, you'll have the neighbors complaining.
  만일 그런 소음을 내면 이웃사람들이 불평을 할 것이다.
- It's 3 o'clock already I'm afraid we've had the 2.45 train.
  탈 수 없을 것 같군.
- Let him have it.
  그 놈을 혼내 주어라.

- Let me have [take] a look at it.
  잠깐 보여 주세요.
- May I have this?
  이것을 받아도 됩니까?
- May I have your name, please?
  성함이 어떻게 되십니까?

- My dog had pups.
  우리 집 개가 새끼를 낳았다.
- My wife to have and to hold.
  언제까지고 아껴할 아내.
- Now I have you.
  자, 붙잡았다.
- Now I have you.
  이제 네 말을 알겠다.
- One has only to look at him to know exactly what he is.
  그가 정말 어떤 인물인가를 알려면 그를 조금만 보면 된다.
- Rumor has it so.
  그러한 소문이다.
- Shall I have him go there?
  그를 거기로 보낼까요.
- She had a daughter by her first husband.
  그녀는 첫 남편 사이에서 딸 하나를 낳았다.
- She had a present from him.
  그녀는 그에게서 선물을 받았다.
- She had little money left in her purse.
  그녀의 지갑에는 돈이 조금 밖에 남아 있지 않았다.
- She has a little Arabic.
  그녀는 아랍어를 조금 안다.
- She has a sweet voice.
  그녀는 아름다운 목소리를 갖고 있다.
- She has a scarf around her neck.
  그녀는 목에 스카프를 두르고 있다.

HAVE

- She has at me.
  그녀는 나에게 덤벼든다.
- She has it out with me.
  그녀는 나와 끝까지 입씨름한다. (서슴없이 말한다)
- She has nothing on.
  아무 것도 입고 있지 않다.
- She has the water running in the bathtub.
  욕조에 물을 틀어 놓은 채로 있다.
- The bag has no name on it.
  그가 방에는 이름이 붙어 있지 않다.
- The haves and the have nots.
  ㉠ 부자와 가난한 자, 부유한 나라와 가난한 나라, 원자무기를 가진 나라와 가지지 않은 나라.
- The store has antique furniture for sale.
  그 가게는 골동품가구를 팔고 있다.
- The used car can be had for $1,500.
  중고차는 천 오백 달러에 손에 넣을 수 있다.
- They didn't have it from his own mouth.
  그들은 그것을 그에게서 직접 들은 것은 아니다.
- They had their heads out [of the window].
  그들은 창 밖으로 머리를 내밀고 있었다.
- This has nothing to do with you.
  이것은 네가 알 바가 아니다.
- This house has a fine garden.
  이 집에는 훌륭한 정원이 있다.
- This old coat has had it.
  이 낡은 코트는 이제 입을 수가 없다.

- We can't afford to have them idle.
  그들은 빈둥거리게 내버려 둘 수 없다.
- We didn't have much difficulty in locating his house.
  그리 어려움이 없었다.
- We don't have classes on Saturday afternoon.
  토요일 오후에는 수업이 없다.
- We had a good swim.
  한바탕 신나게 헤엄을 쳤다.

- We had a lot of visitors.
  손님이 많았다.
- We had no news of him.
  우리는 그에 관한 소식을 접하지 못했다.
- We have a long way to go.
  갈 길이 멀다. (멀리까지 가야 한다)
- We have a lot of visitors coming.
  많은 손님이 오십니다.

HAVE

- We have friends staying with us.
  친구들이 우리와 함께 머물고 있다.
- We have visual aids for English lessons.
  영어수업에 시각 교제를 사용한다.
- We may have to stay.
  (가지 않고) 머물러야만 할지도 모른다.
- We must have the whole story : don't hold anything back.
  이야기를 전부 들어야겠다. 숨김없이 말해라.
- We won't have any noise.
  어떤 소음도 용납하지 않는다.
- We won't have him bullied.
  그가 괴롭힘을 당하는 것을 용납 않겠다.
- We'll have no more of that.
  그런 일은 더는 용인할 수 없다.
- We'll have the big table here.
  큰 탁자는 이곳에 놓자.
- We're having a picnic tomorrow.
  내일 소풍을 간다. (모임 따위를 열다, 개최하다)
- We're having the Chester down for a couple of days.
  이 삼일 머무르려 온다.
- We're having the smiths for dinner this week.
  금주에 스미스씨를 식사에 초청할 예정이다.
- What does he have in mind?
  그는 무엇을 생각하고 있을까?

HAVE 311

- What would you have me do?
  내가 무엇을 해 주었으면 좋은가?
  (내게 무엇을 시키고 싶은가?)
- When did she have a new baby?
  그녀는 이번 아기를 언제 낳았나?
- When did you last have your hair cut?
  지난번 머리를 깎은 것이 언제 입니까?

- Why don't have your paper printed?
  논문을 인쇄케 하는 것이 어떻겠습니까?
- Will you have sugar?
  설탕을 넣으시겠습니까?
- You can enjoy reading it away without having to use a dictionary.
  사전을 펼칠 필요도 없이 죽죽 통독하는 쾌감을 즐길 수 있다.
- You had as good [well] tell.
  전하는 것이 좋을 테지.

HAVE

- You had better go.
  가는 편이 낫겠다.
- You have it on me.
  ㉠ 너는 나보다 뛰어나다. (보다 우위를 차지하고 있다)
- You have my sympathy.
  당신에게 동정합니다.
- You have nothing on other students.
  너는 다른 학생보다 조금도 뛰어난 구석이 없다.
- You may [can] have it for the asking.
  요청만 하면 얻을 수 있다.
- You should have the patience to wait.
  참고 기다려야(만) 한다.
- You should have your head examined [tested].
  정신 감정이나 받아 보아라.
- You've never had it so good.
  이렇게 생활이 좋았을 때는 없었다.

MAKE

- A man of quite an other make [of this make].
  성격이 판이한 [그와 같은] 사람.
- A man of slender make.
  체격이 호리호리한 사람.
- All bodies are made up of atoms.
  모든 물체는 원자로 구성된다.
- All the evident makes in the same direction.
  증거는 모두 같은 방향으로 나타내고 있다.
- An eagle made off with a hare.
  독수리가 산토끼를 채어갔다.
- Can you make anything of it?
  조금은 알겠소?
- Cars are making in this factory.
  이 공장에서는 차가 만들어지고 있다.
- Cold tea makes an excellent drink in summer.
  냉 차는 여름철의 훌륭한 음료가 된다.
- DJ will make the prime minister.
  DJ씨가 국무총리를 임명할 것이다.
- Do you make up to your boss?
  사장의 비위를 맞추십니까?

- Don't make a beast of yourself.
  게걸스럽게 먹지 마라. 야수성을 발휘하지 마라.
- Don't make a mess [a fuss · a terrible to-do].
  큰 소동을 일으키지 마라.
- Don't make a noise [sound].
  큰 소리 내지 마라!
- Don't make an ass [a fool] of yourself.
  바보처럼 굴지 마라.
- Don't make away with it.
  그것을 파기하지 마라.
- Don't make excuses.
  변명하지 마라.
- Don't make light of the poor.
  가난한 사람들을 얕보거나 멸시하지 마라.
- Don't make trouble.
  말썽을 일으키지 마라.

- Four members make a quorum.
  네 사람이 정원이다.
- God made the country, and man made the town.
  전원은 신이 만드신 것. (도회는 사람이 만든 것)
- He failed to make out the required sum.
  그는 필요한 돈을 마련하지 못했다.
- He has made a reputation [name].
  그는 명성을 얻었다. 이름을 떨쳤다.
- He has made off.
  그는 급히 떠났다.
- He has made over the whole business to his son.
  사업을 전부 아들에게 물려주었다.
- He has made the new Republic.
  그는 새로운 공화국을 이룩했다.
- He is not such an ass [a goose] as they would make him.
  그들이 생각하는 그런 바보는 아니다.
- He made a friend of an enemy.
  그는 적을 친구로 만들었다.
- He made for home.
  그는 귀로에 올랐다.
- He made his way in the world.
  그는 출세(성공)했다.
- He made off with himself.
  그는 탈주했다.
- He made to answer, when I stopped him.
  그가 대들려 하려던 참에 내가 말렸다.

MAKE

- He makes me out [to be] a fool.
  마치 내가 바보이기나한 것처럼 말한다.
- He makes new suits.
  그는 새 양복을 짓는다. (만든다, 제조하다, 짓다, 건설하다)
- He makes out on a small wage.
  얼마 안 되는 품값으로 이럭저럭 살아간다. ㉠ 이럭저럭 해 나가다, 잘 해 나가다.
- He makes out to keep out of debt.
  간신히 빚은 안 지고 있다.
- He'll make an estimate.
  그가 평가할 것이다.
- He'll make his judgement.
  그가 판정할 것이다.
- He'll make it.
  그는 일을 잘 해낼 것이다.
- He's making himself.
  그는 독학하고 있다. (자기 수양을 하고 있다)
- How are things making out?
  경기는 어떤가?
- How do you make that out?
  어찌하여 그렇게 되는 거냐?
- How large do you make the congregation?
  그 집회에 모인 사람이 얼마나 되리라고 생각하십니까?
- I can make her believe anything I choose.
  그녀에게 무엇이든지 믿게 할 수 있다.
- I can't make you come if you refuse to.
  싫다고 한다면 억지로 오라고 할 수 없다.

MAKE

- I cannot make out what he wanted.
  그가 무엇을 바라고 있는지 짐작이 안 간다.
- I could make nothing [neither head nor tail] of it.
  전혀 알 수 없었다.
- I made a good dinner [meal].
  나는 맛있게(배불리) 먹었다.
- I made friends [enemies] with him.
  그와 친구가 되었다. (친해졌다)

- I made Japan on the way to America.
  나는 미국에 가는 길에 일본에 들렸다.
- I made myself understood in English.
  나는 영어로 의사를 통했다.
- I make him an American.
  그를 미국 사람이라고 생각한다.
- I make it my pride to keep aloof.
  초연해 있는 것을 자랑으로 여긴다.
- I make nothing of it.
  그런 일은 대단한 일로는 생각지 않는다.

MAKE

- I make the weight fifty pounds.
  나는 그 무게를 50파운드로 추정한다.
- I'll make good.
  손해를 벌충하겠다. (비용을 치르다, 약속을 이행하다)
- I'll make him do it whether he wants to or not.
  싫어하건 좋아하건 그에게 시키겠다.
- I'll make your characters.
  나는 여러분의 성격을 배양하겠다.
- I'm making a hawk.
  나는 매를 길들이고 있다.
- I'm not made that way.
  나는 그런 성격이 아니다.
- It makes for [against] his advantage.
  그것은 그에게 유리 [불리]하다.
- It makes me think you are right.
  어쩐지 네가 옳다는 생각이 든다.
- Let's make a plan for the weekend.
  주말 계획을 세웁시다.
- Let's make sure of it.
  그것을 확인합시다. (보증, 확인, 확신)
- Let's not make in.
  들어가지 맙시다. (간섭하지 맙시다)
- Make a bow [courtesy].
  절을 하라.
- Make an oath.
  맹세하다.

MAKE

- Make fast.
  꽉 잡아매라, 고착시켜라.
- Make free.
  흉허물없이 [친밀히] 굴어라.
- Make great account of it.
  그것을 중요시하라. (마음에 품다, 인정하다, 인식하다)
- Make little account of…
  ~을 경시하다.
- Make merry.
  명랑해지거라, 명랑하게 행동해라.
- Make out a good case.
  훌륭히 증거를 대어 해명하라.
- Make the boat [the train].
  앞서간 그 보트를 따라 잡아라.
- Make the fire burn and the kettle boil.
  불은 타게 하고 주전자를 끓게 하라.
- Make up a deficiency in record.
  성적의 불량을 만회하다.
- Make up for lost time.
  잃어버린 시간을 벌충하다.
- Make up monthly statements.
  매달의 보고서를 작성하다.
- Money makes the mare go.
  돈만 있으면 귀신도 부릴 수 있다. (황금만능)
- My wife makes a bed I make tea.
  부인은 잠자리를 보고 나는 차를 끓인다.

MAKE

- North Korea might make war on South Korea.
  북한이 남한에 전쟁을 걸어올지 모른다.
- One dollar makes 1,700won.
  1달러는 1,700원이 된다.
- One million won is wanted to make up the sum.
  그 액수를 채우는데 백만 원이 부족이다.
- One swallow does not make a summer.
  제비 한 마리로 여름이 되지 않는다.
- Oxygen and hydrogen make water.
  산소와 수소로 물이 된다.
- Please make me hear.
  나에게 들리게 하시오.
- She made good marks at school.
  그녀는 학교 성적이 좋았다.
- She made [herself] up for the part of an old lady.
  그녀는 늙은 부인으로 변장했다.
- She makes bold to speak like that.
  그녀는 대담하게도 그와 같이 말한다.
- She makes me tired [pleased · disappointed].
  그녀는 나를 지치게 [기뻐하게 · 실망시키게] 한다.
- She'll make a written will [her will].
  그녀는 유서를 작성할 것이다.
- She'll make an excellent wife.
  그녀는 훌륭한 아내가 될 것이다.
- That makes no difference in my plans.
  그런 일이 있어도 나의 계획에는 별 영향이 없다.

- The alliance made for peace.
  동맹은 평화에 도움이 되었다.
- The bull made for him.
  황소가 그를 습격했다.
- The country is made up of meadow and marsh.
  그 지방은 목장과 늪으로 이루어져 있다.
- The picture will make a good price.
  그 그림은 비싼 값에 팔릴 것이다.
- The regular troops made at the enemy.
  상비군이 적을 습격했다. (공격하다, 향하여 나아가다)
- The road makes toward(s) the sea [through the wood].
  길은 바다로 통한다. [숲을 지나간다]
- The ship was making only 9 knots.
  배는 겨우 9노트의 속도로 항해하고 있었다.
- The stream makes into the lake.
  시냇물은 호수로 흘러든다.
- The tide [snow] is making fast.
  조수[눈]가 점점 밀려온다. (쌓인다)
- They made me drink. = I was made to drink.
  (싫은 대도) 억지로 나에게 술을 마시게 했다.
- They make nine kinds of bad spirits.
  아홉 가지 악령을 인정하고 있다.
- Too much wine makes men drunk.
  과음은 사람을 취하게 한다.
- Two and two make four.
  2와 2는 4가 된다.

MAKE

- Water was making in the hold.
  선창의 침수는 점점 늘어갔다.
- We can make the distance in half an hour.
  그 거리를 반시간에 가버릴 수 있다.
- We kept on making our way.
  우리는 계속 나아갔다.
- We made a good score.
  우수한 득점을 올렸다.
- We made DJ president.
  우리는 DJ를 대통령직에 앉혔다.
- We made ten miles an hour.
  한시간에 10마일 속도로 갔다.

- We made the land at sunrise.
  새벽녘에 육지가 눈에 들어왔다.
- We make a great many things out of paper [leather].
  종이 [가죽]로 갖가지 물건을 만든다.
- We make excursion [an expedition · a journey · a passage].
  우리는 여행 [원정 · 소풍 · 도항]을 한다.

- We must make up to him for his loss.
  그의 손실에 대해서 변상을 해야 한다.
- We'll make a circuit.
  일주할 것이다.
- We'll make L.A by one o'clock.
  1시까지는 L.A에 도착하겠지.
- We'll make the rounds.
  순회할 것이다.
- We'll soon make a contract.
  우리는 곧 계약을 맺을 것이다.
- What do you make of this?
  이것을 어떻게 생각하시오.
- What do you make this bird to be?
  이것이 무슨 새라고 생각합니까?
- What makes him hated?
  그는 어째서 미움을 받느냐?
- Winter is making in earnest.
  본격적으로 겨울이 되어 간다.
- You make me forget my misfortune.
  나의 불형을 잊게 해 주시오.
- You'd better make it up with her.
  그녀와 화해하는 게 좋으시겠습니다.

판권소유 / 본사 / 사유 (본판소 / 사권유)

3마디로 끝내주는
상황별 영어회화

2013년 1월 25일 인쇄
2013년 1월 30일 발행

지은이/ 박 형 훈
펴낸이/ 최 상 일
펴낸곳/ 太乙出版社

서울특별시 중구 신당 6동 52-107 (동아빌딩내)
등록/1973년 1월 10일(제4-10호)

• 잘못 제작된 책은 잘된 책으로 교환해 드립니다.
  값은 표지 뒷면에 표시되어 있습니다.

주문 및 연락처
우편번호 100-457
서울특별시 중구 신당 6동 52-107(동아빌딩내)
전화/(02)2237-5577 FAX(02)2233-6166
ISBN 89-493-0409-0   13740